事案処理に向けた実体法の解釈

条文あてはめ
刑 法

粟田 知穂 著

立花書房

本書は時々・情勢の必要に応じ，内容を変更・追加する場合があります。

はしがき

　ある行為が犯罪に当たるかどうかについて，判断をするのは誰でしょうか。裁判官，あるいは検察官でしょうか。もちろん，そのいずれも正解ですが，警察官はもっと大変です。なぜなら，その判断を瞬時に求められるからです。

　犯罪捜査部門に従事している場合はもちろんですが，そうでなくとも，警備や警ら中，怪しげな人物を見たとします。職務質問は，何らかの犯罪を犯し，若しくは犯そうとしていると疑うに足りる相当な理由がある場合に許されます（警職法2条1項）。その嫌疑と犯人性が明白なもので，逮捕の必要があれば，手元に令状がなくとも現行犯逮捕や，緊急逮捕を考えなければなりません（刑訴法212条，210条）。交番勤務中，訪れた一般市民から，犯罪被害や見聞きした犯罪についての相談を受けることもあるでしょう。

　つまり，「警察官は，現実に想起し得るいくつかの犯罪について，あらかじめその要件がある程度頭に入っていなければならない」のです。

　このように考えれば，刑事法，特に実体法たる刑法の解釈，擬律判断の在り方を正しく身に着けておくことは，法曹関係者に限らず，警察官や捜査関係者にとって不可欠のスキルであることは明白です。

　とは言え，法律の解釈には，難しいものがあります。条文を読めば直ちに全てが読み取れると限らないからです。刑法に関しては，明治以来の多くの判例がその解釈の道筋を示してきたと言ってよいのですが，それを頭に入れる作業は大変です。

　基本書やコンメンタールを頭から丁寧に読み込んでいく方法もありますが，容易なことではありません。多くの人にとっては，ものの数ページで睡魔に襲われるのが関の山なのではないでしょうか。しかし，実務に携わる人間がそうも言ってはいられません。実際に事件が起きれば，嫌でも法律の条文や解釈を確認し，責任を持ってそれぞれの事件の対処に当たるはずです。

はしがき

　つまり、「実際の事件ごとに問題意識を持ち、身に着けていくのが結局は一番確実な方法だ」ということです。

　この度、執筆の機会をいただきましたので、今回は、以上のような考えから、犯罪類型ごとに、実際に起こりそうな事件の事例を通じて、刑事法、特に実体法たる刑法の解釈を身に着けることを目標にしています。

　読者の方々には、まず事例を読んでいただき、自分だったらどう考えるか、あらかじめ問題意識を持っていただいた上で、その後の条文及び判例の示した解釈を読み、事例にあてはめ、結論を導くことにより、自然に理解と知識の定着が進むものと期待しています。

　もちろん、警察官のみならず、刑法を学んでいる方々や、法曹を目指す方々にも読んでいただければ幸いです（試験を受けるのであれば、限られた時間に自分の持っている知識を用いて結論を導かなければならないというのは同じでしょう。なお、本書では、刑事手続法（訴訟法）についても一部言及しますが、多くは刑事実体法（主に刑法）の解釈を取り扱っており、しかも判断に迷うような限界的事例を設定していますので、逮捕の要否や種類等、手続面に関しては、悩み過ぎることなく読み進めてもらえれば結構です。）。

　令和元年6月

筆　　者

凡　　例

1　本書では，原則として「刑法」は「法」，「刑事訴訟法」は「刑訴法」，「警察官職務執行法」は「警職法」と省略して表記しています。

2　判例の表記は，次の略号を用いています。
　　最高裁判所判決昭和50年7月1日最高裁判所刑事判例集29巻7号355頁
　　＝最判昭和50・7・1刑集29・7・355

3　判例集等の略称は，以下のとおりです。

〈略　称〉
　　刑録　　　　大審院刑事判決録
　　刑集　　　　大審院刑事判例集・最高裁判所刑事判例集
　　民集　　　　最高裁判所民事判例集
　　裁判集刑　　最高裁判所裁判集刑事
　　高刑集　　　高等裁判所刑事判例集

　　東時　　　　東京高等裁判所（刑事）判決時報
　　高検速報　　高等裁判所刑事裁判速報集
　　高裁判特　　高等裁判所刑事判決特報
　　高刑裁特　　高等裁判所刑事裁判特報
　　下刑集　　　下級裁判所刑事裁判例集

　　刑月　　　　刑事裁判月報
　　家裁月報　　家庭裁判月報
　　新聞　　　　法律新聞
　　刑資　　　　刑事裁判資料
　　判時　　　　判例時報

　　判タ　　　　判例タイムズ
　　法教　　　　法学教室

事案処理に向けた実体法の解釈

条文あてはめ刑法

はしがき

凡　例

第1編　刑　　法

第1問	窃　盗 〜叔父の車を無断で乗り回したら？〜	P.3
第2問	強　盗 〜ナンパを無視された腹いせにひったくり〜	P.16
第3問	詐　欺 〜とある旅館に起こった無銭宿泊とオレオレ詐欺〜	P.28
第4問	恐　喝 〜暴行・脅迫を用いた借金の取立て〜	P.46

| 第5問 | 横領
〜アルバイトが品物と代金を持ち逃げ〜 | P.62 |

| 第6問 | 背任
〜金融部長による元恋人(?)への融資が不良債権になったら〜 | P.75 |

| 第7問 | 殺人・傷害致死
〜ガード下での酒盛りの果てに……〜 | P.90 |

| 第8問 | 傷害・暴行
〜タイマン勝負と正当防衛〜 | P.104 |

| 第9問 | 逮捕・監禁，略取・誘拐
〜デート代を返すか寄りを戻すか〜 | P.120 |

| 第10問 | 性犯罪
〜夜道に女性の叫び声。駆けつけた警察官が現行犯逮捕〜 | P.135 |

| 第11問 | ネット上の脅迫・名誉毀損等
〜SNSや口コミ掲示板等の利用上の注意〜 | P.150 |

第12問	放火・器物損壊 〜出禁になった常連客，お店に火を点ける〜	P.169
第13問	文書偽造 〜他人の口座から預金を引き出すためには……〜	P.184
第14問	公務に対する犯罪 〜身代わり出頭「兄貴は関係ない！」〜	P.199
第15問	贈収賄 〜接待と高級自転車と引換えに〜	P.215
第16問	過失犯 〜部活動中の事故，責任は顧問？　それともコーチ？〜	P.233
第17問	共犯 1 〜理不尽店長へ怒りの鉄拳だったはずが……〜	P.251
第18問	共犯 2 〜コンビニ強盗の実行犯以外の刑責は？〜	P.268

第2編　特別刑法

第19問　薬物事犯
〜覚醒剤を買ったドライブの帰り道に〜　P.289

第20問　危険物等携帯事犯
〜亀の子事案〜　P.313

第21問　環境事犯
〜空き地に突如現れた段ボールの山の正体は？〜　P.330

第22問　外事事犯
〜マッサージいかがですか？〜　P.344

あとがき …………………………………………… P.361
判例索引 …………………………………………… P.363
著者略歴 …………………………………………… P.371

Part I penal code

窃　　盗
～叔父の車を無断で乗り回したら？～

　M警察署のN警部補は，平成29年6月1日，来署したV（61歳・男性）から，以下のとおり相談を受けた。

　「大変です。泥棒です。私はすぐそこにあるアパートで独り暮らしをしており，買い物に出かけたところ，そのわずか1時間の間に入られてしまいました。買い物から帰宅したとき，玄関の鍵が開いていたので，もしかすると，鍵をかけ忘れたのかもしれません。盗まれたのは，150万円の車と，5,000円を請求する内容の食品会社からの手紙です。玄関の下駄箱の上に車のキーと，その手紙を置いていたのですが，それらがいずれもなくなっていました。外に借りている駐車場に確認に行ったところ，車もありませんでした。犯人には心当たりがあります。近所に住む，甥の甲です。甲は，昨年までよく私のところに遊びに来ており，一緒に食事をするなどしていたのですが，昨年末に酒を飲んで大喧嘩をしてしまい，その後は全く音信不通でした。今回盗まれた手紙は，買った覚えのない食料品の詰め合わせの請求書で，代金の請求先は私になっていましたが，商品配達先として甲の住所が書かれていたので，甲が勝手にやったものと思い，今度問い詰めようと下駄箱の上に置いていたのでした。甲には私の家の鍵も，車の鍵も，一度も渡したことはありません。もし甲が本当に犯人だったとしたら，それは甲が勝手にやったことであり，絶対に許せません。すぐに捕まえてください。」

　NはVと一緒に甲の家に向かったところ，その途中，甲（34歳・男性）が一人で車を運転しているのを見つけた。

　Vは，「あれが，甲です。乗っているのは，私の車です。」と述べたので，Nは甲に停止を求め，事情を聴いたところ，甲は，次のとおり述べた。

「車はちょっと借りただけだ。友達のために荷物を運んでやる必要があったので，半日で元の場所に戻すつもりだった。第一，この車はローンで買ったもので，叔父のＶがローンを払えなかったとき，何回か自分が代わりに払ったこともあるものだ。請求書を持ち出したのは間違いない。今，ズボンのポケットに入っている。今年になって仕事がなくなり，食べる物にも困っていたところ，たまたま通販の広告を見つけておいしそうだったので注文してしまった。自分では代金が払えないので，Ｖの名前を借りた。そのことがＶにばれないよう，請求書をこっそり持ち出して捨てるつもりだった。車を借りるためＶの家に行ったら，Ｖは留守で，たまたま玄関の鍵が開いていたので，そこから入り，下駄箱の上から車の鍵と請求書を見つけて持ち出した。」

　ＮがＶに確認すると，たしかに甲がＶの代わりにローンを払ったことが数回あるとのことだった。また，Ｖと甲の了解の下，車検証を確認すると，所有者名義は信販会社Ｐで，使用者がＶとなっていた。

　Ｎは，住居侵入・窃盗の事実で甲を逮捕してよいか。

〈目　次〉

1　はじめに

2　「他人の」

3　「財　物」

4　「窃　取」

5　不法領得の意思

6　親族相盗例について

7　住居侵入罪の点について

8　おわりに

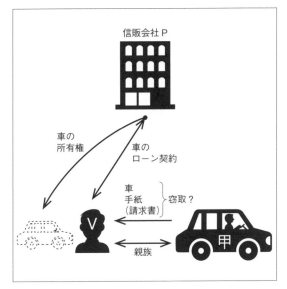

1　はじめに

　「逮捕の要件は，刑訴法199条等に規定があって，確か，逮捕の理由と必要性であったな。逮捕の理由は，罪を犯したことを疑うに足りる相当な理由であって，ここでは甲が窃盗罪・住居侵入罪の犯人といえるかが，問題だな……。」

　このように，警察官には，基本的な犯罪については，目の前にいる者の行動が犯罪に当たるのかどうかについて，瞬時の判断が求められることになります。今回の事例でいえば，まずは窃盗罪の成否が問題になりますが，法235条は，「他人の財物を窃取した者は，窃盗の罪とし」と規定しているだけです。当然，議論の出発点は，法律の文言ですから，窃盗罪が成立するためには，①「他人の」，②「財物を」，③「窃取した」といえることが最低限必要ですが，逆にいえば，法律の文言が示しているのはそこまでともいえます。そのあたりの，それぞれの文言の意味，解釈については，いろいろな立場から，さまざまな意見や主張があるところです。

ただ，実務では，それまでに判例が示した定義，解釈を前提に動くことになります。紛争が法廷に持ち込まれれば，少なくとも裁判所はこれまでの判例に沿った判断を示す可能性が極めて高いからです。実務に携わる人間が判例を知らなければならない，というのはこういう理由によります。

本書では，事例を検討することを通じて，刑法に規定されたいくつかの基本的な犯罪類型につき，法律の文言や要件を，過去の判例が示した定義や解釈を念頭に置きつつ，事例に当てはめることにより，実際に発生する問題の解決に役立てる力の向上を図りたいと考えています。

なお，本問における本件の事例につき，結論を先に言ってしまえば，特に問題となるのは不法領得の意思の点，あるいは「他人の財物」性のあたりだと思われますが，警察官として甲の逮捕を検討する以上は（少なくとも逮捕手続が適法と評価される程度には），法の予定する全ての要件を満たす必要がありますから，以下，網羅的に検討を加えることとします。

2 「他人の」

法235条の「他人の」とは，他人すなわち「犯人以外の者が占有すること」を意味するとされます（占有説）。窃盗罪が何を保護法益としているかについては争いがあり，本権説は，所有権等の本権（占有を正当付ける実質的権利）が保護法益だと考えます。この立場からは，窃盗罪が成立するには，他人が占有するだけでなく，他人が本権を有していることも必要となり，例えば，所有者が盗まれた物を取り戻す行為はほとんどの場合窃盗罪に当たらないということになります。

しかし，判例はそうは考えておらず，占有説に立つとされています[1]。物の所持という事実上の状態それ自体を独立の法益として保護しなければならないとの考えからです。

そして，占有とは，「人が物を実力的に支配する関係」をいいます[2]（民法上

1）最判昭和34・8・28刑集13・10・2906，最決平成元・7・7刑集43・7・607等

の占有と区別するため「所持」とも言い換えられることもあり，イメージとしてはこちらの方が近いかもしれません。）。この支配関係を認定するに当たっては，主観的要素としての「支配意思」と客観的要素としての「支配の事実」から総合的に判断します。

支配意思は，物を事実上支配・管理しようという意欲又は意思ですが，不断に積極的意思が存続することは必要ではなく，例えば海中に取り落とした物[3]や，自宅の中で置いたまま忘れてしまっている物についても支配意思は認められますし，睡眠中の人にも支配意思はあるとされています。また，支配の事実についても，現実の所持に限られず，社会通念によって判断するしかないとされます[4]。

路上等に置き忘れた物について，窃盗の客体になるのか，占有離脱物になるのかは，その物の種類や形状・性質，置き忘れた場所や時間，他の者の出入りの頻度などから総合的に判断することになります[5]。

この点，死者の占有は，支配意思も支配の事実も認め難いわけですが，判例上，殺人犯人が殺害後領得の意思を生じ犯行直後にその現場で被害者が身に着けていた時計を奪取した行為につき，「被害者が生前有していた財物の所持はその死亡直後においてもなお継続して保護するのが法の目的にかなう」，「被害者からその財物の占有を離脱させた自己の行為を利用して右財物を奪取した一連の被告人の行為は，これを全体的に考察して，他人の財物に対する所持を侵害したものというべき」などとして窃盗罪の成立を肯定した[6]ことに留意が必要です。

要は，刑法上の保護が必要な支配関係といえるかが重要，ということだと思われます。

本件事例ですが，請求書がVに宛てて送付されVが保管していたものであり，Vが占有する，つまり行為者である甲から見て「他人の」財物であること

---

2) 最判昭和32・11・8刑集11・12・3061
3) 最決昭和32・1・24刑集11・1・270
4) 最判昭和32・11・8（注2と同）
5) 最決平成16・8・25刑集58・6・515等
6) 最判昭和41・4・8刑集20・4・207

に問題はありません（所有者もVとしてよいでしょう。）。他方，車については，車検証によれば所有権はVではなく信販会社Pにあり，しかも，ローン代金の一部を甲が支払った事実もあるようです。しかし，判例の立場に立つ限り，Vがアパートの外に駐車場を借り，キーを自ら保管して使用するなど実力的に支配，すなわち占有する車といえますから，やはり行為者たる甲にとっての「他人の」財物という点は満たすことになるでしょう。

　Nは，窃盗に当たるかどうかの判断に当たり，Vと甲のそれぞれから事情を聴き，車検証を確認していますが，これは所有者が誰か，占有者が誰かを判断する前提の行為であったと考えられます。物を実際に支配管理している人が必ずしも所有者とは限らず，また，占有が意思に反して奪われたということが窃盗罪（などの奪取罪）の処罰根拠なわけですから，占有者（現時点で占有している人と，もともと占有していた人の双方）及び所有者の確定は，窃盗罪の成否を判断するに当たって基本中の基本であり，初動捜査の段階においても確認ができる部分は必ず確認しておくべきです。このうち，所有者の確定は直ちに判断することが困難な場合もあり得ますが，その点を意識した確認は行うべきでしょう。

3　「財物」

　「財物」が有体物に限られるかどうかについては，古くから議論があったところですが，判例は，旧刑法の時代からガスや電気についても窃盗の目的となることを認めており[7]，管理可能性があれば足りるという考え方と解されます（なお，その後電気については，法245条等で財物とみなす旨の明文規定が置かれました。）。

　その意味では，情報についても，管理可能であれば，財物と解する余地がありますが，実務上は，情報が記録された媒体を客体として取り扱うことが多いです（情報の持ち出しをもって直ちに，占有の移転があったと見なされないことも

---

[7]　大判明治37・4・28刑録10・910，大判明治36・5・21刑録9・874

その理由の一つと思われます。）。

　財産的価値が必要かどうかについては、およそ価値のないものについては刑法的保護は妥当しないとして財物性を否定するのが通説ですが、客観的（金銭的）交換価値あるいは積極的価値があることは必ずしも要求されず、消極的価値のある物（例えば悪用のおそれがあり、自己の手元に保管すべき利益があるものなど）についても財物性が肯定されます[8]。

　本件事例についてですが、車の財物性が認められるのは当然でしょう。他方、手紙（請求書）の財物性は、財産的価値という点で一応問題となり得ます。物理的には紙数枚にとどまる上、交換価値には乏しいからです。

　しかし、請求書は債権の存否や価額、日付等を判断するうえで重要な証拠となり、保管の利益が認められますから、財物性を否定すべきではないでしょう。

　加えて、警察官たるNの立場からは、被害品の価額特定も重要なポイントです。窃盗罪としての悪質性、量刑を決める上で重要な指標であり、被害弁償をする場合の参考にもなるからです。基本的には被害者から聞き取ることになりますが、財物の客観的交換価値として一般に流通している取引価額を被害額とすべきでしょう（もちろん、購入価格も一つの参考となります。）。

　一般流通取引価額の算出が困難な場合は、販売相当価格や生産・開発価格を参考として表示することも考えられます。本件事例の車の価額に特に不自然な点はなさそうです。

4　「窃取」

　「窃取」とは、「財物の占有者の意思に反し、その占有を侵害し、自己又は第三者の占有に移すこと」をいうとされます[9]。なお、公然と占有侵害が行われても窃取に当たり得ます[10]。

---

8) 最決平成14・10・21刑集56・8・670等
9) 大判大正8・2・13刑録25・132
10) 最決昭和32・9・5刑集11・9・2143

本件事例においては，V及び甲の供述が信用できると考えるのであれば，甲がV方下駄箱の上から車の鍵と手紙（請求書）を無断で持ち出し，車を運転して乗り出したとのことですから，車と請求書の双方について，甲がVの意思に反してその占有を侵害し，自己に占有を移転させた事実は一応認めてよさそうです（車について返すつもりであったこと，請求書について捨てるつもりであったことについては，「5　不法領得の意思」のところで検討します。）。車について，ローン代金の一部を支払っていたから，甲に占有権（又はその一部）が認められるという主張もあるかもしれませんが，共同保管者による領得も窃盗に該当することがあります[11]。

　他方，仮に甲が自ら占有を移転させたという事実を認めず，他人を介して入手したなどと述べた場合は，窃盗罪ではなく，盗品等罪が成立する可能性もあります。その場合，Nにおいては，甲に対し，当該財物を入手した日時・場所，相手，やりとり，金銭支払の有無，当該財物の状態等について詳細を聴取する必要があります（供述の信用性の判断に資するとともに，盗品等罪が成立する場合の盗品性の認識にも関わる重要な部分です。）。

　また，既遂時期の問題もあります。窃盗罪の既遂時期は，「他人の実力的支配内に在る窃盗罪の対象たる物を自己の実力支配内に移し之を排他的に自由に処分し得へき状態に置く行為あるを以て足り［る］」とされており[12]，支配が排除され移転したかに着目することになります。

　本件事例の車と請求書については，甲が持ち去り，Vの手元から完全に離れた状態となっていますから，いずれも既遂に至ったといえる程度に支配が移転したとみてよいでしょう。

5　不法領得の意思

　問題は，不法領得の意思です。法律の文言には存在しませんが，窃盗罪の成立

---

11) 最判昭和25・6・6刑集4・6・928
12) 大判大正12・7・3刑集2・624

には，窃盗の故意（今までの検討からすれば，「財物の占有者の意思に反してその占有を侵害し自己又は第三者の占有に移すことについての認識」となるでしょう。）に加え，不法領得の意思すなわち「権利者を排除し他人の物を自己の所有物と同様にその経済的用法に従いこれを利用し又は処分する意思」[13] が必要とされます。

①権利者排除意思により可罰性に疑問のあるいわゆる使用窃盗と区別し，かつ，②利用処分意思，つまり経済的用法に従ったかどうかにより罪質的に窃盗より軽いとされる毀棄罪とも区別する必要があるからです。

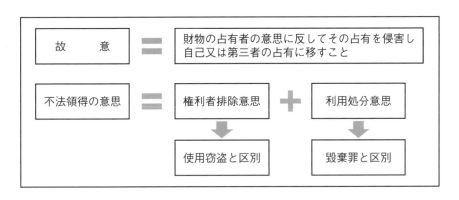

本件事例において，まず車につき，甲は半日で返すつもりであったと述べています。車を乗り回すこと（あるいは友人の荷物を運搬するのに使うこと）は，経済的用法に従った利用であるといえるでしょう。

問題は，権利者を排除し他人の物を自己の所有物のように扱ったかどうかです。自転車については，短時間利用し元の場所に戻した場合には不法領得の意思が否定されることがあるとの見解が有力ですが，自動車については，時価約250万円相当の他人所有の普通自動車を，数時間にわたって完全に自己の支配下に置く意図の下に，所有者に無断で乗り出し，その後4時間余りの間，同じ市内を乗り回していたという事案につき，使用後にこれを元の場所に戻しておくつもりであったとしても不法領得の意思があった，とする判例[14]があります。乗り出した場所・状況，時間，元に戻すつもりだったかどうか，車の価値，ガ

---

13) 大判大正4・5・21刑録21・663，最判昭和26・7・13刑集5・8・1437
14) 最決昭和55・10・30刑集34・5・357

ソリンや部品等の消耗の有無等の見地から，総合的に判断することになります。

本件事例も，150万円の車を半日にわたって乗り回したとのことであり，判例に照らせば，車に対する不法領得の意思を認めてよさそうです。

問題は請求書の方でしょうか。甲は，請求書について，捨てるつもりであったとします。詐欺罪についての判例ですが，支払督促制度を悪用して叔父の財産を不正に差し押さえ，強制執行することなどにより金員を得ようと考えた被告人が，裁判所から債務者とされた叔父宛てに発送される支払督促正本等につき，郵便配達員から受け取ることで適式に送達されたように外形を整え，叔父に督促異議申立ての機会を与えることなく支払督促の効力を確定させようという意図の下，受領後速やかに廃棄する意図で支払督促正本等を受領した行為について，不法領得の意思が認められないとした判例があります[15]。

利用処分意思をあまり厳格に要求すると窃盗罪等の処罰範囲が狭くなってしまうという問題があり，不要説も有力なのですが，判例は従来の立場を改めて示したともいえます。

本件事例についても，捨てるつもりであったという甲の主張が真実だということになれば，不法領得の意思が否定されるものと思われます。

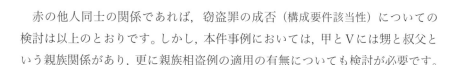

6 親族相盗例について

赤の他人同士の関係であれば，窃盗罪の成否（構成要件該当性）についての検討は以上のとおりです。しかし，本件事例においては，甲とVには甥と叔父という親族関係があり，更に親族相盗例の適用の有無についても検討が必要です。

法244条は，1項で「配偶者，直系血族又は同居の親族との間で第235条の罪……を犯した者は，その刑を免除する。」とし，2項で「前項に規定する親族以外の親族との間で犯した同項に規定する罪は，告訴がなければ公訴を提起することができない。」としているからです。

---

15) 最決平成16・11・30刑集58・8・1005

ここで,「配偶者」,「直系血族」,「親族」の意義は,民法の規定により,また,その関係の有無は基本的に,戸籍の記載によって決まります。窃取に係る財物の所有者と占有者が異なる場合は,「刑法244条1項が適用されるためには,同条1項所定の親族関係は,窃盗犯人と財物の占有者との間のみならず,所有者との間にも存することを要するものと解するのが相当である」[16]とされています。

この親族相盗例規定の趣旨としては,「法は家庭に入らず」との考えの下に国家が刑罰権による干渉を差し控えるのが望ましい,との政策的配慮に基づくものとされており,つまり,親族間の犯行でも犯罪は成立するけれども,身分の存在によって刑罰が阻却されるに過ぎないとの考えから,その適用場面については限定的に解する必要があるとされているのだと思われます。

Vと甲は,いずれも叔父と甥という関係であることを認めていますが,早めに,戸籍を確認するということについては必要でしょう。

その上で,「配偶者」,「直系血族」には当たらないので,「親族」として同居の有無が問題となります。

Vによれば,昨年までは頻繁に行き来があり,一緒に食事をすることもあったようですが,同居関係には至っていないようであり,少なくとも犯行の現時点において同居関係は認められません(「同居」とは,事実上同一の住居で日常生活を共にしていることをいい,家出,一時宿泊の場合や,炊事・起居等が別の場合にこれを否定した裁判例があります。ですから,仮に昨年時点でも同居とはいえないと思われます。)。

したがって,法244条1項の適用はなく,2項のみ,つまり告訴があるかどうか,が問題となりそうです。**Nは,Vに対し,親族でありながらなお,処罰を求めるのかどうかについて,きちんと確認をしなければなりません。**

なお,本件事例で仮に甲とVが同居の親族であった場合は,法244条1項により刑が免除されることになりそうですが,前記のとおり,財物の所有者との間にも親族関係が要求されることに留意が必要です。

本件事例では,車の所有者は信販会社Pとなっていますので,車の窃盗につ

---

16) 最決平成6・7・19刑集48・5・190

いての刑の免除は，どの道，否定されることになります。

7　住居侵入罪の点について

　住居侵入罪の点はどうでしょうか。法130条前段は，「正当な理由がないのに，人の住居……に侵入し」た者を処罰対象としており，この「正当な理由」がどのような場合なのかが問題となります。この点，住居侵入罪の保護法益を住居権（管理権）であると考える立場と，住居の平穏であると考える立場とで，結論が少し違ってくることになりそうです。

　判例は，ATM機利用客のカード暗証番号を盗撮する目的で営業時間内に銀行の支店出張所に立ち入った事案につき，「そのような立入りが同所の管理権者である銀行支店長の意思に反するものであることは明らかであるから，その立入りの外観が一般のATM機利用客のそれと特に異なるものでなくても，建造物侵入罪が成立するものというべきである。」[17]としており，住居権・管理権説に立っているものと思われます。そのため，管理権者の意思における判断については，重要なポイントになります。

　本件事例においては，甲がV方の玄関に立ち入った行為は，結果としてVの意思には反するものであるようです。しかし，甲の当初の立入りの時点では，車を借りるためであったとの甲の供述もあります。また，Vが甲を請求書の件で問い詰めようとしていたとの話も出ており，Vが甲と一切の関係を断ち続けるつもりではなかったようです。加えて，反対有力説の平穏説からは，甥が叔父の家を訪ねて，鍵が開いていたため玄関先に入るという行為は，住居の平穏を害するとは言いにくいのではないかとも思われます。

　したがって，論理的には住居侵入罪が成立するかもしれませんが，この程度の態様や経緯で立件することについては，少し慎重を期した方がよさそうです。

17）最決平成19・7・2刑集61・5・379

8 おわりに

　以上の検討から，本件事例については，甲について，判例の立場に立つ限り，車を盗み出したという窃盗罪の成立は認められそうであり，また，Ｖの家に侵入したという住居侵入罪についても成立の可能性はあります。

　他方，請求書を持ち出した点については，不法領得の意思が認めにくく，窃盗罪は不成立となるでしょう。しかし，住居侵入罪の立件に慎重であるべきことは既に述べたとおりであり，また，車を盗み出した点についても，法244条2項から，甥と叔父という関係から，親告罪とされています。

　甲が半日で返すつもりであったとのことを踏まえて，なおＶが甲の処罰を強く求めるかについては，再度確認が必要と思われます（ちなみに，甲がＶの名前を勝手に使って食料品を受け取った点については，食品会社に対する詐欺罪が成立しそうですが，代金を誰かが負担すれば，食品会社は被害を申告しない可能性もあり，この点の確認も必要でしょう。）。

　いずれにしても，逮捕は相手の身体・行動の自由を奪う高度の強制処分ですから，以上のような逮捕の理由があるかについての各検討，更には逮捕の必要性が認められるか等の諸事情を踏まえて，慎重にすべきと思われます（ちなみに，逮捕する場合の逮捕の種類については現行犯逮捕は困難ですが，それ以外のいずれの手続によるかについては，意見の分かれるところでしょう。）。

強　盗
～ナンパを無視された腹いせにひったくり～

　M警察署のN警部補は，平成29年7月3日午後8時頃，自転車で管内をパトロール中，V（29歳・女性）が路上に倒れているのを発見した。その場所は，アスファルトで舗装されている一方通行の道路で，駅から約800メートル（徒歩10分程度）離れ，住宅街で人気が少なく，街灯が設置されているが，その間隔が広いため，かなり薄暗い状態だった。

　Nは，駆け寄ってVを抱え起こし，事情を聴いたところ，Vは，次のとおり述べた。

　「駅から一人で歩いて帰る途中，知らない男に倒されて，ショルダーバッグを奪われました。そのバッグには財布が入っており，中には現金1万2000円と，カード2枚を入れていました。財布自体は2万円，バッグは5万円くらいするものです。相手は，私より背が20センチくらい高かったので，身長175センチくらいだと思います。黒いTシャツに，黒いジーンズを穿いていました。体格も良く，ショルダーバッグを力ずくで奪って行ったので，すごい力持ちでした。年齢は20歳前後に見えました。初め，後ろから近づいてきて，『遊ぼうよ。』と声を掛けられたのですが，気持ち悪いので無視していたら，『何だよ。これよこせよ。』と言いながら私が右肩に掛けていたショルダーバッグのショルダー部分を引っ張ってきたのです。私がショルダーをつかんで引っ張られないようにすると，相手の男は私の右足に自分の足を掛けてきて私を倒し，更にショルダー部分を強く引っ張ったので，私は倒れた状態のまま50センチくらい引きずられました。私が痛くてショルダー部分から手を離したら，男はバッグを持ったまま走り去りました。」

　Nが見ると，Vの膝と腕からは血が流れていたので，Vは引きずられた時に怪我をしたものと思われた。そこで，Nは，Vのため救急車を要請す

るとともに応援を求め，駆け付けたＯにＶの介護を依頼し，近くを自転車で探したところ，Ｎの姿を見た途端に向きを変えて早足になった男を目撃した。そこで，近づいてみると，男は黒いＴシャツに黒いジーンズを穿いており，胸の前で何かを抱え込むような姿勢をしていた。

　Ｎは，男を追い越し，男に停止を求めて事情を聴くと，男は次のとおり述べた。

　「ごめんなさい。このバッグは，通行中の女の人から盗んでしまいました。帰宅途中，前をスマートフォンの操作に夢中の女の人が歩いており，肩に掛けたバッグのひもに手を掛ければ簡単に取れると思ったからです。」

　Ｎが男に人定事項を尋ねると，男は甲（22歳）と名乗った。そして，Ｎが甲に対し，「力ずくで奪ったのではないか。」と聞くと，甲は「そんなことはありません。バッグのひもを引っ張ったら，簡単に取れました。」と答えた。また，Ｎが「暴力は一切振るっていないというのか。倒して怪我を負わせた覚えはないか。」と聞くと，甲は少し狼狽した様子で，「たしかに，突き飛ばしてしまいました。でも，それは，最初はナンパのつもりで声を掛けたのに，無視されたからです。その時は相手の女の人も倒れたりしていません。その後になって，バッグを取ってやろうと思いつきました。相手が怪我をしたのは，私がバッグを取った後，追いかけてきたからです。私はバッグを取ると500メートルくらい走っていったん相手を完全に振り切り，バッグの中にあった財布に入っていたお金で，自販機でジュースを買って飲んでいました。すると，相手の人が私を見つけてなお追いかけてきたのです。それで，捕まっては困ると思い，相手の人を改めて突き飛ばしたら，今度は相手の人が倒れて痛がっていましたが，そのまま逃げてきてしまいました。」などと述べた。

　Ｎは，甲について，強盗致傷罪で逮捕できるか。

〈目　次〉
1　はじめに
2　「暴行又は脅迫」
3　「他人の」,「財物」
4　「強　取」
5　事後強盗
6　不法領得の意思
7　強盗致傷罪の成否
8　おわりに

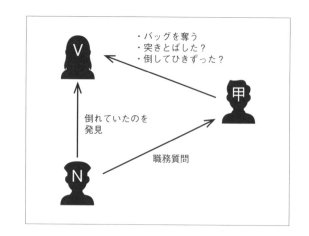

1　はじめに

　第1問は窃盗罪について検討しましたが，本問は強盗罪が問題となります。
「ひったくり」については，その定義も様々ですが，通行人から通り過ぎざまに携帯している金品をひったくって奪う犯行態様を指すと思われます。そして，その態様には，自動車やバイク，自転車を使用するものと，徒歩ないし走って奪うものとがあり，被害者の方も，自転車やカートにバッグを入れていたところを奪われるものや，手に持ちあるいは肩に掛けているものを奪われたりと様々です。さらに，暴行・脅迫の態様としても，ひったくり行為，つまり財物を奪う行為そのものしか存在しないものと，それとは別に暴行・脅迫を加えるものとが考えられ，ひったくり行為しかなかった場合，強盗罪の暴行・脅迫があったといえるかについても問題となるでしょう。

　実務的には，ひったくり行為について，窃盗罪として処理されるものと，強盗罪として処理されるものとの双方があります。その境界がどのようなところにあるのかを考えることは，強盗罪の構成要件を正しく理解する上で，極めて重要となります。

　さて，強盗罪については，法236条1項に規定があります。その文言は，「暴行又は脅迫を用いて他人の財物を強取した者は，強盗の罪と」するというもの

です。また，強盗致傷罪については，法240条で，「強盗が，人を負傷させたときは」無期又は6年以上の懲役に処すると規定されています。

したがって，強盗罪の成立には，①「暴行又は脅迫を用いて」，②「他人の」，③「財物を」，④「強取すること」，が必要であり，強盗致傷罪の成立には，さらに，「強盗として人を負傷させること」が必要です。

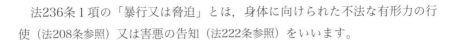

2 「暴行又は脅迫」

法236条1項の「暴行又は脅迫」とは，身体に向けられた不法な有形力の行使（法208条参照）又は害悪の告知（法222条参照）をいいます。

ここで，強盗罪における暴行・脅迫は，㋐「財物奪取に向けられたものであること」と，㋑「相手方の反抗抑圧に足りるものであること」が必要です。強盗罪が窃盗罪に比べて重く処罰されるのは，暴行・脅迫を財物奪取の手段としている点により悪質性があるからです（なお，反抗抑圧に足りない程度の暴行・脅迫に基づいて財物の占有を移転させる場合は，恐喝罪にとどまります）。

したがって，当初は単に暴行・脅迫の意思で行為した者が，相手方が反抗を抑圧されたのを見て財物奪取の意思を生じ，これを奪ったという事案の場合は，新たに暴行・脅迫を加えたという事実が認められない限りは，強盗罪ではなく，暴行・脅迫罪と窃盗罪が成立するのみということになります。

本件事例では，Vの供述の中に，「『何だよ。これよこせよ。』と言いながら私が右肩に掛けていたショルダーバッグのショルダー部分を引っ張ってきました。私が引っ張られないようにすると，相手の男は私の右足に自分の足を掛けてきて私を倒し，更にショルダー部分を強く引っ張ったのです」などという部分があります。したがって，これが真実と認められれば，暴行・脅迫が財物奪取に向けられたものといえそうです。他方，甲の言い分の中には，突き飛ばしたのはナンパを無視されたからだという部分があり，暴行・脅迫が財物奪取に向けられたことを否定する方向に働くので，注意が必要です。

暴行・脅迫が反抗抑圧に足りるかどうかも，実務上よく争われる点であり，難しい判断となります。判例上は，「他人に暴行又は脅迫を加えて財物を奪取した場合に，それが恐喝罪となるか強盗罪となるかは，その暴行又は脅迫が，社会通念上一般に被害者の反抗を抑圧するに足る程度のものであるかどうかという客観的基準によって決せられる」とされます[1]。具体的には，暴行・脅迫の具体的態様（凶器使用の有無を含む）に加え，犯行の時刻・場所・周囲の状況，被疑者・被害者それぞれの性別・人数・体格差等も考慮すべきです。

　本件事例では，犯行時刻は午後8時頃であり，夏至が近いとはいえさすがに夜になっており，また，場所はアスファルトで舗装されている一方通行の道路で，駅から約800メートル（徒歩10分程度）離れ，住宅街で人気が少なく，街灯が設置されていますが，その間隔が広いため，かなり薄暗い状態でした。そして，Ｖは，29歳の女性で，一人で帰宅途中であり，それに対して，甲は22歳の男性で，身長がＶより20センチほど高く，体格も良かったとあります。そのような甲が，ⓐＶが肩から掛けていたショルダーバッグのショルダー部分を引っ張る行為，ⓑＶの右足に自分の足を掛けて倒す行為，更にⓒショルダー部分を強く引っ張り，倒れた状態のままのＶを50センチくらい引きずる行為は，社会的通念に照らして客観的にＶの反抗を抑圧するに足りるものとしてよいのではないかと考えられます。

　なお，本件事例ではＶの述べる態様と甲の述べる態様とが異なっており，仮にＶに加えられた暴行としてさして指摘できるようなものがなく，ひったくり行為（本件事例でいえば前記ⓐのショルダー部分を引っ張る行為）しかなかったという場合は，強盗罪の暴行としてこの部分を捉える（財物を奪う行為と被害者の反抗抑圧に向けられた行為を同一のものとして考える）しかありませんが，このようなひったくり行為については，自動車を使用して犯行に及んだ事案につき，これを強盗罪にいう暴行として評価した判例もあります[2]。

　逆にいえば，自動車や自転車等を使用していなかった場合，強盗罪の暴行・脅迫としては不十分であると評価される可能性もあるということです。した

1）最判昭和24・2・8刑集3・2・75
2）最決昭和45・12・22刑集24・13・1882

がって，Nとしては，暴行・脅迫の態様について，まずは現場・着衣・体格や怪我の部位・程度等，客観的状況を踏まえつつしっかりと双方の供述を聞き，具体的態様を明らかにすることが不可欠になります。

3 「他人の」,「財物」

「他人の」「財物」の意義については，窃盗罪の場合と同様に考えられます（詳しくは**第1問**（窃盗）参照）。すなわち，「他人の」とは，「他人」つまり犯人以外の者が占有することを意味するとされます。占有とは，「人が物を実力的に支配する関係」をいいます[3]。また，「財物」は有体物に限られず，管理可能性があれば足りますが，強盗罪は窃盗罪と異なり，財産上不法の利益を客体とする場合も法236条2項で処罰の対象となっていることに留意が必要です。

本件事例では，ショルダーバッグや，それに在中の財布について，Vが支配していた物であることに争いはなく，甲からみて「他人の」，「財物」であることについては，当然に認めてよいでしょう。

4 「強取」

「強取」とは相手方の反抗を抑圧するに足りる暴行・脅迫を手段として，財物の事実上の占有を自己が取得し，又は第三者に取得させることをいうとされます。

行為者が自ら相手方から奪取する場合はもちろんですが，被害者が交付した財物を受領することも，また，被害者が気付かないうちに奪取することも強取たり得ます[4]。

暴行・脅迫を加えて財物を奪取する意思で，まず財物を奪取し，その後に被害者に暴行・脅迫を加えた場合でも「強取」に当たります[5]。これと区別が必

---

3) 最判昭和32・11・8刑集11・12・3061
4) 最判昭和23・12・24刑集2・14・1883

要なのは、財物奪取の目的なしに暴行・脅迫を加えた結果、相手方の反抗抑圧状態が生じ、その後に財物奪取の意思を生じて財物を奪取した場合です。

まず、財物奪取の意思が生じた後にもなお暴行・脅迫が加えられているケースにおいては、これは全体として一つの強盗罪として評価することが可能です。

しかし、財物奪取の意思が生じた後には新たな暴行・脅迫が加えられていないという場合は、財物奪取に向けられた暴行・脅迫という強盗罪の成立要件が欠けることになりますから、基本的に、「強取」したとは、評価できません（強姦（当時）後、被害者が失神していると思い、身動きしなくなっていた被害者から金品を奪った行為につき、強盗罪を否定した裁判例もあります[6]。）。

もっとも、特に強制性交等やわいせつ目的での暴行・脅迫が先に存在し、反抗抑圧状態が生じた場合、その後に財物奪取の意図が生じたとしても、犯人が現場を去らない限り被害者の反抗抑圧状態は継続しているともいえますから、些細な行為であっても強盗目的の暴行・脅迫と評価し得ることには留意が必要です（わいせつ目的での緊縛状態を継続したまま財物を取得した行為につき強盗罪を肯定した裁判例もあります[7]。）。

本件事例においては、Ｖの供述によれば、甲は「これよこせよ。」などと言った後、ⓐショルダーバッグのショルダー部分を引っ張る行為、ⓑＶの右足に自分の足を掛けて倒す行為、更にⓒショルダー部分を強く引っ張り、倒れた状態のままのＶを50センチメートルくらい引きずる行為に及んだ上、ショルダーバッグを持ち去ったというのですから、「強取」といえることは明らかでしょう。しかし、甲の供述によった場合は、「ナンパを無視され突き飛ばした」⇒「バッグをとってやろうと思い引っ張ったら簡単に取れた」⇒「走って逃げたら追いかけてきたので捕まっては困ると思い突き飛ばした」ということになり、これだと少なくとも法236条1項の「強取」は存在しないということになってしまいます（事後強盗の成否については、次の項目で検討します。）。

---

5) 最判昭和24・2・15刑集3・2・164
6) 札幌高判平成7・6・29判時1551・142
7) 東京高判平成20・3・19判タ1274・342

5 事後強盗

　仮に窃盗犯人が逮捕を免れるために暴行・脅迫を加えた場合は，事後強盗になり得ます。事後強盗罪は，法238条に「窃盗が，財物を得てこれを取り返されることを防ぎ，逮捕を免れ，又は罪跡を隠滅するために，暴行又は脅迫をしたときは，強盗として論ずる。」とありますので，①「窃盗が」，②「財物を取り返されることを防ぐか，逮捕を免れるか，罪跡を隠滅するかのいずれかの目的をもって」，③「暴行又は脅迫を加えること」が必要です。

　このうち①窃盗については，窃盗の実行行為に着手したことが必要です。また，②に関しては，窃盗の実行に着手したものの，いまだ財物を奪取したとはいえない段階で，被害者等に見つかったため，財物奪取のために暴行・脅迫を加えたような場合（いわゆる居直り強盗と呼ばれるケース）については，財物を取り返されることを防ぐ目的での暴行・脅迫とはいえないので，法238条ではなく，法236条の強盗が成立します。③暴行・脅迫については，法236条同様，相手の反抗を抑圧するものであれば足り，必ずしも被害者に対して加えられている必要はありません。ただし，強盗として重く処罰する以上，窃盗の機会に加えられている必要があると考えられており，この点を明らかにするには，窃盗の犯行時刻・場所と暴行・脅迫の時刻・場所，その間の経緯・状況，暴行・脅迫の相手方と窃盗被害者との関係等について明らかにする必要があるでしょう。

　本件事例につき，Ｖの供述による限り，事後強盗罪が問題となることはないことは既に検討したとおりですが，甲の供述では，バッグを取った（窃盗に及んだ）後，500メートルくらい走っていったん相手を完全に振り切り，自販機でジュースを買って飲んでいたところ，Ｖが甲を見つけてなお追いかけてきたから，改めて突き飛ばしたとあります。500メートルという距離自体は，どちらにも転び得る事情と思われますが，完全に振り切って，ジュースを買って飲んでいたというような事情があるのであれば，窃盗の機会性は否定する方向に働くといわざるを得ません。この点に関しては，窃盗犯行後約3時間後とはいえ犯行現場の真上の天井裏に潜んでいたという事案につき窃盗の機会性を肯定した判例[8]と，窃盗犯行後約30分後とはいえ，犯行現場を離れていったん約

1キロメートル離れた公園まで行き，現金を数えるなどし，財物を取り返されたり逮捕されたりする状況がなくなった後に再び現場に戻ったという事案につき窃盗の機会性を否定した判例[9]とがあり，参考になるところです。

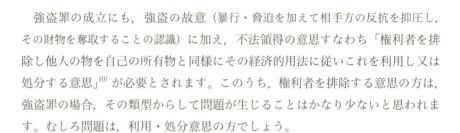

6 不法領得の意思

　強盗罪の成立にも，強盗の故意（暴行・脅迫を加えて相手方の反抗を抑圧し，その財物を奪取することの認識）に加え，不法領得の意思すなわち「権利者を排除し他人の物を自己の所有物と同様にその経済的用法に従いこれを利用し又は処分する意思」[10]が必要とされます。このうち，権利者を排除する意思の方は，強盗罪の場合，その類型からして問題が生じることはかなり少ないと思われます。むしろ問題は，利用・処分意思の方でしょう。

　毀棄や隠匿目的を主張するケースも，実務では時折見られます。この点，フィルムを抜き取ることを目的としてカメラを強取した事案につき，10日後にカメラを返還したとしても不法領得の意思は肯定されるとの判例[11]もあります。

　本件事例においては，既に検討したように，財物奪取の意思を生じた時期について，Vの供述と甲の供述との間に齟齬があります。また，甲はバッグをどうするつもりだったかははっきりとは述べていません。しかし，仮に甲の供述によったとしても，甲はバッグの中の財布から取り出したお金でジュースを飲んでいたなどと述べており，小遣い目当てで，バッグを奪ってその中の財布を奪うという意思があったとすることに問題はなさそうです。

8）最決平成14・2・14刑集56・2・86
9）最判平成16・12・10刑集58・9・1047
10）最判昭和26・7・13刑集5・8・1437等
11）最判昭和38・7・9刑集17・6・579

7 強盗致傷罪の成否

法240条は、「強盗が、人を負傷させたとき」は無期又は6年以上の懲役に処するとあります。つまり、強盗致傷罪の成立には、①「強盗が」、②「人を」、③「負傷させること」、が必要です。

このうち①「強盗」とは、強盗の実行に着手した者をいいます。法236条の強盗はもちろんですが、法238条の事後強盗、法239条の昏酔強盗も含まれるとされます。強盗の実行に着手していればよいので、強盗未遂の場合も成立し得ます[12]。

②「人」とは、犯人以外の人をいいます。強盗被害者には限定されません[13]。

③「負傷させた」とは、人に傷害を与えることをいい、故意に傷害を負わせる場合（強盗傷人ともいいます）と、暴行の結果的加重犯として傷害結果が生じた場合の双方を含みます。傷害の程度については、その法定刑の重さから、傷害罪における傷害の程度よりも重いものであることを要求すべきという見解もありますが、判例は基本的に法204条の傷害と同一に解しているようです[14]。

問題は、傷害（ないし死亡結果）がいつ生じたかという点です。強盗の手段たる暴行によって傷害が生じた場合はもちろんですが、強盗の際にはしばしば人の死傷という残虐な結果が生じ、この点に着目した加重処罰規定が法240条であると解されています。したがって、傷害・致死結果は「強盗の機会」に生じればよいというのが判例の立場です[15]。

では、この「強盗の機会」に当たるかどうかはどう判断したらよいでしょう。実務上も、強盗致傷罪の法定刑が重いことから、被告人や弁護人は、その適用を避けるべく、「強盗の機会には当たらない。」という主張をする場面が見られます。大きなヒントは、既に述べた法238条の条文に隠されています。すなわ

---

12) 最判昭和23・6・12刑集2・7・676
13) 最判昭和26・3・27刑集5・4・686
14) 大判大正4・5・24刑録21・661, 最決昭和41・9・14裁判集刑160・733等
15) 最判昭和24・3・24刑集3・3・376, 最判昭和24・5・28刑集3・6・873等

ち，法238条により，窃盗犯人が一定の目的で暴行・脅迫を加えた場合には強盗犯人として扱われ，更にそれによって傷害結果が生じれば，法240条によって強盗致傷罪になることは既に見たとおりです。

このケースと対比したときに，当初から強盗に及んだ犯人が，似たような状況で傷害結果を発生させたにもかかわらず，法240条の責任を負わせることができないというのは不均衡であると解されます。そこで，法240条の「強盗の機会」については，法238条の事後強盗罪が成立する場面についての「窃盗の機会」とほぼ同様に考えてよいものと思われます。そうすると，既に述べたのと同様に，強盗の犯行時刻・場所と傷害のもととなる暴行・脅迫の時刻・場所，その間の経緯・状況（追跡が継続していたかどうか等），暴行・脅迫の相手方と強盗被害者との関係等について明らかにする必要があるということになるでしょう。

本件事例においては，Vの供述によれば，「相手の男は私の右足に自分の足を掛けてきて私を倒し，更にショルダー部分を強く引っ張ったので，私は倒れた状態のまま50センチくらい引きずられました。私が痛くてショルダー部分から手を離したら，男はバッグを持ったまま走り去りました。」とあり，Nが見ると，Vの膝と腕からは血が流れていたので，Vは引きずられた時に怪我をしたものと思われたということです。したがって，強盗の手段としての暴行により傷害が成立したものとして，「強盗の機会」について細かい検討をするま

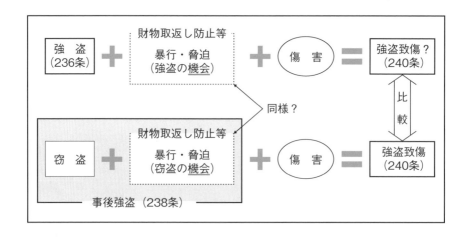

でもなく、強盗致傷罪が成立するでしょう。

　これに対し、甲の供述では、「相手が怪我をしたのは、私がバッグを取った後、追いかけてきたからです。私はバッグを取ると500メートルくらい走っていったん相手を完全に振り切り、バッグの中にあった財布に入っていたお金で、自販機でジュースを買って飲んでいました。すると、相手の人が私を見つけてなお追いかけてきたのです。それで、捕まっては困ると思い、相手の人を改めて突き飛ばしたら、今度は相手の人が倒れて痛がっていました」とあります。すなわち、傷害は最後に突き飛ばしたことが原因という主張のようです。これまで検討したように、**仮に甲の言い分が正しければ、暴行と窃盗しか成立しておらず、傷害結果も、窃盗の現場を離脱した後に再度相手と接触があった際に生じたというのですから、事後強盗が傷害を負わせたともいえませんし、傷害結果が強盗の機会に生じたともいえない**でしょう。

8　おわりに

　本件事例では、Vと甲とで犯行態様に関する供述が異なり、その内容によって、成立する犯罪も大きく異なるということが分かりました（Vの言い分によれば強盗致傷罪ですが、甲の言い分では暴行と窃盗と傷害のみです）。何らかの事実での逮捕は可能と思われますが、具体的に何の事実で逮捕するかは悩ましいところです。

　警察官としては、被害者に対し、その保護を十分図るとともに、被害申告内容をよく聞くことがまず大事なのですが、中には記憶が混同したり、まれに故意に嘘をついたりする被害者もいないわけではありません。被疑者側の言い分にもよく耳を傾けることが大切でしょう。

　また、強盗（致傷）罪の成否に当たっては、現場の状況が重要であることも分かりました。暴行・脅迫が反抗抑圧に足りるか、傷害はどのように発生したのか、強盗の機会に生じたといえるかなどにそれぞれ絡むからです。事件発生当時の現場状況は、できるだけ速やかに、丁寧に証拠保全しておくべきでしょう。

詐　　欺
第3問　～とある旅館で起こった無銭宿泊とオレオレ詐欺～

　M警察署のN警部補は，平成29年8月1日午後1時頃，来署したV1（54歳・女性）とV2（76歳・女性）から，それぞれ以下の相談を受けた。

　まず，V1が，「私は，旅館を経営しています。今朝，宿泊客に宿泊代金を支払ってもらえないまま逃げられ，ついでに会員カードと浴衣も持ち去られる被害に遭いました。宿帳及び会員カードの申込書によると，Xという名前になっていますが，偽名かもしれません。その男は，昨日の夕方，直接フロントに現れ，素泊まりで一泊の宿泊を申し込みました。空室があったので了承し，宿帳の記載を求めました。

　その際，男はフロントに置いてあった当旅館の宿泊料金が割引になる会員カードの申込書に目を留め，申し込みたいというので，申込書の方にも記載を求め，部屋に案内し，その後会員カードを部屋で渡しました。今朝の午前6時頃になって，浴衣姿のその男がフロントに来て『今日も暑くなりそうだね。涼しいうちに，ちょっとその辺を散歩してくる。』というので，どうぞと言うと，出て行って，そのまま戻ってきませんでした。」と述べた。

　次に，V2が，「V1の母です。現在は，旅館の方はV1達に任せて，私は隣に独りで住んでいます。私の方は，オレオレ詐欺に遭いそうになりましたので，一緒に相談に来ました。実はこれから相手がお金を取りに来ることになっています。昨日の午後，息子を名乗る男から電話が来て，『仕事でミスをしてしまった。取引先に損害を負わせてしまい，明日までに500万円支払わなければならなくなった。会社の人たちに頭を下げて回って300万円は何とかなりそうだけど，200万円はどうしても都合がつかないので，用立ててもらえないか。明日の午後，取引先の人が取りに行くこ

とになっているから。』などと言われました。それで、急いで銀行に行き、お金を下ろしたのですが、窓口の人から息子に確認の電話をした方がよいと言われ、電話してみたら、そんな電話をしたことはないと言われてしまいました。どうしたらよいでしょうか。」と述べた。

　そこで、Nは、ひとまずV1の旅館に行き、新聞紙を切って現金の代わりに封筒に入れてV2に渡したうえ、隣の敷地に建っているV2の住居に相手の者が現れるのを待った。

　その間、Nは、V1の述べる男についての手がかりを得るため、旅館に設置されている防犯カメラをV1とともに確認したところ、たまたまNが以前取り扱ったことのある暴力団組員の甲であり、V1の述べるとおり、Xというのは明らかに偽名と思われた。また、V1は「うちの旅館では暴力団お断りの宿泊約款を置き、フロントにその旨の表示もしています。」と述べた。

　約1時間後、V2の家に一人の男が現れ「すみません、息子さんの取引先の者です。お金を頂きに参りました。」などと述べ、V2が差し出した、現金の代わりに新聞紙の入った封筒を受け取ったので、それを現認したNがM警察署に任意同行を求めたところ、男はおとなしくこれに応じた。男の人定は乙と判明し、乙は、「今朝、ネット上のサイトを見ていたら、集金のアルバイトがあるという募集があったので、それに応じてきました。」などと述べた。

　Nは、甲及び乙について、それぞれ詐欺罪で逮捕できるか。

〈目　次〉
1　はじめに
2　「人を欺いて」
3　「財物を交付させ」
4　「財産上不法の利益を得」
5　財産上の損害
6　故意・不法領得の意思
7　おわりに

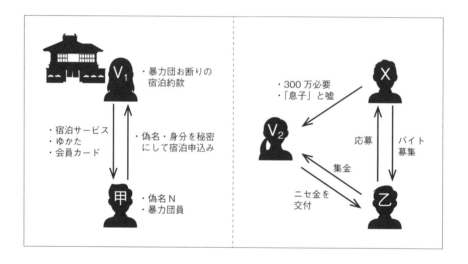

1　はじめに

　本問は詐欺罪をテーマに扱います。

　法246条1項は，「人を欺いて財物を交付させた者は」10年以下の懲役に処するとし，同条2項は，「前項の方法により，財産上不法の利益を得，又は他人にこれを得させた者も」1項と同様とするとしています。1項が財物を，2項が財産上の利益をそれぞれ客体としているということです。

　そこで，条文から導かれる詐欺罪の成立要件としては，①「人を欺いて」，②「財物を交付させ（又は財産上不法の利益を得）ること」，ということになります。

もっとも，ただ嘘をついて財物を取得すれば直ちに詐欺罪になるでしょうか。例えば，商店の店先で，「あ，UFOだ。」などと言って店主がそちらに気を取られたすきに，店頭に置かれていた商品を持ち去った場合は，嘘をついて財物を得ているものの，単なる窃盗に過ぎず，詐欺になるとは解されていません。

　すなわち，詐欺罪の成立には，「欺罔行為（欺き行為）」→「錯誤」→「財産的処分行為」→「財物の占有（又は財産上の利益）の取得」という各要件と一連の因果関係が必要とされます。これは，被害者の瑕疵ある意思に基づいて財物を交付させ，あるいは財産上の利益を取得するという点で，その意思に基づかない奪取罪（窃盗罪及び強盗罪）と区別され，さらに，瑕疵ある意思を生じさせる原因が脅迫による恐喝罪とも区別される必要があるため，などと説明されます。

　したがって，詐欺罪に当たるかどうかは，常に，この一連の流れがあるかどうかを念頭に置いて考える必要があります。特に難しいのは，法文には明示的に書かれていないともいえる「処分行為」でしょう。判例も，詐欺罪の成立に処分行為が必要であることを明らかにしています[1]。よく詐欺事件の被疑者・被告人が「だますつもりはありませんでした。」と弁解することがありますが，これは財物の移転自体は客観的に争いようがないことが多いためと思われます。そして，この主張については，よく「故意ないし犯意の否認」という整理がされますが，よく考えてみると実は「欺き行為をしていない」という主張であったりします。すなわち，「多少嘘を言ったかもしれないし，相手もだまされたかもしれない。それに財物を受け取ったのも事実だけれど，（それは錯誤以外の理由によるもので）自分のやったことは詐欺ではありません」つまり法文上は明示的に表示されていない「（錯誤に基づく）処分行為」がないという主張だったりするのです。

　たしかに，商売に多少の駆け引きはつきものであり，結果として事実と違ってしまったという場合もあるでしょうし，社会生活の中で（特に年齢や身の上のことなど）人は多少の嘘もつきます。その中で，一定の行為を刑法上の詐欺

---

1) 最判昭和45・3・26刑集24・3・55。更に1項詐欺につき最判昭和26・12・14刑集5・13・2518，2項詐欺につき最判昭和30・4・8刑集9・4・827等

として処罰するからには，交付罪に不可欠の要件である「処分行為」（及びそれが錯誤に基づくこと）をきちんと認定しなければならないのです。

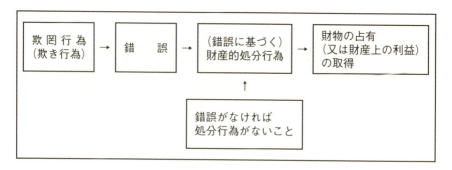

2 「人を欺いて」

人を欺くとは，人を錯誤に陥らせる行為をすることをいいます[2]。人を相手とする必要があり，自動販売機やパチンコ台，ATM機のような機械を相手に欺罔的な手段を用いたとしても詐欺罪にはなりません（ただし，法246条の2の各要件を満たせば，電子計算機使用詐欺罪が成立する場合はあります。また，一見すると機械に対する行為のように見えても，機械の背後にいる人に対して向けられた行為は，人を欺く行為に当たり得ます。）。

欺く相手は，必ずしも財物の所有者や占有者である必要はありませんが，その財物について，財産的処分行為をなし得る立場の者である必要があります。

錯誤とは，「客観的事実（真実）と主観的認識（観念）の不一致」をいいます。

人を欺く手段・方法に特に制約はありません。文言を告げる態様が多いと思われますが，動作による場合もありますし，不作為による場合もあります。不作為による場合は，不作為犯における作為義務，すなわち詐欺罪についていえば事実を告知する義務を負っている必要がありますが，この義務は慣習上，条理上認められる場合であっても構いません（典型的には釣り銭詐欺がこれに当た

2）大判大正6・12・24刑録23・1621等

るとされます。)。他に、判例が不作為による欺き行為を認めたものとして、準禁治産者（現在は被保佐人等）であることを黙秘した場合[3]、抵当権設定及びその登記事実を告げなかった場合[4]等があります。不作為による欺き行為と認めなかったものとしては、請負金額の不告知[5]等があります。

他方、人を欺く行為の性質・内容としては、既に述べたとおり、これにより相手方が錯誤に陥るだけでなく、その錯誤に基づいて、処分行為をするに至らしめるようなものでなければなりません。処分行為を認めるに当たっては、主観・客観の両面、すなわち処分意思と処分事実（占有の移転）から判断されます。もっとも、処分事実はある程度客観的に判断できるとしても、処分意思については、詐欺罪の場合、瑕疵ある意思に基づくことが前提とされていますから、その判断には事案により困難が伴い、様々な議論があるところです。処分行為を要求する以上、処分意思についてもおよそ不要ということはできませんが、瑕疵ある意思に基づくことを考慮し、相当程度緩和して認定することにならざるを得ないでしょう。

では、実際の事例において、「錯誤に基づく処分行為」の有無についてはどのように判断すればよいでしょうか。結論から言えば、「相手方が真実を知れば財物の交付をしないであろうというべき重要な事項につき虚偽の意思表示がなされ、それにより錯誤が生じ、財物の交付がなされたかどうか」により判断すべきです。要は、先に述べた「欺き行為」→「錯誤」→「財産的処分行為」→「財物の交付」という各要件とその間の因果関係が必要なわけですから、それを裏から考えればよいわけです。

ちなみに、学説では、この点は「財産上の損害があるか」という切り口からも議論されてきました。例えば、他人に譲渡して搭乗させる意図を秘して搭乗券の交付を受ける行為は、運賃金額を支払う限り航空会社に財産上の損害はないのではないか、というような問題です。有力説は、詐欺罪が個別財産に対する罪であることを前提に、個別財産の喪失が、実質的に見て損害といえる場合

---

[3] 大判大正7・7・17刑録24・939
[4] 大判昭和4・3・7刑集8・107
[5] 最判昭和31・8・30裁時90・26

に限って詐欺罪の成立を認めるべきと考えます（実質的個別財産喪失説）。

しかし、わざわざそのような議論を持ち出すメリットがそう大きいとは思われず、詐欺罪の成否をあいまいにする危険もあります。要は、既に述べたとおり、財産上の損害については個別財産であるととらえた上、後に述べる「財物」性の要件さえ満たすのであれば、あとは「相手方が真実を知れば財物の交付をしないという関係が認められるか」により判断すれば足ります。

判例も、前記の他人を搭乗させる意図を秘して搭乗券の交付を請求する行為につき、「その交付の判断の基礎となる重要な事項であるというべきであるから」という表現でメルクマールを定立しており、まさにこの点を示しています[6]。第三者に譲渡する意図を秘して自己名義の預金通帳の交付を受ける行為についても、第三者に譲渡するかどうかは交付の判断の基礎となる重要な事項であって、そのことを相手方の銀行員が知れば預金通帳を交付することはありませんから、当然に欺き行為になります[7]。他方、請負代金の支払時期を早めただけでは詐欺罪に当たらないとした判例[8]についても、相手方が真実を知っていたら交付しなかったかどうかが判然としない（錯誤に基づいて処分行為を行ったのかどうかについての立証が十分なされていない）ため、という理由で説明が可能です。

それでは、本件事例についてはどうでしょうか。

まず、甲の行為の中で、人を欺く行為となる可能性があるのは、時系列順に見ると、宿帳にＸと記載して宿泊を申し込んだ行為、Ｘとして会員カードを申し込んだ行為、これらの行為の際に暴力団員であることを告げなかったこと、翌朝「散歩に行ってくる」などと言って宿泊代金を支払わず、かつ、旅館の浴衣を着用したまま逃走した行為などが考えられます。

宿帳にＸと記載して宿泊を申し込んだ行為は、人を錯誤に陥らせて財産的処分行為をさせるようなものに当たるでしょうか。たしかに、Ｖ１らは、甲をＸという名前の人だと誤認するという錯誤に陥っています。しかし、それにより

---

[6] 最決平成22・7・29刑集64・5・829
[7] 最決平成19・7・17刑集61・5・521
[8] 最判平成13・7・19刑集55・5・371

財産的処分行為をさせるようなものかどうかは，難しい問題です。もちろん，旅館業法などにより，宿泊時に虚偽の内容を告げる行為は罰則の対象にもなっています。ただ，刑法における詐欺罪の成否の問題として考えたとき，宿泊者が通称名を告げたり，家族や友人のために予約や宿泊手続をしたりする場合も実態としてはあるものと思われます。そうすると，「真実つまり本名を知っていたら財産的処分行為すなわち宿泊サービスの提供を行わないか」といわれると，必ずしもそうとは言い切れない側面もあるでしょう。

　これに対し，宿泊代金を支払う意図がないのにこれを秘して宿泊申込みをすれば，宿泊代金を支払ってもらえないのに宿泊させる旅館経営者はいないでしょうから，人を錯誤に陥らせて財産的処分行為をさせるものといえるでしょう。ただし，この構成をとる場合も難点はあります。宿泊代金を支払う意図がないのにこれを秘したという部分が容易に立証できるかどうかは難しい問題だからです。現金払いしか受け付けない旅館で，手持ち金が不足していれば立証は可能でしょうし，クレジットカード払いを受け付ける旅館であっても，有効なカードを所持していなければ，同様です。しかし，そうでない場合は，「後で支払うつもりだった。」との弁解が出た場合に，その排斥に困難を生じる場合もあることに留意が必要です。特に本件においては，会員カード申込事実をもって支払う意思があったとの主張がなされる可能性は高いでしょう。

　むしろ，暴力団員であることを秘して宿泊申込みをすることの方が，人を錯誤に陥らせて財産的処分行為をさせることに当たる可能性は高いかもしれません。近時，暴力団排除の社会的機運が高まっており，社会的取引の場面でも，「暴力団お断り」との規約や約定を掲げる企業やサービス施設がほとんどです。そして，旅館でも，暴力団員であることを知っていれば宿泊を拒絶するという関係が認められれば，人を欺く行為に該当し得ます。もっとも，常にそう認定されるとは限らないことにも留意が必要です。

　判例では，ゴルフ場の利用に関し，暴力団員であることを秘して施設利用を申し込んだ行為につき，詐欺を肯定したものと否定したものとがあるところ，肯定した事案では，入会時に暴力団関係者でないことを誓約した事実，利用約款にも暴力団員の入場・利用が禁止されていた事実，利用時に暴力団員である

ことが発覚しないように正確に氏名を記載しなかった事実などが指摘されています[9]。

これに対し，否定した事案では，「暴力団お断り」旨の立て看板が設置されていたものの，ビジター受付表に正しく氏名，住所等を記載した事実，その他暴力団関係者でないことを誓約したり確認したりする手続は取られていなかった事実などが指摘されています[10]。

要は，「暴力団員と知っていれば利用させなかった」という関係があったとしても，当該利用申込行為が「人を欺いて」と評価し得る行為かどうかについては，施設の利用システムや，申込みあるいは入会時に記載が求められる書面の種類・記載内容，あるいは利用客や会員に対する周知状況等，事案次第で結論が変わり得るということになります。暴力団関係者であることがさほど重要視されていない手続の場合は，単なる（本名での）申込行為自体に直ちに「欺く」行為性まで認めることはできない，ということでしょう。

本件事例でも，宿泊約款の規定がどのようになっているか，宿泊申込時に，暴力団関係者でないことを誓約したり確認したりする手続が存在するか，等の事情を明らかにする必要があるでしょう。

甲がXとして会員カードの申込みをした点はどうでしょうか。前提として，会員カードが財物に当たるか（あるいはその交付は財産的損害になるか）という問題がありますが，仮に当たるとして，「人を欺いて」といえるでしょうか。人を錯誤に陥れて財産的処分行為をさせるようなものに当たるかですが，これも被害者が真実を知っていれば財物を交付しないという関係が認められるかを検討するのが早道でしょう。会員カードを発行する旅館側において，通常は，会員の氏名や住所を正しく把握し，今後も案内を送ったり，次回の宿泊時の手続を簡略化したりするなどして，継続的に利用してもらうことを期待するでしょうから，相手方の氏名は重要と思われます。しかし，旅館側が客の氏名をさほど重要視しておらず，とにかく会員数を増やせればよい，あるいは割引等の特典を目当てに客が増えればよい，という類の会員システムであった場合，

9）最決平成26・3・28刑集68・3・646
10）最判平成26・3・28刑集68・3・582，最判平成26・3・28裁判集刑313・329

氏名にこだわらずに会員カードを発行してしまう場合もあるでしょう（無記名のスタンプカードに近いような場合）。

　次に、甲は暴力団員ですので、この点を秘して申込みを行ったという点も問題になり得ます。前記同様、会員カードを提供する旅館側において、暴力団関係者を拒絶する意思を明示しており、かつ、申込時に暴力団関係者でないことを確認するような手続等があれば、「欺き行為」に該当する可能性はあると思われます。

　いずれにしても、当該施設の会員カードシステムがどのようなものか、通常は規約・約款等が定められているでしょうから、そのような規定を確認するとともに、被害者によく事情を聴き、「真実を知っていれば会員カードを発行することはなかった」という関係があるかどうか、確認しなければなりません。

　次に、翌朝「散歩に行ってくる」などと言って宿泊代金を支払わず、かつ、旅館の浴衣を着用したまま逃走した行為はどうでしょうか。まずこの場合、被害の客体としては、宿泊代金相当の債務を免れたことと、浴衣１着と構成することになるでしょう。そこで、既に検討した宿泊申込みの時点で宿泊サービスの提供につき承諾させたという構成をとる場合は、宿泊代金部分については、法益の二重評価になる可能性があることに留意が必要です。その上で検討すると、甲としては、宿泊代金を支払わず、かつ、浴衣を着用したまま逃走する意図を秘して、「散歩に行ってくる」などと虚偽を述べた事実及びＶ１において単に散歩に行くものと誤信した事実はあるようですから、「欺き行為」と「錯誤」の部分は認められそうです。しかし、問題はやはり「（錯誤に基づく）処分行為」の有無にあります。先述したとおり、処分行為は処分意思と処分事実に基づいて判断されます。本件事例で、Ｖ１は果たして宿泊代金債務及び浴衣１着について、処分したといえるでしょうか。

　本件事例では、Ｎに相談がなされた時点で、Ｖ１が甲に与えたものはいまだ数時間の代金支払の猶予と浴衣の着用便宜程度しかなく、慎重に解さざるを得ないでしょう。仮にこれらをもって処分事実があったとしても、処分意思の方は、Ｖ１として、甲が真実散歩に行くと思ったという錯誤に基づいて宿泊代金債務を免除したり猶予したりする関係にはありません。浴衣は数時間の着用を

許容する意思があったともいえますが，返してもらえなくてよいと考えたとも思われず，その占有を移転させようとの意思はもとより皆無でしょう。そうすると，処分行為自体があったか，大いに疑問があります。

なお，判例上も，宿泊客が「自動車で帰宅する知人を見送る」と言ってそのまま逃走した事例につき，いまだ詐欺罪の成立には至らないとされます[11]。他方，「今晩必ず帰ってくるから」などと言って逃走した事案については，支払を一時猶予するという処分行為を認めて詐欺罪を肯定した裁判例も存在します[12]。

乙の行為についてはどうでしょうか。乙は，アルバイト募集を見て，これに応募し，被害者から財物の交付を受ける行為を担当しようとしました。乙が共犯者とどのようなやりとりをしたのか，またその時期等については，今後の捜査を待つことになりますが，外形的事実からは，特殊詐欺（オレオレ詐欺）グループによる犯行であって，被害に係る財物を受け取る行為は，犯罪の成否にとって不可欠の行為ですから（実行行為そのものに当たるかどうかについては複数の見解があるかも知れません。），乙が共犯者と何らかの共謀を遂げていたことは通常推認できます。そこで，乙又は共犯者において，V2に電話をかけ，息子を名乗り，「仕事でミスをしてしまった，取引先に損害を負わせてしまい，明日までに500万円払わなければならなくなった。（中略）200万円を用立ててほしい。明日取引先の人が取りに行くから。」旨言う行為が人を欺く行為に当たるかを検討します。

この行為は，実際は息子ではないのに息子を装うとか，仕事で損害を発生させた事実はないのにその旨告げる等の点において，明らかに客観的事実とは異なる事実を伝え，V2にその旨誤信させており，「欺き行為」とそれに基づく「錯誤」はあります。そして，被害者において真実を知っていたら，つまり本当は息子からの電話ではなく，息子が取引先に損害を負わせた事実もないことを知っていたら，200万円を支払おうと考えることなどおよそあり得ませんから，錯誤に基づく処分行為も認められ，「人を欺いて」といえることは明白でしょう。ただし，乙において，少なくとも何らかの違法行為に関わるという認

---

11) 最決昭和30・7・7刑集9・9・1856
12) 東京高判昭和33・7・7高刑裁特5・8・313等

識は必要でしょう。

3 「財物を交付させ」

「財物を交付させ」は，1項詐欺罪の結果として要求されます。

「財物」については，基本的には窃盗罪や強盗罪の場合と同様に考えてよいとされます。ただし，別に法235条の2で不動産侵奪罪が存在する窃盗罪と異なり，不動産を含みます[13]。

運転免許証や旅券について，「財物」に当たらないという立場もありますが，他人の家からこれらの物を盗んで窃盗に問われないというのは相当でなく，「財物」に当たるものと解されます。この点は，財産上の損害のところでも触れます。

本件事例では，会員カードと浴衣が一応問題となりますが，刑法上保護すべき価値が認められ，いずれも「財物」に当たるとしてよいでしょう。

「財物を交付させ」るとは，相手方の錯誤に基づく財産的処分行為によって財物の占有を自己又は第三者が取得することをいいます。

既に述べたとおり，「人を欺いて」といえるためには，欺き行為が相手方の錯誤に基づく財産的処分行為に向けられている必要があり，「交付」があったといえるためには，相手方の財産的処分行為の結果として，行為者側に財物の占有が移転することが必要です。「交付」すなわち財物の占有の移転があったといえるかについては，財物に対する被害者の支配力を排除して，行為者自身又は行為者と一定の関係にある第三者がその財物を支配内に置いたかどうかにより判断されます[14]。単に譲渡の意思表示があっただけでは足りず，動産は引き渡し，不動産は占有移転又は所有権移転登記が必要です。ですが，結局は社会通念に照らして判断するしかなく，例えば車の試乗を装った乗り逃げ事案につき，販売店から行為者への交付を認めて詐欺罪とした裁判例もあります[15]

---

13) 大判大正11・12・15刑集1・763
14) 大判大正12・11・20刑集2・816

(ただしこの事案では販売店員が同乗していなかった点に留意が必要です。)。

　また，不法原因給付に基づく財物の交付の場合，民法上返還請求はできないものの（民法708条），占有の移転が認められ，「人を欺いて」すなわち被害者側が欺かれなければ財物を交付しなかったという関係が認められれば，詐欺罪が肯定されます（判例上，通貨偽造資金名目[16]や闇米買付代金名目[17]での交付につき詐欺罪が認められています。）。

　「交付」をする者は，通常欺かれ，錯誤に陥った者自身であることが多いでしょうが，欺かれた者の処分行為に基づき財物を交付し得る立場の者も含まれます。例えば訴訟詐欺では，裁判所が欺かれる者，敗訴者が交付者になります。

　また，「交付」を受ける者は，詐欺の実行行為者以外の者でも構いません[18]。ただし，全く無関係の者に対して財物を交付させても，詐欺罪にはなりません[19]。

　行為者が財物をだまし取る意思で欺き行為を開始すれば，詐欺罪の実行の着手になります。その上で，相手方が錯誤に陥り，それに基づく処分行為によって財物が「交付」つまり財物の占有が行為者又は第三者に移転すれば，既遂になります。もしこの間の因果関係が欠ければ，未遂となります。例えば欺き行為を受けた相手方が錯誤に陥らず，かわいそうに思って財物を交付したような場合は，詐欺未遂です[20]。

　本件事例についてはどうでしょうか。まず，甲の行為について，１項詐欺の対象となり得るのは会員カードと浴衣ですが，占有が移転したといえるでしょうか。**会員カードについては，Ｖ１から甲に引き渡されたとのことですから，「財物を交付させ」たと評価でき，あとは既に述べた「人を欺いて」といえるか次第でしょう。他方，浴衣について，占有移転にやや問題があるのは，処分行為のところでも検討したとおりです**（旅館が宿泊客に対して浴衣の着用を数時

---

15) 東京地八王子支判平成３・８・28判タ768・249
16) 大判昭和12・２・27刑集16・241
17) 最判昭和25・12・５刑集４・12・2475
18) 最判昭和26・12・14（注１と同）
19) 大判大正５・９・28刑録22・1467
20) 大判大正11・12・22刑集１・821

間にわたって許容するのはよくあることであり，それにより旅館の占有が排除されたといえるでしょうか。）。

次に，乙の行為については，200万円の金銭取得に向けられていますが，V2は途中でだまされたことに気付いており，既遂にはならず，未遂の成否が問題となります。ここでの問題は，乙が共謀に加わったのは金銭（の代替物）の受領当日であって，V2は既に前日の午後，銀行員の勧めで実の息子に連絡を取り，だまされたことに気付いていますから，そもそも結果発生があり得ないのではないか（少なくとも乙の立場からは，不能犯同様の問題が生じるのではないか。）という点になります。

高裁裁判例レベルでは，この点，不能犯と同様の判断手法によるのが相当と解されています[21]。その後，最高裁も，「被告人は，本件詐欺につき，共犯者による本件欺罔行為がされた後，だまされたふり作戦が開始されたことを認識せずに，共犯者らと共謀の上，本件詐欺を完遂する上で本件欺罔行為と一体のものとして予定されていた本件受領行為に関与している。そうすると，だまされたふり作戦の開始いかんに関わらず，被告人は，その加功前の本件欺罔行為の点も含めた本件詐欺につき，詐欺未遂罪の共同正犯としての責任を負う」と判示しました[22]。

そうすると，当該行為の時点で，その場に置かれた一般通常人が認識し得た事情及び行為者が特に認識していた事情を基礎として，当該行為の危険性の有無を判断するのが相当ということになります。

本件事例でも，被害者V2がNに相談の上，だまされたふりをして金銭（の代替物）を渡してきているとの事情は（それがよほど客観的に明白でない限り），行為の危険性を判断する際の基礎事情からは排除・捨象して考えるのが相当であり，通常の視点から全体を通してみれば，乙は被害者V2においてだまされたが故に交付してきた現金の入っていると思われる封筒を受領したということになるから，乙の受領行為にも結果発生の危険性つまり実行行為性が認めら

---

21) 名古屋高判平成28・9・21 LEX/DB25544184, 名古屋高判平成28・11・9 LEX/DB25544658, 福岡高判平成28・12・20 LEX/DB25545320
22) 最決平成29・12・11刑集71・10・535

れ,(故意・共謀が認められる限り)詐欺未遂として可罰性があるということになると思われます。

4 「財産上不法の利益を得」

「財産上不法の利益を得」は,2項詐欺罪の結果として要求されます。

「不法」とは,利益を取得する手段の不法という意味であって[23],得られた利益自体が不法である必要はありません。

財産上の利益を「得」とは,既に明らかなとおり,「欺き行為」に基づく「錯誤」の結果行われた相手方の「処分行為」によって行為者又は一定の第三者が財産上の利益を取得することが要求されます。

財産上の利益は,法律上有効無効を問わず[24],一時的な取得でも構いません[25]。公序良俗に反し,民法上対価請求権が認められない場合,例えば売春をさせた後の対価の支払いを欺き行為により免れた場合については,否定する裁判例もありますが,肯定したものもあります[26]。

財産上の利益の取得についても,処分行為が必要であることは既に述べたとおりですが,不作為(とりわけ無意識的な不作為)の場合は,その判定が非常に困難です。論理的には,処分行為が不作為であることもあり得ますが,だからといって不可罰の利益窃盗を処罰してよいことにはなりませんから,財産上の利益を行為者が取得したといえるかどうかについて,慎重な認定が求められることになります。

本件事例において,財産上の利益の取得が認められ得るのは,甲の行為のうち,嘘を告げて宿泊申込みをした行為と,翌朝に散歩に行くなどと言って宿泊代金を支払わず逃走した行為です。

---

23) 大判昭和13・10・4新聞4333・17
24) 大判大正12・12・8刑集2・934
25) 大判大正4・3・5刑録21・254
26) 名古屋高判昭和30・12・13判時69・26

まず，宿泊サービスの提供を受ける行為は財産上の利益と認められます。また，宿泊代金相当の債務を免れることも，財産上の利益となります。

しかし，これらの利益を取得したと言えるかについては，既に宿泊をしたこと自体は取得と言えても，宿泊代金相当の債務を免れたといえるかは問題です。

Ｖ１は甲に対し，散歩に行くことを許容しただけで，宿泊代金の免除や猶予等について言及しておらず，また，Ｖ１がＮに相談した時点で，いまだ数時間しか経過していないからです。これが夜までとなると，旅館としても新たな旅客を泊めることができないなど損害が具体化し，少なくとも夜までの間の支払猶予という財産上の利益を取得したと見てよいのではないでしょうか[27]。

5　財産上の損害

通説は，財産罪たる詐欺罪の成立に財産上の損害を要求します。しかし，財物の交付，あるいは財産上の利益取得の結果，通常の場合，財産上の損害が発生するのはある意味当然ともいえます。問題は，個別財産の損失以上に，全体財産の減少をも要求すべき（特に２項）との見解や，１項２項いずれも個別財産に対する罪としつつ，個別財産の損失が実質的に見て損害といえる場合に限って詐欺罪の成立を認めるべきという見解（前述の実質的個別財産喪失説）を取るべきかどうかという点です。

これら見解が根拠とする判例として，まず，人を欺いて内容虚偽の旅券等を交付させる行為につき詐欺罪の成立が否定されていること[28]等が挙げられます。しかし，旅券等は，発行機関に対し欺罔手段でその交付を求めた場合，法157条（公正証書原本不実記載等罪）により処罰され，その法定刑は詐欺罪のそれを下回っていますから，詐欺罪による処罰はそもそも相当ではありません（運転免許証も同様。印鑑証明書について免状等に当たるかという問題はありますが，旅券や運転免許証より法益侵害の程度が上回るとは思えませんので，結論において

27）東京高判昭和33・7・7（注12と同）等
28）大判昭和9・12・10刑集13・1699等

詐欺罪の成立が否定される[29]のはやむを得ないといえます。)。また、前述の請負代金の支払時期を早めさせただけでは詐欺罪に当たらないとした判例[30]もよく指摘されるところですが、これについても、既に述べたとおり、相手方が真実を知っていたら交付しなかったかどうかが判然としない（錯誤に基づいて処分行為を行ったのかどうかについての立証が十分なされていない）事案であり、殊更に指摘が妥当するとも思われません。

結局のところ、財物あるいは財産上の利益に当たるかどうかの認定をした上で、「人を欺いて」すなわち、「欺罔行為（欺き行為）」→「錯誤」→「（錯誤に基づく）財産的処分行為」という因果関係が存在するか、という認定をきちんとすることにより、詐欺罪の成否は判断可能と思われます。

本件事例について、特に甲の行為につき問題がありそうなことは既に認定したとおりです。

6　故意・不法領得の意思

詐欺罪の主観面においても、故意及び不法領得の意思が必要です。その内容については、故意につき、「行為者が相手方を欺いて錯誤に陥らせその財産的処分行為によって財物の占有又は財産上の利益を取得すること及びその因果関係につき認識していること」であり、不法領得の意思については、窃盗罪等と同様、権利者排除意思と利用処分意思と考えてよいでしょう。

本件事例において、仮に甲と乙の行為の客観面が詐欺罪の構成要件に該当するのだとすれば、主観面においても特に問題はなさそうです。

---

[29] 大判大正12・7・14刑集2・650（ただし「財産権を侵害すべき行為ではない」との判示）
[30] 最判平成13・7・19（注8と同）

7 おわりに

　以上，本件事例についてまとめると，甲の行為については，宿泊代金を支払うつもりがないのに宿泊を申し込み，宿泊サービスの提供を受けた点，あるいは偽名かつ暴力団組員であることを秘して宿泊を申し込み，かつ会員カードを交付させた点において詐欺罪が成立する可能性がありますが，前者は支払い意思の不存在を裏付ける証拠があるか，後者は旅館の宿泊・会員カード発行手続次第ということになります。翌朝逃走した行為については，詐欺罪の成立を認めることは難しそうであり，浴衣について，窃盗の可能性がある程度でしょう。他方，乙の行為については，共謀の内容にもよりますが，詐欺未遂罪の共犯になる可能性があり，少なくとも逮捕は容認されるでしょう。

　詐欺罪について，難しいと感じる読者の方も多いかもしれません。たしかに，主観面の否認と思われたことが実は客観面の否認であったり，交付行為が問題と見えて実は欺き行為が問題であったり，争点がはっきりしないところもあります。それは，詐欺罪というものが，一連の流れをもっており，その流れに乗せて財物を取得する意図で行為が行われるためであって，客観面と主観面がいわばお互いにお互いをもって定義するかのような二重の構造を有しているからです。したがって，各要件の検討の順番にあまりナーバスになるよりも，各要件を満たすか，かつ，処分行為を含めた一連の流れが存在するかを丁寧に認定すべきであり，そのためには，特に被害者の供述をしっかり聞くことが必要不可欠となります。

　「なぜ財物を交付してしまったのか」，「なぜ財産上の利益を失ってしまったのか」というところを何度も確認し，被疑者の欺き行為により錯誤が生じていなければそのようなことがなかった，という関係が認められるかどうかが最も重要なのです。

第4問

恐　　喝
~暴行・脅迫を用いた借金の取立て~

　M警察署のN警部補は，平成29年9月4日，来署したV（23歳・男性）から，以下の相談を受けた。

　「知り合いの先輩にキャッシュカードとクレジットカードを取り上げられました。昨日の夜，その先輩から電話がかかってきて，『近くのファミリーレストランにいるから出てこい』と言われました。最初は断ったのですが，『それじゃあ今からお前の家に行くぞ』と言われ，私の自宅も知られていたため，仕方なく出て行ったのです。私が指定されたレストランに行くと，その先輩と，私の同級生のW君が二人で怖い顔をして座っていました。私が二人の向かいの席に座って飲み物を注文し，話を聞くと，私が以前仕事がなくて苦しかったときに，W君から借りたお金が合計20万円くらい，まだ返せていなかったのですが，それをその先輩がW君から債権として買い取ったとのことで，『お前は俺に払え，利子がついて今は50万円だ。』と言われてしまいました。W君の方を見ると，W君は黙って頷くだけで，私の味方になってくれそうにはありませんでした。私が，『何とか20万円は払いますので，もう少し待ってもらえませんか』と言うと，『もう既に期限が過ぎて1年以上になる，払わないともっと利子が増えるぞ。』などと言われました。

　私としても，すぐに支払えないことについて，しばらく説明をしましたが，埒が明かず，時間も遅いので会計を済ませて帰ろうとしたら，駐車場に出たところで，『お前，このまま帰れると思うなよ。』などと言われ，停めてあったワゴンタイプの車の後部座席に乗せられてしまいました。

　先輩は，車の中で，私に木刀を見せ，『痛い目に遭いたくないだろう。』などと言いました。W君は，既にそのときには帰ってしまっており，私と

先輩の二人だけでした。先輩は，更に大きなドスの利いた声で，『暴力団の知り合いがたくさんいる。その知り合いに頼めばお前なんか海に沈めるのも山に埋めるのも簡単だ。』などと言いました。私はすっかり怖くなり，もう関わり合いになりたくない，当面の生活に困ったとしてもこの場を何とか逃れたいと思い，月末に入ったばかりの給料などを含めて銀行の口座に20万円があるのが分かっていましたので，そのことを伝えると，先輩は，『今だったら30万円で勘弁してやる。その20万円とあと10万円払え，キャッシングできるカードもあるだろう。』などと言い，私がズボンのポケットに入れていた財布を勝手に取り上げ，中からカード2枚を抜き取ってしまいました。

　1枚がキャッシュカード，もう1枚がクレジットカードでした。そして，『暗証番号を教えろ。』と言ってきました。そんなことをすれば言われた金額以上に，あるいはこれからもお金を取られてしまうと思い，初めは断ったのですが，そのうち先輩がさっきの木刀を振り上げて，私の腕や足を叩き，更に私の頭も2，3回叩きました。私は目から星が飛び出たような感覚になり，血は流れませんでしたが，とても逃げられないと思いました。さっき言われた，暴力団の知り合いに沈められるとか埋められるというような言葉も頭に残っており，仕方なく暗証番号を教えました。カードは2枚とも同じ番号にしていましたので，教えたのは一つの番号です。

　すると，先輩はカード2枚を持ったまま私をワゴン車から降ろすと，そのままワゴン車を運転して走り去りました。今朝，銀行に行って通帳記入をしたら，まだお金は下ろされていない様子だったので，銀行の人に相談した後，ここに来たのです。先輩の名前は甲といい，近所に住んでいます。』

　そこでNは，甲（26歳・男性）に来署を求め，事実関係を確認したところ，甲は以下のとおり述べた。

　「V君からカード2枚を預かったのは事実ですが，後輩のW君に頼まれて借金の取り立てをしてやっただけです。暴力団の知り合いなんかいませんし，V君に対して暴力団という言葉も口にはしていません。V君のでっち上げです。V君は，だらしのない性格で，高校中退後，仕事を転々とし

ており，いつも生活費に困っていて，私の後輩のＷ君にもしょっちゅう借金の申込みをしていたそうです。

　Ｗ君は，最近こそ断っているものの，最初のうちは友達の頼みということで何万円かずつＶ君に貸してしまい，合計金額が20万円にも上ったそうです。それで，さすがに返して欲しいと何度もＶ君に頼んだそうですが，Ｖ君からは今度返す，とはぐらかされてばかりで，最後の期限として約束した去年の３月末からも１年以上経ち，『先輩何とかしてもらえませんか。』，とＷ君から私に頼んできたのです。

　私としては，元本の20万円と，利子として10万円を払ってもらうつもりでＶ君と交渉し，粘り強く説得したところ，Ｖ君は私にキャッシュカードとクレジットカードを渡しながら暗証番号を教え，自分でおろしてきて欲しいと言ってきたのです。それで，今日この後，ATMでキャッシュカードの口座から20万円を，クレジットカードのキャッシングで10万円をそれぞれおろして，一部を私の手間賃としてもらい，残りをＷ君に渡すつもりでした。その後２枚のカードはＶ君に返すつもりでした。」

　Ｎは，甲を恐喝罪で逮捕できるか。あるいは，他により適切な罪名・罰条はあるか。

〈目　次〉
1　はじめに
2　「人を恐喝して」
3　「財物を交付させた」
4　「財産上不法の利益を得」
5　債権の行使と恐喝罪の成否
6　財産上の損害
7　故意・不法領得の意思
8　詐欺罪との関係
9　おわりに

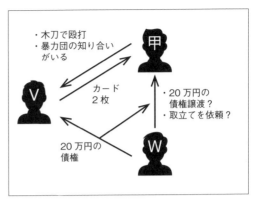

1　はじめに

　本問は，恐喝罪が問題となります。

　法249条1項は，「人を恐喝して財物を交付させた者は」10年以下の懲役に処するとし，同条2項は，「前項の方法により，財産上不法の利益を得，又は他人にこれを得させた者も」1項と同様とするとしています。1項が財物を，2項が財産上の利益をそれぞれ客体としており，法246条の詐欺罪との違いは，手段において欺くか恐喝するかの違いのみということになります。刑法は恐喝罪を詐欺罪と同じ章（「詐欺及び恐喝の罪」）に規定していますが，どちらも瑕疵ある意思に基づいて財物又は財産上の利益を取得するという点で共通点を見いだしていると思われます。

　そこで，条文から導かれる恐喝罪の成立要件についても，①「人を恐喝して」②「財物を交付させ（又は財産上不法の利益を得）」ること，ということになります。

　そして，詐欺罪の場合と同様に，より分析的に考えれば，「暴行・脅迫」→「畏怖」→「処分行為」→「財物又は財産上の利益の取得」という各要件及びその間の因果関係が必要になります（**第3問**（詐欺）参照）。したがって，例えば客観的に人を畏怖させるに足りる暴行や脅迫が存在し，それにより財物の占有が移転していたとしても，被害者が畏怖したのではなく，被疑者をかわいそうに

思って財物を交付していたのであれば、それは恐喝罪の未遂にとどまります。

　本件事例では、甲の行為は恐喝罪の予定する暴行・脅迫に当たるか、現金ではなくカード2枚を取り上げたにとどまる点に財物交付を認めてよいか、その後の暗証番号を聞き出した行為についてはどう評価したらよいか、被害者がもともと借金を返済していなかった点はどう考えればよいか、などが主に刑法上の問題として考えられるでしょう。実務では、それに関連して、被疑事実をどう構成すべきかということも問題になるかもしれません。

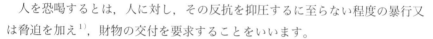

2 「人を恐喝して」

　人を恐喝するとは、人に対し、その反抗を抑圧するに至らない程度の暴行又は脅迫を加え[1]、財物の交付を要求することをいいます。

　恐喝の相手方は、財産的な被害者と同一であることを要しませんし、財物を交付する者と同一でなくても構いません。例えば、会社に属する者に暴行や脅迫を加え、畏怖したその者が別の社員に財物交付行為をさせ、結果として会社に財産的損害を負わせるようなケースも考えられるということです。

　また、暴行・脅迫は恐喝罪の手段ですから、財物（又は財産上の利益）の交付に向けられたものである必要があることについては、強盗罪の場合と同様です（ただし強盗罪は、交付罪ではなく奪取罪なので、財物又は財産上の利益の「取得」に向けられていれば足ります。）。

　恐喝罪における暴行は、相手方を畏怖させる程度のものであればよく、また、反抗抑圧に至らない程度のものである必要があります。手段としての暴行（・脅迫）が、反抗抑圧に至る程度にまで達すると強盗罪の問題になってしまうからです[2]。

　また、恐喝罪における脅迫としては、相手方を畏怖させるような害悪の告知であれば足ります。脅迫罪及び強要罪（法222条、223条）においては、相手方

---

1) 最判昭和24・2・8刑集3・2・75参照
2) 最判昭和24・2・8（注1と同）

又はその親族の生命・身体・自由・名誉若しくは財産に対するものに限るとされます（前記条文参照）が、恐喝においてはそれに限定されません[3]。したがって、絶交する旨の告知も恐喝罪の脅迫に当たり得ますし[4]、友人に対する害悪の告知でも恐喝罪の脅迫に当たり得ます[5]。

害悪の実現について行為者がその意思を有している必要はありませんし[6]、実現可能である必要もありません[7]。また、害悪の実現がそれ自体違法でなくともよく、犯罪事実を官憲に告げる旨の告知も恐喝罪の脅迫たり得ます[8]。

第三者が害悪を実現する旨の告知も恐喝罪の脅迫たり得ますし[9]、その第三者については共犯者である必要もなければ[10]、具体的に誰かを告げる必要もありません[11]。もっとも、行為者がその第三者に影響を及ぼし得る立場にあることを相手方が推測できる状況であることが必要であり[12]、天変地異の類を告知しても脅迫に当たらないのは、法222条や法223条の場合と同様です[13]。

告知の手段は明示的言動に限らず、動作によるものでもよく[14]、既に相手方が知っている自己についての地位や経歴を前提に、害悪を暗示させる程度でもよいとされます[15]。

では、本件事例についてはどうでしょうか。

まず、今回の事例もⅤと甲との間で言い分がかなり違いますので、留意が必要です。被害者の立場にあるⅤに対し、丁重な対応が必要なのはもちろんですが、客観証拠も収集すべく裏付捜査を並行して行い、どちらの言い分がより真

---

3) 大判大正5・6・16刑録22・1012
4) 大判大正元・11・19刑録18・1393、大判昭和2・9・20刑集6・361
5) 大判大正11・11・22刑集1・681
6) 大判大正8・7・9刑録25・864
7) 大判大正12・11・24刑集2・847
8) 最判昭和29・4・6刑集8・4・407
9) 大判明治43・5・27刑録16・947
10) 大判昭和7・3・18刑集11・190
11) 大判昭和11・6・18刑集15・805
12) 大判昭和5・7・10刑集9・497
13) 大判明治36・4・7刑録9・487
14) 最決昭和33・3・6刑集12・3・452
15) 最判昭和26・4・12裁判集刑43・691

実に近いのかについて，早期に把握すべきでしょう。

仮にVの言い分が正しいとした場合，「人を恐喝して」という要件を満たすでしょうか。

甲は，当初からVに対して威圧的な態度を示していたようですが，Vの供述によっても，レストラン店内における言動は暴行や害悪の告知を伴っておらず，債務の支払いを求める行為にとどまるように思われます（2対1で話をしているようですが，Wはほとんど黙っていただけのようであり，直ちに脅迫という評価はできないでしょう。また，甲の要求した金利がかなり高いようですが，この段階では，当事者間の消費貸借契約の具体的内容が分かりませんので，高金利にかかる罪については措くとします。）。

しかし，駐車場に出た後，簡単に帰さない旨告げ，ワゴン車に乗せ，ワゴン車の中で，木刀を見せ，痛い目に遭いたくないだろう，などと言った行為，大きなドスの効いた声で，「暴力団の知り合いがたくさんいる，その知り合いに頼めばお前なんか海に沈めるのも山に埋めるのも簡単だ。」などと言った行為等は，人を畏怖させるに足りる害悪の告知であり，脅迫行為としてよいでしょう（既に述べたとおり，実際に甲が暴力団員と顔見知りかどうか，あるいは沈めたり埋めたりするつもりがあったかどうかは，問題とならないということになります。）。

また，これらの脅迫行為が財物の交付又は財産上の権利取得に向けられているかどうかについても，レストランにおける金員要求が直前に存在していることから，脅迫罪における脅迫（恐喝）行為と評価できるでしょう。

さらに，取り上げたカードの暗証番号を聞き出すため，木刀を振り上げて，腕や足を叩き，更に頭を2，3回叩いた行為についても，暴行（・脅迫）行為（なお，暴行行為は今後も同様の行為が続く可能性を示唆するものであり，動作による脅迫という側面もあります。）と評価することは可能です。もっとも，これらの行為に至ってしまうと，強盗罪における反抗抑圧程度に達している可能性もあり，その点については，第2問（強盗罪）で述べたように，「他人に暴行又は脅迫を加えて財物を奪取した場合に，それが恐喝罪となるか強盗罪となるかは，その暴行又は脅迫が，社会通念上一般に被害者の反抗を抑圧するに足る程

度のものであるかどうかと云う客観的基準によって決せられる」[16]ことになります。

具体的には，暴行・脅迫の具体的態様に加え，犯行の時期・場所・周囲の状況，性別，人数，体格差等の諸事情も考慮すべきです。深夜，人気の少ない駐車場に停めた被疑者の車両内において，木刀で腕や足のみならず頭を殴打する行為は，強盗罪の予定する反抗抑圧程度に至っていると評価する余地もあるかもしれません。

3 「財物を交付させた」

「財物」については，前回までの窃盗・強盗・詐欺で述べたところと同様に考えてよいでしょう。すなわち，他人の財物すなわち他人の占有する他人の財物を指すことになります。恐喝罪も交付罪ですから，不動産についても「財物」たり得るのは詐欺罪の場合と同様です。また，盗品等も財物に含まれますし[17]，所有や所持が禁止されている禁制品についても客体たり得ます[18]。

財物を「交付させた」とは，恐喝の結果,「畏怖」した相手が，それにより「財産的処分行為」を行い，その結果として，行為者又はそれと一定の関係にある第三者が「財物の占有を取得」したことをいいます。「1　はじめに」で述べた各要件と因果関係に照らしていえば，その後半部分に当たります。

「処分行為」の重要性については，詐欺罪の回で何度も述べました。不可罰の利益窃盗と区別しなければならないからです。もっとも，恐喝罪の場合，強盗罪と隣接する犯罪として議論されることも多く，相手方が畏怖して黙認しているのに乗じて財物を奪取したような場合も，「交付させた」に当たるとされます[19]。これに対し，暴行・脅迫中，相手方が知らない間に落とした財物を拾い上げ領得したような場合は，交付があったとはいえないので留意が必要です。

---

16) 最判昭和24・2・8（注1と同）
17) 最判昭和24・2・8刑集3・2・83
18) 最判昭和25・4・11刑集4・4・528
19) 最判昭和24・1・11刑集3・1・1

交付を受ける者は、行為者と一定の関係にある第三者でもよいとされます[20]。

不法原因給付に基づく財物の交付の場合、民法上の返還請求権はありませんが（民法708条）、そのような給付も、恐喝罪にいう「交付」たり得ます。

1項恐喝罪の既遂時期は、財物の占有が移転した時期、すなわち財物について被害者の支配力が排除され、行為者又は第三者がその財物を支配内においたかどうかで判断されます。通常、所有権移転の意思表示だけで既遂に達したとはいえないでしょう。恐喝罪が処罰されるのも、占有の保護、個別財産の保護のためと考えられるからです。

それでは、本件事例について、甲はVに「財物を交付させた」といえるでしょうか。甲は、駐車場に停めた車の中で、Vを脅迫したところ、Vはそれにより畏怖し、20万円を支払うことで勘弁して欲しいと考えるに至りました。そのことを甲に伝えると、甲は、あと10万円払え、キャッシングできるカードもあるだろう、などと言いながら、Vがズボンのポケットに入れていた財布を勝手に取り上げ、中からカード2枚を抜き取りました。これからすると、Vとしてはカード自体を交付する意図は当初なかったようにも思われますが、甲のカード取り上げ行為はVの認識下で行われており、畏怖しているVはそのことを黙認せざるを得ない状況にあったと認められますので、畏怖に基づき交付した関係が認められます。

また、カード2枚の財物性についてですが、カード自体はプラスチック片であり財産的価値がさほど高いとはいえず、また、クレジットカードの所有権は名義人でなくカード会社に留保されていることも多いと思われますが、キャッシュカードについては預金債権の引き出しを可能にし、クレジットカードについては信用に基づき商品等の代金支払を可能にするもので、いずれも有益な権能が化体されているといえますから、財物性は問題なく認められます。

結局、「財物を交付させた」との要件も認めてよいように思われます。

---

[20] 大判昭和10・9・23刑集14・938

4 「財産上不法の利益を得」

2項の罪の客体は、財産上の利益です。財物以外の財産的利益を意味し、積極的利益であると消極的利益であるとを問わず、一時的利益でも構いません。

具体的には、債務支払いの一時猶予[21]、債務負担や金員支払いの約束[22]などがあります。財産的価値のある情報も含まれると考えられ、特に暗証番号については、後で詳しく述べます。

不法原因給付の対価の請求を恐喝行為によって逃れた場合も、恐喝罪が成立すると考えられます（売春行為をさせた後に、恐喝手段を用いて売春の対価の支払いを免れた場合[23]等）。

「不法の」とは、不法の手段によってという意味であり、得られた財産上の利益が不法である必要はありません[24]。

財産上の利益を「得」とは、恐喝行為・畏怖に基づく財産的処分行為によって、行為者又は行為者と一定の関係にある第三者が財産上の利益を取得することをいいます。財産上の利益の取得は、一時的に義務の履行を免れることでもよいとされます[25]。

2項恐喝罪についても、財産的処分行為が必要と解されます。債務支払の一時猶予については、これまでの説明から、財産上の利益に当たるといえますが、処分行為が存在するかどうかは問題となり得る点でしょう。

しかし、判例は、「脅迫文言を申し向けて被害者等を畏怖させ、よって被害者側の請求を断念せしめた以上、そこに被害者側の黙示的な少くとも支払猶予の処分行為が存在するものと認め、恐喝罪の成立を肯定したのは相当」[26]とします。

---

21) 最決昭和43・12・11刑集22・13・1469
22) 最判昭和26・9・28刑集5・10・2127
23) 名古屋高判昭和25・7・17高裁判特11・88
24) 大判大正15・10・5法律学説判例評論全集16刑法112
25) 大判明治45・4・22刑録18・496
26) 最決昭和43・12・11（注21と同）

詐欺罪については，不可罰である利益窃盗との区別の見地や，態様が一見穏当であるため，不作為の処分行為の認定に当たっては慎重であるべきですが，恐喝罪においては，正当な権利行使が暴行・脅迫によって妨げられれば，上記の判例が指摘するような関係を認めやすいのだと思われます。

カードの占有を取得した者が，暴行・脅迫を手段として更に暗証番号を聞き出した場合はどうでしょうか。

この場合，暗証番号を知ることが「財産上の利益」に当たるかという点がまず問題となり，あわせて，「得」つまり利益の取得・移転があったといえるかが問題となるでしょう（暗証番号を教えても，被害者が預金債権及び暗証番号を直ちに失ってしまうわけではありません。）。暗証番号が財産上の利益に当たらない，あるいは利益の移転が認められないとする見解は，カードの財物性と別個独立の法益として保護する必要に乏しいとか，2項犯罪にいう財産上の利益は移転可能なものに限られるとかいった点を根拠にするものと思われます。

しかし，カードのみの占有を取得しただけでは預金の引き下ろしが直ちに容易になるとはいえず，暗証番号を別個の法益として保護すべき場面はあるでしょうし，財産上の利益として労務（サービス）の提供を得るようなケースでは，被疑者がサービスを得る反面，被害者は時間や労力を失うにすぎず，移転可能性はそもそも問題とならないともいえます。

裁判例[27]も，2項強盗についてのものですが，「キャッシュカードを窃取した犯人が被害者からその暗証番号を聞き出した場合には，犯人は，被害者の預貯金債権そのものを取得するわけではないものの，同キャッシュカードとその暗証番号を用いて，事実上，ATMを通して当該預貯金口座から預貯金の払戻しを受け得る地位という財産上の利益を得たものというべき」とします。少なくとも，カードの占有を取得している者が被害者に対し暴行・脅迫を加えて暗証番号を聞き出せば，2項恐喝（又は2項強盗）罪が成立するというべきでしょう。

本件事例ではどうでしょうか。

Vは，口座に20万円あることを伝え，それで勘弁してもらおうとしました

27）東京高判平成21・11・16東時60・1＝12・185

が，甲は更にキャッシングして払うよう言い，Vが黙認するのに乗じてカード2枚を取り上げ，更に暗証番号も聞き出しました。

つまり「20万円の支払（債務）約束（2項）」→「カード2枚取得（1項）」→「暗証番号聞き出し（2項）」という経過をたどっているわけです。

論理的には，いずれの犯罪も成立するのかもしれません（2項恐喝罪は，債務負担や金員支払の約束をさせた時点で既遂と評価し得ます）が，実質的には法益がかなりの部分で重なり合っています。

甲の行為としても，連続する機会における一連の行動ですから，カード2枚の1項恐喝罪，あるいはそれに加えて暗証番号聞き出しの2項恐喝罪（又は2項強盗罪）を認めればよいのではないでしょうか。

財産犯の被害については，時系列に沿って検討することも重要ですが，「この事案における中核的な被害は何か」という観点から，つまり重要なものから俯瞰的な視点で全体を見渡すこともまた必要でしょう。

5 債権の行使と恐喝罪の成否

もう一つ本件事例での重要な問題は，Vに弁済未了の債務があったと思われる点です。

そもそも当事者間に債権債務関係が事前に存在したか，また，かつて存在したとしてもそれが有効に存続しているかの確定は，重要なポイントです。

本件事例では，Vの側も元本20万円の債務をWに対して負っていることは認めており，あとは甲がWから債権譲渡を受けたのか，それとも取立て依頼を受けたのか，という程度の問題になると思われます。そうすると，仮に債務の履行を求める行為として本件が行われた場合，恐喝罪が成立するのかという点が問題になります。

もし，否定する場合には，そもそも恐喝罪の構成要件には該当しないという考え方と，該当するけれども違法性が阻却されるとの考え方があると思われます。

また，肯定する場合でも，恐喝罪が成立する範囲は債権額を超える部分のみなのか，それとも全体なのかという問題があります。

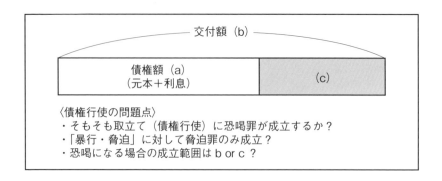

　かつての判例は，権利の範囲内においては，詐欺罪や恐喝罪が成立しないとの立場でしたが[28]，その後，脅迫的手段を用いた場合に脅迫罪が成立するとし[29]，さらに現在は「他人に対して権利を有する者が，その権利を実行することは，その権利の範囲内であり且つその方法が社会通念上一般に認容すべきものと認められる程度を超えない限り，何等違法の問題を生じないけれども，右の範囲程度を逸脱するときは違法となり，恐喝罪の成立することがあるものと解するを相当とする」として恐喝罪の成立を肯定し，その成立範囲についても，債権額いかんに関わらず，交付を受けた額全体について成立するとしています[30]。

　本件事例においても，レストラン店内でのやり取り程度であれば，恐喝罪が成立することはなかったかもしれませんが，駐車場に出た後の行為は，害悪を告知し，暴行も加えるというもので，社会通念上一般に認容すべき程度は超えていると評価できますから，恐喝罪が成立し，その範囲も債権額には影響されないといえます（もっとも，本件事例での被害は未だ金銭には至っておらず，カード等に止まっていますが。）。

　なお，債権の存否やその額については，現在の判例の立場からは，恐喝罪の成否自体にはさほど影響しないとはいえ，犯行に至る経緯・動機や被害結果に

---

28) 大判大正 2・12・23 刑録 19・1502
29) 大判昭和 5・5・26 刑集 9・342
30) 最判昭和 30・10・14 刑集 9・11・2173

は密接に関連し，刑の軽重や損害賠償の範囲に関わる重要な事項ですから，可能な限り解明することが重要です。

6 財産上の損害

恐喝罪も財産罪である以上，被害者に何らかの財産上の損害が生じたことが必要となります。もっとも，恐喝罪の保護法益は，詐欺罪等と同様，個別財産であると考えられますので，財物を交付したこと，あるいは財産上の利益を取得させたことが損害であると考えれば足りると思われます。

対価を給付した場合や，あらかじめ債権を有していた場合であっても，交付を受けた財物（利益）全部について恐喝罪が成立することについても既に述べたとおりです[31]。

7 故意・不法領得の意思

恐喝罪の主観的要件としては，まず，故意すなわち他人を恐喝して畏怖させ，それに基づく財産的処分行為により財物を得又は他人に得させることの認識が必要です。

加えて，不法領得の意思も必要と解されています。内容は，窃盗罪等と同じであり，「権利者を排除し他人の物を自己の所有物と同様にその経済的用法に従いこれを利用し又は処分する意思」です[32]。

本件事例において，甲の主観面における問題はそれほどなさそうです（正当な権利行使と思った，という構成要件又は違法性の錯誤の主張があるかもしれませんが，恐喝的手段を用いての債権取立行為が恐喝罪の構成要件に該当することは既に述べたとおりであり，故意は阻却されないものとしてよいでしょう。）。

---

31) 最判昭和30・10・14（注30と同）
32) 最判昭和26・7・13刑集5・8・1437

8 詐欺罪との関係

恐喝に及ぶ者が虚偽を告げることは一般的によくみられることです。逆に，詐欺に及ぶ者が脅迫的言辞を用いることもあります。このような場合，恐喝罪と詐欺罪とのどちらが成立するでしょうか。

判例によれば，欺く行為と恐喝の両手段が併用され，欺く行為による錯誤と恐喝による畏怖とが原因となって財物が交付された場合には，詐欺と恐喝との観念的競合であり[33]，脅迫のため欺く行為が施されても，財物を交付するに至った相手方の決意が畏怖に基づくときは恐喝罪のみが成立するとしています[34]。すなわち，被害者がどのような気持ちで財物を交付したかについて明らかにすることが必要です。

本件事例ですが，仮に甲が暴力団と知り合いとか，その知り合いに頼めば人を海に沈めるのも山に埋めるのも簡単だとかいう話が虚偽であったとしても，Ｖとしては全体として甲に対する畏怖に基づきカード取り上げを黙認しているようですから，詐欺罪というよりは恐喝罪が成立すると考えてよさそうです。

9 おわりに

以上，本件事例についてまとめると，甲の行為については，Ｖに20万円又は30万円の支払いを約束させた点に２項恐喝罪が，カード２枚をＶが黙認するのに乗じて取り上げた点に１項恐喝罪が，更に暗証番号を聞き出した点に２項恐喝罪が成立する可能性があり，このうち証拠上立証しやすいのはカードの１項恐喝罪（及び暗証番号の２項恐喝罪）と思われます（暗証番号の恐喝まで含めると，全体として法249条恐喝の１罪ということになるでしょうか。）。

また，木刀での殴打行為について，反抗抑圧に至っていると考えれば，その

---

[33] 大判昭和5・5・17刑集9・303
[34] 最判昭和24・2・8（注17と同）

後の行為を強盗と評価する余地もあるでしょう。

　いずれにしても，既に述べたとおり，以上の認定はＶの供述が信用できることが前提となります。Ｖと甲が顔見知りであり，甲もＮから事情を聴かれればＶが警察に相談していることは当然分かるでしょうから，Ｖの供述が真実ならばＶの再被害を防止しつつ，甲の通常逮捕を考えなければなりませんが，Ｖと甲の言い分が異なる本件のような事例においては，双方の言い分をよく聞き，特にＶの供述の中に虚偽が含まれていないかも早期に見極める必要があります。途中まで同席していたＷからも事情を聴取することが望ましいでしょう。

　また，再度Ｖから事情を聴く際は，Ｖが甲の主張に対しても合理的な説明ができるか，自らに不利な点も含めて，正直に話をしているかどうか等の点を慎重に判断することになるでしょう。

　もし，甲の逮捕状を請求する場合は，犯罪事実をどのように構成するかも考える必要があります。先に述べたように，支払約束，カード，暗証番号と３段階いずれも恐喝（あるいは一部強盗）が成立する可能性もある一方，実質的被害として最も主張立証がしやすいのはカードの恐喝（又は強盗）と思われます（甲もＶからカードの交付を受けた事実自体は認めています。）。Ｖの被害感情にも配慮しつつ，令状裁判官が判断しやすい事実構成に努める必要があるでしょう。

横　　領
～アルバイトが品物と代金を持ち逃げ～

　M警察署のN警部補は、平成29年10月2日、来署したV（56歳・男性）から、以下の相談を受けた。

　「うちで雇っていたアルバイトの甲（26歳・男性）にお金と商品を持ち逃げされました。私は、骨とう品、中古の本やCD・DVD、玩具などを買い取り、販売する店を経営しています。法人の形態はとっておらず、私の個人経営です。もっとも、私一人では忙しいので、3か月ほど前に、甲をアルバイトとして雇いました。甲には主に店番、レジを担当させていました。商品の査定・買取りや価格の決定は専ら私の仕事であり、甲にはさせたことがありません。店頭に買取り希望の商品が持ち込まれた場合には、私がいるときはその場で査定し、甲が一人のときは商品を預かるか、デジカメで商品を撮影させるなどして私の方で査定するようにしていました。

　昨日のことですが、顔なじみのお客さんであるPさんから自宅にある壺を買い取ってもらえないかと電話がありました。ちょうど私は別のお客さんの対応で店を離れられなかったので、甲にPさんの自宅まで壺を預かりに行くよう依頼しました。現物を一旦うちの店で預かり、私が査定した後、買取り可能であればそのまま買い取ること、買取り不能であればPさんにお返しすることについては、Pさんも了解済みでした。また、先週Pさんから買い取った皿の代金3万円についてこちらからの支払いもまだでしたので、ついでに甲にはPさんに渡してもらうよう、一万円札3枚を裸の状態で甲に渡しました。Pさんに書いてもらう領収書も一緒に渡しています。甲は、私から受け取った現金と領収書を二つにたたみ、私の目の前でズボンのポケットに入れていました。それから、『行ってきます。』と言って、うちの店で使っている軽トラックを運転して出ていきました。それが午後1時頃だったと思います。

夕方になり，店を閉める時間になっても甲が戻ってこないので，どこかで事故でも起こしたのではないかと心配になり，甲の携帯電話に電話をすると，甲は『Ｐさんの家が分からず，また，道が混んでいたので遅くなってしまいました。今，戻っている途中です。』と説明しました。私は，その夜は以前から同窓会の予定が入っていたので，軽トラックは車庫に，壺は店の倉庫に入れて鍵をかけて帰るよう甲に頼み，同窓会に出かけました。今朝になって，店に行くと，軽トラックは車庫に戻っていましたが，壺はどこにもありませんでした。甲の出勤時間である午前10時になっても甲が店に来ないので，何度も甲の携帯電話に連絡したのですが，つながりません。それで，Ｐさんに電話したら，Ｐさんは『昨日午後の早い時間に甲が来て，壺を持って行った。先週の皿の買取り代金３万円は，まだ受け取っていない。』と言っていました。となれば，壺と現金は甲が持ち逃げしたとしか考えられません。」

　話を聞いたＮは，Ｖに対し，引き続き甲と連絡を取ることを試みるよう伝えた。このまま甲と連絡が付かなかった場合，Ｎは甲を（業務上）横領罪で逮捕できるか。

　仮に，Ⅰ甲の持ち去った壺はＰが盗品であることを知りつつ第三者から買い取った上Ｖに転売しようとしていたものであったらどうか。

　Ⅱ同様に，甲の持ち去った現金が，ＶがＰの盗んできた皿であるとの事実を知りつつその買取り代金として支払おうとしたものであったらどうか。

　また，Ⅲそれらの事情がなかったとしても，３日後に連絡が取れた甲が聴取に対し，壺は一時的に預かっただけであり，現金は軽トラックのガソリン代として一部を使ったもので，清算後に返すつもりであったと述べたらどうか。

〈目　次〉

1　はじめに

2　「自己の占有する」

3　「他人の物を」

4　「横領した」

5　「業務上」

6　おわりに

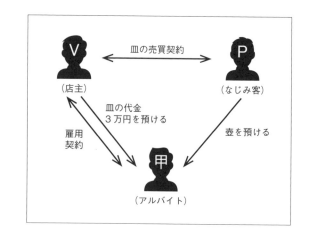

1　はじめに

　今回は横領罪の問題です。

　法252条1項は「自己の占有する他人の物を横領した」者は、5年以下の懲役に処するとしています。つまり、①「自己の占有する」②「他人の物（財物）を」③「横領した」ことが条文上の要件です。また、法253条は「業務上自己の占有する他人の物を横領した」者は、10年以下の懲役に処するとしています。法252条の単純横領罪に「業務上」の要件が加わることによって、法253条で刑が加重されているという関係にあるわけです。

　なお、法252条2項は公務所から保管を命じられた自己の物を横領する行為についても横領罪が成立するという規定であり、前回までの強盗や詐欺の際に検討したいわゆる2項犯罪、すなわち財産上の利益を客体とはしていないので留意が必要です（つまり、横領罪の客体は財物のみということになります。）。

　前回までは、窃盗罪・強盗罪・詐欺罪・恐喝罪を順に見てきましたが、盗取罪（処分行為が不要な窃盗・強盗罪）と交付罪（処分行為が必要な詐欺罪・恐喝罪）という違いはあるものの、いずれも奪取罪（移転罪）として、財物又は財産上の利益が「被害者」→「被疑者」へと移動する類型の犯罪でした。

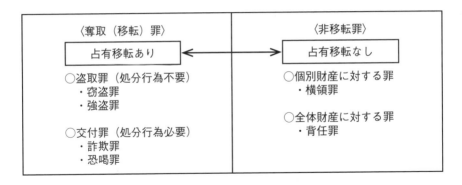

　これに対して，横領罪の最大の特徴は，被疑者が財物を領得したり費消したりする類型（領得罪）でありつつ，財物の移転を伴わない非移転罪，つまり最初から被疑者が財物を占有していることが要件となる点にあります。したがって，他人の物を占有している者でしか犯すことのできない身分犯です[1]。また，単純横領罪の法定刑が窃盗罪のそれに比べて低いのは，占有侵害がなく，占有者は物を自由に処分できる状況にあるから動機において誘惑的で責任非難の程度が相対的に低いから，などと説明されることもあります。

　本件事例では，甲が壺と現金を持ち逃げしたようですが，「占有」が誰にあるか（及びその根拠となる「委託信任関係」が認められるか），「他人の物」といえるか，不法原因給付に当たらないか，不法領得の意思はあるか，といったあたりが問題となりそうです。

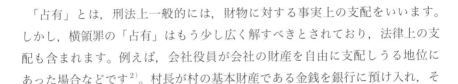

　「占有」とは，刑法上一般的には，財物に対する事実上の支配をいいます。しかし，横領罪の「占有」はもう少し広く解すべきとされており，法律上の支配も含まれます。例えば，会社役員が会社の財産を自由に支配しうる地位にあった場合などです[2]。村長が村の基本財産である金銭を銀行に預け入れ，そ

---

1) 最判昭和27・9・19刑集6・8・1083
2) 大判大正4・4・9刑録21・457

れを引き出した事案でも，村長は預金に対する占有を有しており，横領罪が成立するとされます[3]。不動産の二重売買の事案で，売主の下に登記が残っていたことを奇貨として更に第三者に売却した場合も，売主には登記による不動産の占有が認められます[4]。

このように横領罪における占有の概念が窃盗罪等の盗取罪より広いのは，侵害の対象として考えるのではなく，保護されるべき委託信任関係を基礎付ける意味を持つからであるからとか，窃盗罪で保護しきれない客体を横領罪で捕捉する必要があるから，などと説明されます。いずれにしても，このような見地から，横領罪においては，占有の認定に当たり，「濫用されるおそれのある支配力」に着目して判断する必要があります。

そして，他人の物の占有は委託に基づくことが必要です[5]。この「委託信任関係」は明文上にはない「書かれざる構成要件要素」ですが，（委託物）横領罪と，更に法定刑が低く設定されている遺失物等横領罪（法254条）とを区別するために必要と解されています。例えば誤配達された郵便物については，委託信任関係がありませんから，遺失物等横領罪が成立するにとどまるわけです[6]。

委託信任関係の根拠については，物の保管を内容とする契約（賃貸借，使用貸借，委任，寄託等）から生じる場合はもちろんですが，事務管理，慣習，条理，信義則等に基づく場合も含まれます。

本件事例における問題ですが，二つあります。

まず，上下主従間の占有における占有補助者の領得行為にすぎず，横領罪ではなく窃盗罪が成立するのではないかという点です。たしかに，一般的には，雇用関係や上下主従の関係にある者の間で事実上物を共同支配しているときは，刑法上の占有は上位の者にあり，下位の者は占有補助者に過ぎませんから，下位の者に「自己の占有する」との事実を認めることはできないとされます。

---

3) 大判大正元・10・8刑録18・1231
4) 最判昭和30・12・26刑集9・14・3053
5) 東京高判昭和25・6・19高刑集3・2・227等
6) 大判大正6・10・15刑録23・1113

本件事例でも，甲はアルバイトであること，任されていた業務はこれまで店番やレジの担当にとどまることなどの事情があり，甲に占有を認めることはできないとの考えもあるでしょう。この場合は，窃盗罪を検討すべきということになります。

しかし，財物を現実に支配している下位者にある程度の処分権が認められている場合には，下位者に占有を認めることができます。本件事例でも，甲はVからの依頼に基づき，一人で客Pの自宅に行き，買取りの対象となる品物（壺）を預かり，また前回取引の代金を支払う業務を担っており，数時間にわたって甲が商品及び現金を自由にできる状態にあったと認められます。既に述べたように，横領罪における占有の基礎は「濫用のおそれのある支配力」にあるわけですから，本件事例でも甲の占有を認めてよいように思われます。

もう一つの問題は，甲の占有を認めた場合でも，壺と現金それぞれについて，誰との間で委託信任関係が認められるか（甲とVとの間で，当然に認められるとしてよいのでしょうか。）という点です。次の項目で詳しく述べますが，横領罪の保護法益は所有権その他の本権です。

このうち現金については，本来VからPに引き渡されるべきものではありますが，Pに引き渡される前の時点では，Vの所有にかかるものとしてよいでしょう（金銭の所有権は，占有者へと直ちに移転するのではないかという点についても次の項目で検討します。）。そこで，**甲に占有が認められると考えると，それを基礎付けるものとして，甲とVとの間のアルバイト契約に基づく委託信任契約が考えられます。**

これに対し，壺については，買取りのためにPからVが一時的に預かる関係にすぎず，買い取る合意ができるまでの間は，未だPに所有権があるというべきでしょう。この場合に横領罪を認めるには，考え方が二つあります。

一つ目は，被害者をPと構成するもので，甲とVとの間のアルバイト契約だけでは委託信任関係を説明することは困難ですが，Pの依頼に基づきVの買取り準備のためPから壺を預かった者として，Pからの委託信任を受けている立場と解するものです。

もう一つは，被害者をＶと構成するもので，Ｖには所有権はないものの，買取り準備のためＰの了解の下に壺を預かるという，占有を正当付ける実質的権利（すなわち本権）はあると考えるものです（受寄者としての立場に基づく権利等）。この場合は，現金と同様，甲とＶとの間のアルバイト契約に基づく委託信任関係が甲の占有を基礎付けていると考えられます。

3 「他人の物を」

「他人の物」とは，他人の所有に属する財物をいいます。財物には不動産も含まれます[7]。

横領罪の保護法益は物に対する所有権その他の本権です。窃盗罪等と異なり，横領罪は行為者に占有がある（また，占有離脱物横領ではそもそも客体に占有がない）ことが前提となっていますから，占有が保護の対象となっていないのはある意味当然ともいえます。

「他人」とは行為者以外の者であればよく，自然人・法人を問いません。

金銭（現金）について，まず封金のように特定物として委託された金銭の所有権は委託した側に留保されると考えられます（したがって，預かり保管中の受託者がこれを勝手に費消すれば横領罪になります。）。

他方，封金の形態をとっていない金銭は，民事法上，その流通についての動的安全を保護するため，「占有と所有の一致」原則が存在します。しかし，刑法上は，別途の解釈が必要です。一定の目的・使途を定めて委託された金銭については，封金と区別する実益が乏しいからです。したがって，使途を限定されて委託（寄託）された金銭は，特別の事情がない限り占有する受託者にとって「他人の物」に当たるというべきであり，判例も同様の立場です[8]。そうすると，他人や会社の通帳・印鑑，キャッシュカードをただ事務的に預かっているだけの場合はともかく，一定の用途のために引き出す権限まで与えられてい

7）大判大正11・3・8刑集1・124，最判昭和30・12・26（注4と同）等
8）最判昭和26・5・25刑集5・6・1186

たような場合には、預金に対する占有が認められ、「他人の物」を占有する者に該当します。

不法原因給付物、あるいは、盗品等についてはどう考えたらよいでしょうか。不法原因のため給付した者は給付物の返還を請求することができないとされています（民法708条）。しかし、民法と刑法とはその目的が異なりますから、ここでも別途に考えることは可能であり、例えば判例上、他に贈賄する目的で預かり保管中の金銭を費消したような場合には「他人の物」を横領したとして横領罪が成立するとされます[9]。

もっともその後、不法原因給付物についてその所有権は給付者が給付物の返還を請求できないことの反射的効果として被給付者に帰属するとした民事判例が現れており[10]、その後現時点でもなお、被給付者にとっての不法原因給付物が「他人の物」に当たるかどうかについては疑問があるところです。

盗品等についても、その保管が盗品等保管罪（法256条2項）で処罰の対象となる以上、その委託も保護に値せず、盗品やその売却代金を保管する者がこれを領得しても、盗品罪や遺失物等横領罪が成立する場合はあるものの、（委託物）横領罪は成立しないとする見解が有力です（このような場合にも横領罪の成立を肯定する判例[11]も一応存在しますが、前述した民事判例の前のものであることに留意が必要です。）。

本件事例についてはどうでしょうか。

まず、壺については、Pの所有物であって、甲からすれば「他人の物」に該当し、P又はVとの関係で横領罪が成立し得ます。また、現金3万円については、封金ではない状態で渡されている（つまり特定物とはされていない）ものの、VからPに交付するよう依頼されて甲が預かったものであり、使途が明白ですから、こちらも甲から見てV所有にかかる「他人の物」と認められます。

次に、事例の「仮に」以下の部分（以下「仮定事例」といいます。）についてはどうでしょうか。I壺が盗品であった場合、II皿が盗品であってその換価代

---

[9] 最判昭和23・6・5刑集2・7・641
[10] 最大判昭和45・10・21民集24・11・1560
[11] 最判昭和36・10・10刑集15・9・1580

金を領得した場合は，旧判例によれば，いずれも横領罪が成立し得ますが，前記民事判例以後の通説によれば，盗品罪又は遺失物等横領罪が問題となるにとどまるでしょう。

なお，受寄者に盗品との認識がない場合には横領罪の成立を認めるべき，という見解もありますが，盗品との認識がある場合に横領罪の成立を否定するのであれば，認識がない場合にも同様に解すべきでしょう（盗品との認識の点は盗品罪で問題にすべきでしょう。）。

ただし，仮定事例Ⅰ・Ⅱで，PやVが善意で即時取得（民法192条）していれば，甲に横領罪が成立する余地もあるでしょう（この場合も，盗品及び遺失物等については被害者は2年間占有回復の請求をなし得る（民法193条）ので，その間は盗品性は失われていない[12]ことに留意が必要です。）。

4 「横領した」

「横領」の意義については，越権行為説と領得行為説との対立があり，越権行為説は，委託に基づく信任関係の破棄に横領の本質があると考え，「行為者が占有者に対してその権限を超えた行為をすること」が横領であると考えます。

これに対し，領得行為説は，「自己の占有する他人の物（又は公務所から保管を命じられた自己の物）を不法に領得すること」すなわち「不法領得の意思を実現するすべての行為」が横領に当たるとします。

このことから，一般的には「不法領得の意思」が要求されない分，越権行為説の方が横領罪の成立範囲が広い（一時使用や毀棄目的の処分も横領に含まれる）とされますが，判例は，領得行為説に立つ一方で，横領罪における「不法領得の意思」の内容については，「他人の物の占有者が委託の任務に背いて，その物につき権限がないのに所有者でなければできないような処分をする意思」と解しており[13]，窃盗罪におけるような「経済的用法に従い」との限定を付して

---

12) 最決昭和34・2・9刑集13・1・76
13) 最判昭和24・3・8刑集3・3・276

いません。そのため，毀棄・隠匿目的でも不法領得の意思が肯定され得ますから，結局，領得行為説と越権行為説との違いはそう大きくないものと思われます（ごく短時間の一時使用につき，越権行為説で横領となっても領得行為説からは否定される程度でしょう。）。

不法領得の意思は，自己のために領得する意思に限らず，第三者のために領得する意思も含みます[14]。しかし，専ら本人（委託者・所有者）のために目的物を処分する場合には，不法領得の意思は否定されます[15]。近時の判例も，会社の経理部長が株式の買い占めに対抗するための工作費用として会社の資金を支出した行為につき，専ら会社のためにする行為であったかどうかを検討しており[16]，従前判例と同様の立場に立っているものと思われます。

「横領」の具体的態様としては，売買，贈与，質入，抵当権設定，費消，着服，拐帯等がありますが，これらに限られるものではありません。領得行為説に立つ限り，「不法領得の意思を実現する全ての行為」が含まれることになります。もっとも，「不法領得の意思」は主観的要素ですから，客観面において，その外部への発現が必要であり，これをもって着手そして直ちに，既遂に達するものと解されています（したがって，横領罪には未遂犯が規定されていません。）。

実務上は，「横領」も当然証拠により明らかにしなければなりませんから，早い時期に横領と疑わせる行為があったとしても，その後のより確実な発現時点を捉えて事実を構成するということもよく行われています（例えば，拐帯より費消の時点を捉えるなどです。）。

本件事例においてはどうでしょうか。本件では，甲が約1日間連絡不能となった時点でVがNのところに相談に訪れており，甲が壺と現金をどのようにしたのか，未だ明らかになってはいません。したがって，**甲が壺や現金を既に売却・費消している可能性もあれば，保管した状態のまま単に体調を崩して寝込んでいただけという可能性もあり得ます。横領するつもりで自宅に持ち帰ったものの，未だ売却・費消等する決心がつかず，逡巡している状態の可能性も**

---

14) 最大判昭和24・6・29刑集3・7・1135
15) 最判昭和28・12・25刑集7・13・2721，最判昭和33・9・19刑集12・13・3047
16) 最決平成13・11・5刑集55・6・546

あります（この場合，これまでの検討から，理論的には横領罪が成立するわけですが，立証上の観点からは，「横領」すなわち不法領得の意思が，外部的に発現しているかどうかについて疑問が残ります。）。これらの点を明らかにしなければ，直ちに横領罪で逮捕することは難しいと言わざるを得ません。

　また，仮定事例Ⅲのケースはどうでしょうか。3日後に連絡が取れた甲が聴取に対し，壺は一時的に預かっただけであり，現金は軽トラックのガソリン代として一部を使ったもので，精算後返すつもりであったと述べたとあります。壺の一時預かりは，その日のうちに倉庫に入れるようにとの甲の指示に背くものであり，権限なくして所有者でなければできないような処分ともいえますが，そのような行為に及んだ事情はよく聴く必要があります（専ら本人のためにした行為と評価される可能性も否定はできません。）。同様に，現金のガソリン代としての費消については，P方に往復するためのガソリン代として費消したのであれば，それはもっぱら本人すなわちVのためにする行為といえますから，不法領得の意思が否定される可能性があります。

5 「業務上」

　仮に甲につき，（委託物）横領罪が成立すると考えた場合に，法253条の業務上横領罪は成立するでしょうか。冒頭で述べたように，法253条は単純横領罪（法252条）の加重類型です。物の占有が業務上の委託関係に基づくことによって刑が加重されていると解されます。横領罪自体，占有者であることに基づく身分犯であることは既に述べましたが，更に業務者であることに関して，二重の身分犯であるということになります。

　「業務」とは，人がその社会生活上の地位に基づき反復継続して行う事務であり，横領罪においては，他人の物を占有保管することを内容とするものでなければなりません。つまり，業務上横領罪における業務は，委託を受けて物を管理（占有・保管）することを内容とする事務ということになります。質屋，倉庫業者，職務上金銭を保管する役職員などがその典型ですが，職業又は職務として行われる必要は必ずしもありません[17]。本来の業務に付随して物を保管

する場合も含まれます[18]が，本来の業務との間に密接な関連性が要求されます。

本件事例ではどうでしょうか。甲は，Vから雇われたアルバイト店員であり，店番・レジが担当業務でした。その意味では，Vが店で扱う商品及び金銭については，占有保管権限を委ねられていたともいえます。そのため，本件の壺及び現金の保管について，業務性を認めることも可能でしょう。もっとも，Vが通常は甲に店番しかさせておらず，この日に限ってP方へ出張を依頼したということであれば，反復継続性や本来の業務との密接関連性が否定され，本件の壺や現金について，占有を認めることは可能でも，業務性を認めることはできないとの見解もあるでしょう（更にいえば，現金のみ業務性を認めるとの見解もあり得ますが，やや違和感も残ります。）。

6 おわりに

以上見てきたように，甲については，（業務上あるいは単純委託物）横領が認められる可能性がありますが，仮定事例Ⅰ・Ⅱ・Ⅲの場合はいずれも横領とは評価されない可能性が高まります。横領罪が成立しない場合には，背任罪，盗品罪，遺失物等横領罪等の成立可能性がありますが，それぞれについての要件を満たす必要があるのは当然です。

そして，横領が認められるとしても，証拠によってそれを立証できるかどうかは更に慎重に判断する必要があります。少なくとも不法領得の意思が外部的に発現したと認められる行為を捉えるのが確実ですので，甲が壺や現金を実際にどのようにしたのか（まだ手元にあるのか，それとも処分・費消等したのか。処分・費消等したのであれば，具体的にどのような態様によるか。），客観証拠により明らかにする必要があります。

横領罪は，委託信任関係を前提としており，被害者にとって被疑者は通常顔見知りということになりますから，犯人性を誤る危険は乏しく，すぐにでも逮

---

17) 大判大正3・6・17刑録20・1245
18) 東京高判昭和39・1・21高刑集17・1・82

捕できそうだと考えがちですが，NがVに対し，甲との連絡を取ることを引き続き試みるよう伝えたのは，このような不法領得の意思の外部的発現につき見極める意図によるものであったと思われ，適切な対応であったと評価できます。

第6問

背　　任
～金融部長による元恋人（？）への
融資が不良債権になったら～

　M警察署のN警部補は，平成29年10月9日，来署したV（54歳・男性）から，以下の相談を受けた。

　「うちで働いている甲（46歳・男性）が貸し付けたお金が返ってこないまま焦げ付いてしまい，困っています。私は，昨年から，A農協の組合長をしています。ちなみに，農協は農業協同組合の略称で，根拠法は農業協同組合法です。A農協の事業範囲は，指導事業，販売事業，購買事業の他，信用事業や共済事業が含まれており，貯金や貸付の取扱いも行っています。甲は，融資を担当する金融部長をしており，在任期間はもう8年くらいです。

　甲が5年前に取り扱った融資案件の中で，温泉レジャー施設を経営するB社への1千万円の融資があるのですが，3年の返済期間を過ぎても全く返済がなされていません。

　当農協では担保を付す通常の融資の場合，1千万円までは金融部長までの決裁で実行可能であり，組合長までは決裁が上がってきませんので，私の前任の組合長も融資時点では把握できておらず，不良債権化してから問題になったような状況でした。

　調査の結果，保証人や信用基金協会等による保証は付されておらず，唯一不動産担保としてB社所有の温泉レジャー施設建物に抵当権が設定されていますが，第2順位で，しかもそもそも当該施設建物の評価額自体が1千万円を上回るのかも怪しい状況ですから，担保のとり方，回収保全措置の講じ方に大いに疑問のあることが分かりました。

　B社に対しては，返済の催促を継続的に行っていますが，温泉レジャー施設の運営も極めて厳しいようで，返せないものは返せないの一点張り

で，大変困っています。

　それだけならまだしも，甲はどうもＢ社の経営者である乙（38歳・女性）と交際していたという噂も耳に入ってきており，当農協内でも騒ぎになり始めてしまい，どうしたものかと……。」

　話を聞いたＮは，Ｖに対し，次回来署する際，融資当時の書類や，Ａ農協の定款や内規，甲の人事記録等を持参するよう伝えた。

　このまま返済がなされなかった場合，Ｎは甲を背任罪で逮捕できるか。業務上横領罪に問うことはあり得るか。また，乙についてはどうか。

〈目　次〉
1　はじめに
2　「他人のためにその事務を処理する者」
3　「自己若しくは第三者の利益を図り又は本人に損害を加える目的で」
4　「その任務に背く行為をし」
5　「本人に財産上の損害を加えた」
6　横領罪との関係
7　身分のない共犯者
8　おわりに

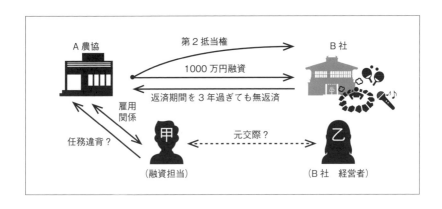

1　はじめに

　第5問の横領罪に続き，本問では背任罪の問題を取り上げます。
　法247条は，「他人のためにその事務を処理する者が，自己若しくは第三者の利益を図り又は本人に損害を加える目的で，その任務に背く行為をし，本人に財産上の損害を加えたときは」5年以下の懲役又は50万円以下の罰金に処するとしています。①「他人のためにその事務を処理する者」が主体の場合に成立する身分犯であり，②「自己若しくは第三者の利益を図り又は本人に損害を加える目的」が必要な目的犯でもあります。そして，③「その任務に背く行為をし」が実行行為であり，④「本人に財産上の損害を加えたとき」に限り成

立する結果犯でもあります。実行行為と「財産上の損害」との間には因果関係も必要です。

　以下では，上記各要件について順に見ていきます。なお，会社法960条は，特別背任罪として，会社の発起人，取締役や監査役等が「自己若しくは第三者の利益を図り又は株式会社に損害を加える目的で，その任務に背く行為をし，当該株式会社に財産上の損害を加えたとき」は，10年以下の懲役若しくは1千万円以下の罰金に処し，又はこれを併科するとしており，刑法上の背任罪の身分的加重類型を規定した特別規定であるとされていますので，こちらも押さえておく必要があります。

2　「他人のためにその事務を処理する者」

　「他人」とは，条文ではその後に2回登場する「本人」と同じ意味であると解されます。すなわち，背任罪により被害をこうむる立場にある者をいい，自然人はもちろん，法人も含まれますし，法人格のない社団や国・地方公共団体[1]も含まれます。

　背任罪にも親族相盗例が適用されますから（法251条，244条），配偶者，直系血族，同居の親族との間では刑が免除されますし，それ以外の親族との間では親告罪となります。

　他人の「ために」その事務を処理するといえるためには，「他人」との間に信任委託関係が必要です。信任委託関係が認められる場合として最も典型的なのは契約（雇用，委託，請負等）に基づく場合ですが，慣習[2]や事務管理[3]等による場合も含まれるとされます。

　他人の事務と自己の事務との関係も問題となります。条文を普通に読めば，「その」とは自己の事務ではなく「他人の」事務を指すと解されますが，100

---

1) 最決昭和47・3・2刑集26・2・67
2) 大判大正3・4・10刑録20・498
3) 大判大正3・9・22刑録20・1620

パーセント他人のための事務というものはかえって考えにくく、自己のためにする事務が同時に他人のためにする事務であるような場合も多くあるからです。しかし、例えば売買契約の売主が代金と引き換えに目的物を引き渡す義務などは、「自己の事務」でありこれを怠っても単なる債務不履行ですから、背任罪の成立を認めるべきではありません。

　このような観点から重要なのは、二重抵当についての判例[4]です。この事案は、抵当権設定者が抵当権者に抵当権設定登記に必要な書類を交付した後、抵当権者が未だ登記を完了する前に別の者との間で抵当権設定契約を結んで登記してしまい、先の抵当権者の抵当権が後順位になってしまったというものであり、抵当権設定者が抵当権の登記に協力するという事務は自己の事務に過ぎず「他人の事務」ではないのではないか、という点が重要な争点の一つになりました。

　しかし、判例は「抵当権設定者はその登記に関し、これを完了するまでは、抵当権者に協力する任務を有することはいうまでもないところであり、右任務は主として他人である抵当権者のために負うものといわなければならない。」と判示しています。

　自己の事務という性質を帯びていても、主に他人の事務と認められれば背任罪の成立は否定されないという考え方に立つものと解されます。同時に、背任罪の本質につき、従来の学説で有力に主張されていた権限濫用説（本人から与えられた法的権限の濫用と解する立場）では説明が困難であり、判例が背信説（本人との間の信任関係違背と解する立場）に立つことを示したものとしても重要とされています。

　その後も判例は、農地の売却後県知事の許可前に売主が第三者のために抵当権を設定する行為[5]や、株券に質権を設定し質権者に引き渡した者が除権判決を得て株券を失効させる行為[6]につき背任罪の成立を認めており、特に後者においては「除権判決を得て株券を失効させてはならないという不作為を内

---

[4] 最判昭和31・12・7刑集10・12・1592
[5] 最決昭和38・7・9刑集17・6・608
[6] 最決平成15・3・18刑集57・3・356

容とする担保価値保全任務」が他人の事務とされています。

なお、「事務」について、学説の多くは財産上の事務に限るとしています。判例の立場は判然としませんが、既に見たように幅広い内容の任務が事務と認められており、いずれにしても、後述する任務違背行為との関係で考える必要があるでしょう。

本件事例において、甲はＡ農協の金融部長という立場で当該融資に関与しており、Ａ農協は「他人」に該当します。信任委託関係についても、雇用契約ないし労働契約に基づくものと考えてよいでしょう。そして、甲が行っていた融資業務は、そのような契約に基づく「自己の事務」の側面も否定できませんが、Ａ農協が事業範囲として定める信用事業の一部であって、主に他人たるＡ農協の事務であることに問題はなさそうです。

3 「自己若しくは第三者の利益を図り又は本人に損害を加える目的で」

背任罪も故意犯ですから、構成要件該当事実、つまり㋐自己が他人の事務処理者であることと、後述する㋑任務違背行為及び㋒財産上の損害についての認識が必要です。それに加え、明文で「自己若しくは第三者の利益を図る目的」（図利目的）又は「本人に加害を加える目的」（加害目的）が必要とされています。

「第三者」とは自己又は本人以外の者を指しますので、後述する身分のない共犯者も含まれます。

「利益」は財産上の利益に限られず、身分上の利益等が広く含まれます[7]。具体的には、社会的地位・信用・対面や面目の維持・保全なども含まれます。「加害」についても同様の見地から財産上のものには限られないと解されます。

よく問題となるのは、本人の利益を図る目的であったと主張し、図利加害目的を否認するケースです。本件事例においても、Ａ農協の利益を考えて融資を行ったのであって、結果として焦げ付いたにすぎないという主張が甲から出る

7）大判大正3・10・16刑録20・1867

ことは容易に想像できます。

　しかし，判例上，図利加害目的と本人の利益を図る目的は併存しても構わず，ただしその主従によって背任罪の成否を決めるものとされています[8]。また，図利加害目的について，意欲又は積極的認容までも必要ありません[9]。条文からも，本人の利益を図る目的についての記載がなされていないというだけで，「本人の利益を図る目的が存在した」イコール「図利加害目的の不存在」というわけではありません。

　ただ，判例によれば，主たる目的が本人の利益を図る目的であれば，背任罪の成立は否定されますから，主たる目的がどこにあったかを認定することは極めて重要となります。

　判例は，銀行の代表取締役らが密接な関係にあったレジャークラブ運営会社の会員権預り保証金の償還問題を解決しようと実行した融資につき，「銀行のためという動機は，本件融資の決定的な動機ではなかった。」「償還問題の解決のためという動機があったとしても，この段階ではそれは潜在的なものにとどまっていた。」などとした上，「銀行にとって極めて問題が大きい本件融資を行わなければならないという必要性，緊急性は認められないこと等」も考慮して第三者図利目的を認定しています[10]。つまり，行為に及んだ決定的動機の解明こそが重要であり，決定的動機とは，その目的がなければその行為に出なかったようなものを指すと考えられます。

　本件事例においては，Nが甲から事情すら聴いていない現段階において，その動機は未だ解明されていません。ただ，先述したとおり，甲から「融資時点では主にA農協の利益のために行なったものである」旨の弁解は容易に予想されるところであって，融資の客観的状況とともに，融資により甲や乙に得られる利益の具体的内容，V供述にある甲と乙の交際関係の有無等についても今後捜査をしていく必要がありそうです。

8）最判昭和29・11・5刑集8・11・1675
9）最決昭和63・11・21刑集42・9・1251
10）最決平成10・11・25刑集52・8・570

4 「その任務に背く行為をし」

「その任務に背く」とは、背信説の立場に立つ判例等からは、本人からの信任委託の趣旨に反する行為と解されます。したがって、単なる形式的な規律違反があったというだけで直ちに任務違背行為があったということはできません。もちろん、法令、定款、内規、契約等規律の内容が判断の重要な要素となることは言うまでもありません。また、「1　はじめに」でも述べたように、任務違背行為と後述する財産上の損害との間には因果関係が必要ですから、財産上の損害につながるようなものである必要があります。「行為」は法律行為に限らず事実行為も含まれ、また、不作為も含まれます。

難しいのは、商取引上の判断や経営判断です。商売や取引においては、「損して得とれ」といった格言があるように、一時的には損をしているように見えても長い目で見ればそれが将来の利益に向けた投資である場合もありますし、為替や株式取引のように、一定のリスクを含むものも多くあるからです。これらにつき全て背任罪の成立を認めていては、経済活動を萎縮させ、社会に悪影響を及ぼす可能性すらあります。

判例では、担保力の弱い中小企業を援助する信用保証協会の職員が行った債務保証が任務違背に当たるかどうかについて、「信用保証協会の行う債務保証が、常態においても同協会に（中略）損害を生じさせる場合の少なくないことは、同協会の行う業務の性質上免れ難いところであるとしても、同協会の負担しうる実損には資金上限度があり、倒産の蓋然性の高い企業からの保証申込をすべて認容しなければならないものではなく、同協会の役職員は、保証業務を行うにあたり、同協会の実損を必要最小限度に止めるべく、保証申込者の信用調査、資金使途調査等の確実を期するとともに、内規により役職に応じて定められた保証決定をなしうる限度額を遵守すべき任務がある」としたものがあり[11]、リスクすなわち本人に損害を及ぼす可能性のある取引を行う際には、行為当時における行為者の地位・立場・権限や本人との関係、行為の具体的態様

---

11) 最決昭和58・5・24刑集37・4・437

や客観的状況等に照らし，行為者に通常期待されるリスク回避措置を適切に執っていたかが極めて重要といえるでしょう。

　また，経営判断に至る手続が適正であれば，裁判所は経営判断内容の当否について判断すべきでないという経営判断の原則についても，判例はこれが適用される余地があることを認めつつ，銀行の取締役については，「銀行業が広く預金者から資金を集め，これを原資として企業等に融資することを本質とする免許事業であること，銀行の取締役は金融取引の専門家であり，その知識経験を活用して融資業務を行うことが期待されていること，万一銀行経営が破たんし，あるいは危機にひんした場合には預金者及び融資先を始めとして社会一般に広範かつ深刻な混乱を生じさせること等を考慮すれば，融資業務に際して要求される銀行の取締役の注意義務の程度は一般の株式会社取締役の場合に比べ高い水準のものである」として，経営判断の原則が適用される余地はそれだけ限定的なものにとどまるとしています[12]。

　なお，決裁権を持つ上司の決定・指示に従ったものであり，その上司に対し反対や消極的意見を述べたりしたような事情があった場合でも，そのことをもって任務違背がないとはいえないとの判例もあります[13]。

　本件事例においては，温泉レジャー施設を経営するＢ社に対し甲が１千万円の融資を実行したことがＡ農協からの信任委託の趣旨に反する行為かが問題となりますが，**返済がないことは事後的事情にとどまり，むしろ融資当時，どのような事情があったかが問題となります。そのため，Ａ農協において，通常の融資案件においてどのような手続がなされているか，特に回収の見込みの判断や担保の徴収方法についてどのようなルールが存在し，甲の当該行為がそれからどの程度外れたものであるかが重要になると思われます。**

　Ｂ社の経営状態が当時どのようなもので，今後のそれがどう変化するかについてどのような見通しを有していたかについても捜査すべきですし，保証人や信用基金協会等による保証が付されていない理由，不動産担保として抵当権が設定する場合に第２順位以下でも融資を実行することがあるのか，もしあると

12）最決平成21・11・9刑集63・9・1117
13）最決昭和60・4・3刑集39・3・131

した場合はどのような評価や方法により万一の場合の回収措置が講じられているのか等につき，Ａ農協の他の融資案件とも比較しつつ，本件融資が特殊・例外的なものかどうか，更なる解明が必要でしょう。

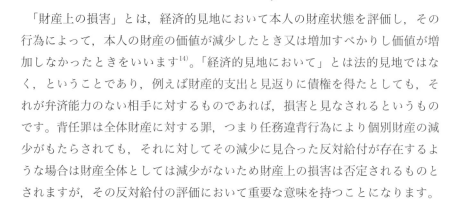

5 「本人に財産上の損害を加えた」

「財産上の損害」とは，経済的見地において本人の財産状態を評価し，その行為によって，本人の財産の価値が減少したとき又は増加すべかりし価値が増加しなかったときをいいます[14]。「経済的見地において」とは法的見地ではなく，ということであり，例えば財産的支出と見返りに債権を得たとしても，それが弁済能力のない相手に対するものであれば，損害と見なされるというものです。背任罪は全体財産に対する罪，つまり任務違背行為により個別財産の減少がもたらされても，それに対してその減少に見合った反対給付が存在するような場合は財産全体としては減少がないため財産上の損害は否定されるものとされますが，その反対給付の評価において重要な意味を持つことになります。

例えば，手形決済能力のない会社が振り出した約束手形につき，同社代表者が銀行支店長と共謀して銀行に手形保証をさせたという事案において，保証と引換えに額面金額と同額の資金が銀行の会社名義口座に入金され，会社の当座貸越債務の弁済に充てられており，しかも手形保証，割引，入金が同時に行なわれていたとしても，当該入金が一時的に貸越残高を減少させ，会社に債務弁済能力があることを示す外観を作り出し，銀行から会社への融資を継続させること等を目的に行なわれていた場合には，入金により当該手形の保証に見合う経済的利益が同銀行に確定的に帰属したものということはできず，財産上の損害が認められます[15]。

なお，財産上の実害を発生させた場合だけではなく，財産上の実害発生の危険を生じさせた場合も含むとする判例もありますが[16]，背任罪は危険犯ではな

---

14) 最決昭和58・5・24（注11と同）
15) 最決平成8・2・6刑集50・2・129
16) 最判昭和37・2・13刑集16・2・68

く未遂処罰規定（法250条）のある侵害犯ですから，「経済的見地において」と同じような意味に過ぎないと解されます。ちなみに，財産上の損害以外の要件を満たし，財産上の損害発生に至らなかった場合，背任未遂罪となりますが，背任罪が全体財産に対する罪で，背信説からは広範な行為態様に適用されてしまう余地があること，財産上の損害の存在が図利加害目的や任務違背行為等他の要件を推認させる間接事実の一つたり得ること等から，実務上，あまり多くは適用されていません。

　話を戻して，「財産上の損害」の発生時期やその価額，つまり既遂時期や損害額をどう考えるかも問題となります。回収の見込みのない融資を実行したような場合は，通常，融資の時点で既遂に達し，回収不能になった時点ではないと解されます。すなわち，不正な融資後偶然の事情により弁済ができるようになったとしてもそれは偶然の事情に過ぎませんし，事後に具体的な実害が発生したとしても1個の背任罪が成立するに過ぎないと解されます。その意味で，損害額についても，不正な融資の場合は融資金額が損害額と考えられますが，必ずしも損害額を確定する必要はないとした判例も存在します[17]。

　既に述べたように，背任罪の故意の内容として，「財産上の損害」の認識も必要です。しかし，条文上明示されている図利加害目的とは異なることなどから，未必的認識で足りると解されます。

　本件事例においては，A農協からB社に対する融資が返済期限を過ぎてもなお弁済されていないことが「財産上の損害」に当たるか，すなわち「経済的見地において本人の財産状態を評価し，その行為によって，本人の財産の価値が減少したとき又は増加すべかりし価値が増加しなかったとき」に該当するかを検討することになります。**3年の期限から更に2年を経過しても全く返済されていないこと，B社の経営状態が思わしくないこと，担保を実行してもほとんど回収の見込みが立たないことなどからすれば，財産上の損害と評価してもよさそうです**。ただ，これらは事後的に見た客観的事情であり，なお甲からは「財産上の損害」を加える認識はなかった，との主張が出される可能性が高いでしょう。結局，図利加害目的や任務違背行為のところで見たように，**行為当時**

17）大判昭和8・12・4刑集12・2196等

に遡って融資の具体的状況に関する間接事実をできるだけ多く積み重ねて判断する必要があります。

6 横領罪との関係

　背任罪と横領罪の区別は古くから問題とされてきました。背任罪の法定刑が5年以下の懲役又は50万円以下の罰金であるのに対し、業務上横領罪の法定刑は10年以下の懲役、（委託物）横領罪でも5年以下の懲役であることから、より重い業務上横領罪・委託物横領罪を適用すべきではないかという問題意識が根底にあります。

　判例は、「他人の為其の事務を処理するに当り自己の占有する本人の物を自ら不正に領得するに非すして第三者の利益を図る目的を以て其の任務に背きたる行為を為し本人に財産上の損害を加へたるときは背任罪を構成すへく之を横領罪に問擬すへきものに非さる」などとした上[18]、本人の名義・計算による場合は背任罪が成立するなどとしたものがあり[19]、これに対し自己の名義・計算による場合が横領罪である、などと説明されることがありますが、本人名義で貸付を行った事案を自己の計算において行ったものと認定した上で横領とした判例もあり[20]、あまり明確な区別とは思われません。学説もかつて、権限逸脱の場合が横領で権限濫用の場合が背任にとどまる、などと説明したものがありましたが、同様に思われます。

　そもそも、背任罪は全体財産に対する罪であり、個別財産に対する罪である横領罪等とは異なります。そこで、実務においては、いきなり背任罪の成否を検討するのは相当ではなく、個別財産に対する罪である横領罪等他の財産犯の成否を先に検討し、いずれも成立しない場合に限り背任罪の成否を考えるという順の思考過程を取ることが重要です。たしかに、前回検討した横領罪の構成要件と比較すると、横領罪が成立する場合には、背任罪の構成要件も（ほぼ）

18）大判昭和8・3・16刑集12・275
19）大判昭和9・7・19刑集13・983
20）最判昭和34・2・13刑集13・2・101

充足される関係にあります。したがって，横領罪が成立する場合には，背任罪は成立しないと考えるのが相当です。そして，横領罪が成立する場合とは，実行行為者が個別財産の占有を有している場合であり，背任罪との区別もほぼその点に尽きると言ってよいでしょう。

　本件事例においては，甲がA農協の金融部長としてB社に対する融資を実行するに当たり，その融資金1千万円の占有をいったん自己に移転させていたという事情があれば別ですが，通常そのようなことは考えにくいでしょう。したがって，（業務上）横領罪を検討することは妥当でなく，背任罪を検討すべき事案ということになります。

7　身分のない共犯者

　乙についてはどう考えるべきでしょうか。背任罪は「他人のためにその事務を処理する者」を要件とする身分犯であることは既に述べました。しかし，非身分者であっても，法65条1項が適用され，身分者と共働することにより教唆・幇助犯はもとより，共同正犯にもなり得るというのが判例の立場です。ただ，背任罪は全体財産に対する罪であって，他の財産犯の適用がない場合に補充的に適用されることから，構成要件の当てはまる範囲が比較的広く，身分者はもちろん，非身分者を処罰する場合はなおさら慎重であるべきとも考えられる上，実務でも，非身分者が共同正犯の罪責を問われた場面において，共謀が存在しないとか，共同正犯ではなく教唆や幇助犯に止まる等の主張がしばしばなされるところです。

　判例は，住宅金融専門会社（住専）から多額の借入れをしていた会社の代表取締役が住専の融資担当者から迂回融資を受けた事案において，「融資担当者がその任務に違背するに当たり，支配的な影響力を行使することもなく，また，社会通念上許されないような方法を用いるなどして積極的に働き掛けることもなかった」という事実を認定しつつ，融資担当者らの任務違背，住専側の財産上の損害について高度の認識を有していたことに加え，融資担当者らが自己及び代表取締役を務める会社の利益を図る目的を有していることを認識し，本件

融資に応じざるを得ない状況にあることを利用しつつ，住専が迂回融資の手順を採ることに協力するなどして，本件融資の実現に加担していることなどを認定し，共同正犯であるとの結論を導いています[21]。共同正犯と従犯の区別に関し主観面・客観面の各要素から判断する判例の立場を踏襲したものといえますが，背任罪について具体的適用を行っているものとして参考になるものと思われます。

本件事例において，乙の認識や動機はもちろん，関与の程度についてもこれから捜査しなければ判然としませんが，甲と乙との間に親密な関係が認められるのであれば，乙の無理な要求に甲が従ったとの構図も考えられるところです。甲が背任罪の被疑者として立件の対象となるのであれば，乙は共同正犯となる可能性もあるものと思われます。

8 おわりに

以上見てきたように，甲については，背任罪となる可能性があり，乙もその共同正犯となる可能性があります。他方，（業務上）横領罪は認めにくく，農協の金融部長という立場からは，会社法上の特別背任罪も認められないでしょう。となると，注意しなければならないのは，公訴時効です。業務上横領罪や特別背任罪であれば，法定刑が懲役10年以下ですので，時効は7年（刑訴法250条2項4号）ですが，背任罪の場合，法定刑が懲役5年以下なので，時効は5年（同項5号）です。既に述べたように，背任罪の既遂時期は不正融資案件の場合，融資実行時点となることが多いと思われ，本件についても，時効が完成あるいは切迫している可能性は考えておく必要があります。いずれにしても，立件に至るまでもまだ解明すべき点が多く，いきなり逮捕等を考えるのは慎重でなければなりません。

背任罪と聞くと難しく思われる方もいるかもしれませんが，横領罪のところで述べた財産罪各罪の関係を踏まえれば，一通り検討をした後に最後に検討す

---

21) 最決平成15・2・18刑集57・2・161

べき補完類型ということは明白です。そして，背任罪の各構成要件についても，特に難しいところはありません。ただし，各構成要件は相互に密接に関連しており，例えば任務違背行為該当性や財産上の損害該当性については社会通念をもとに考えることになりますので，商取引上，あるいは各業界や当該組織内のルールや慣習といったことも重要となります。判断に当たっては，謙虚に事実を集める姿勢が求められる類型ともいえるでしょう。

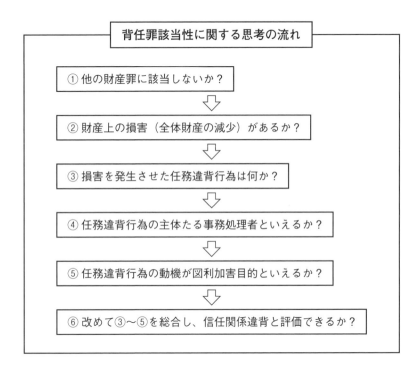

殺人・傷害致死
～ガード下での酒盛りの果てに……～

　M警察署のN警部補は，平成29年11月2日午後9時35分頃，同僚Oとともに管内をパトロールしていたところ，駆け寄ってきた通行人から，「大変です。あっちで喧嘩があり，血を流して倒れている人がいます。」と告げられた。

　Nがその通行人に場所を聞きながら駆け付けると，そこは鉄道のガード下であり，地面に敷かれた作業用シートの上に頭から血を流して倒れている男性1名と，その横で呆然と立ち尽くしているもう1名の男がいた。作業用シートの上には焼酎の紙パックや飲みかけのコップが散乱しており，二人で飲酒中であったものと思われた。

　Nは，救急隊や応援要員を呼ぶようOに要請し，自らは倒れている男性の状況を確認したところ，左側頭部からの出血が顕著であり，既に呼吸や脈がない様子であった。Nは，救急隊の到着を待つまでの間，倒れている男性の横に立っていた男から事情を聴いたところ，男は，自己について甲(63歳)と述べ，倒れている男性については，ホームレス仲間のV(65歳)であると述べた。Vが頭から血を流して倒れるに至った理由については，「自分があの石でVさんの頭を殴った。」と述べ，近くに落ちていた石のようなものを指さした。Nが近づいて確認したところ，長辺が約20センチメートルの直方体状のコンクリート片であり，角の部分には真新しい血痕が付着していた。

　Nが甲に，なぜVを殴ったのか聞くと，甲は，「競輪の車券が当たったので，自分のおごりでVと一緒に酒を飲んでいた。そのうち，Vがいつものように昔自分が当てた車券の自慢話を始めた。うるさかったので，『うるせえ。もう昔の話じゃねえか。』と言うと，Vは何やら言い返してきた。

『こっちは酒を飲ましてやっているじゃねえか。』と言ってやったら，Ｖが『ちょっと当たったくらいで大きな口をきくな。』と言ってきた。それでせっかくおごってやったのに，と頭にきて，近くにあった石で頭を小突いたら，Ｖがひっくり返ってしまった。石はもっと小さい石だと思っていた。こんなに大事になるとは思っておらず，Ｖに死んでほしいと思ったこともない。」などと説明した。また，Ｎが甲の右手を見ると，真新しい擦り傷があった。

その頃，救急隊が到着し，Ｖの状況を確認したところ，Ｖは既に脈や呼吸がなく，瞳孔が開いている状態であった。

Ｎは甲を殺人罪で逮捕できるか。

また，Ｎの質問に対し，甲が，

Ⅰ「自分は殴っていない。一緒に酒を飲んでいたら，上を電車が通ったはずみに，コンクリ片が落ちてきてＶの頭に当たった。Ｖは頭から血を流して苦しそうにしていたが，どうしたらよいか分からずそのままにしていた。」と述べた場合，

Ⅱ「Ｖと一緒に酒を飲んでいたら，野良犬が食べ物を漁ろうと近付いてきたので，追い払うために石を投げつけたら，間違ってＶの頭に当たってしまった。Ｖが頭から血を流して苦しんでいたので，死なせて楽にしてやろうと思い，もう一発その石で殴った。」と述べた場合，

Ⅲ「一緒に酒を飲むうち，Ｖが『もう生活に疲れた。これからまた寒い冬になるし，このまま天国に行っちまいたい。甲ちゃん，酔っぱらったついでにその石で俺を殴り殺してくれないか。』と言ってきたので，そのとおりにしてやった。」と述べた場合

はそれぞれどうか。

〈目　次〉
1　はじめに
2　「人　を」
3　「殺した」
4　故意（殺意）
5　同意殺人（嘱託殺人）との区別
6　おわりに

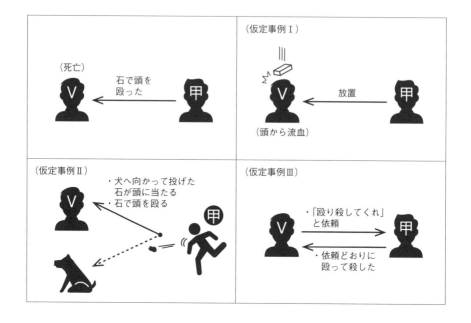

1　はじめに

　本問では、殺人罪・傷害致死罪が問題になります。

　法199条は、「人を殺した者は」死刑又は無期若しくは5年以上の懲役に処するとしており、①「人を」、②「殺した」の意義がそれぞれ問題となります。ただ、実務上は、それ以外にも故意（殺意）を否認したり、正当防衛（・過剰防衛）、あるいは責任能力の主張をしたりすることが多いです（その他、行為と

結果との因果関係を否定したり，殺害について同意を主張したりする場合もあります。）。

結果として他人の死亡結果を引き起こしたとしても，もし，殺人の故意（殺意）が認められなかった場合は，傷害致死罪の限度でしか犯罪は成立しません。法205条は，「身体を傷害し，よって人を死亡させた者は」3年以上の有期懲役に処するとしており，傷害罪（法204条）の結果的加重犯として傷害致死罪を位置付けています。また，もし暴行又は傷害の故意すら認められなければ，過失致死罪しか成立しないということになります。

本件事例では，甲が「Ｖに死んでほしいと思ったことはない」などと述べており，殺人の故意（殺意）を否認する可能性があります。

また，甲が作為による実行行為を否定している仮定事例Ⅰの場合は，不作為犯が，甲が当初の行為は過失によるものと主張する仮定事例Ⅱは，因果関係が，甲がＶから殺害の依頼があったとする仮定事例Ⅲは，同意（嘱託・承諾）の存在や真意性がそれぞれ問題となると思われます。

2 「人 を」

「人」，すなわち殺人罪の客体となり得るのは，行為者以外の自然人です。我が国の法律では，自殺は犯罪とはされていません。

人の始期は「出生」であり，終期は「死」です。しかし，刑法と民法その他の法規とで，その概念は必ずしも一致しません。

まず，「出生」について，刑法上は，一部露出説，すなわち胎児の一部が母胎から露出した時点と捉えられています[1]。民法上は全部露出説が通説なのですが，刑法上侵害の対象となり得る，つまり人として保護の必要があるのは一部露出段階からと考えることになります。

---

1) 大判大正8・12・13刑録25・1367

これに関連し，胎児性致死傷という問題があります。判例上，業務上必要な注意を怠り胎児に病変を発生させることは，人に病変を発生させることに他ならないとし（胎児は母体の一部を構成することが主な理由），胎児が出生後に当該病変に起因して死亡した場合は，業務上過失致死罪になると考えられています[2]。

他方，人の終期は「死」であり，従来，心拍停止，呼吸停止，瞳孔反射消失の3徴候により判断するものとされてきました（心臓死説ともいいます。）。しかし，医学の進歩により，臓器移植や人工呼吸器の技術が発達し，心臓死前に死を認める要請が高まっており，臓器の移植に関する法律（臓器移植法）の施行によって民意による共通認識もできつつあります。そのため，近時は脳死説，特に脳幹を含む脳全体の不可逆的機能喪失をもって死と考える全脳死説が有力とされています。

本件事例ですが，Ｖが自然人であることは客観的に明白です。また，Ｖは，救急隊により，脈や呼吸がなく，瞳孔も開いて（拡散して）いることが確認されました。これらは脳死説はもとより，心臓死説によっても死の3徴候を示しています。そのため，「人」が死に至っているとの結果は間違いないと判断できます。

3 「殺した」

「殺した」とは，故意に他人の生命を自然の死期に先立って断絶したことをいいます。手段・方法の如何は問いません。例えば，被害者自身の行為を利用する場合でも殺人の実行行為たり得ます（被害者を精神的に追い詰め，自らを死亡させる現実的危険の高い行為に及ばせた被告人の行為につき殺人の実行行為に当たるとした判例[3]もあります。）。

このように，他人の死亡結果を発生させる危険のある行為については殺人罪の実行行為たり得ることになりますが，その危険が乏しい行為については，類

2）最決昭和63・2・29刑集42・2・314
3）最決平成16・1・20刑集58・1・1

型的に殺人の故意（殺意）が争われやすいといえますので，警察官の立場としては，行為の客観的状況（行為態様，強度，回数，凶器の有無・種類，位置関係，経緯や行為後の状況等）を可能な限り具体的に明らかにし，その危険性についても，必要に応じ医師その他の専門家の助言を得るなどして明らかにしなければなりません。

　更に難しいのは，不作為犯の場合です。法文上は「殺した」という作為犯の形式で規定されていますが，殺害行為が不作為により行われる場合を排除しているわけではありません。しかし，不作為による殺人罪が認められるためには，作為犯との同視可能性，すなわち㋐作為義務（保障人的地位），㋑作為可能性（因果関係）が必要になります。

　まず，㋐作為義務については，その根拠として，法律，契約，条理（社会通念）が古くから主張されてきました（形式的三分説）。しかし，特に「条理」の内容については不明確なところもあり，また，これらに限る必要もありませんので，（従来の「条理」に代わるものとして）社会的期待（社会的期待説），先行行為・危険創出と因果経過の排他的支配（先行行為説・危険創出説），保護の引受け（具体的依存性説・保護の引受け説），結果原因すなわち結果回避についての引受け・依存の関係（結果原因支配説），排他的支配の獲得（排他的支配領域性説）等が主張されているところであり，いずれも作為義務の根拠として相応に説得的です。近時の判例では，医師の反対にもかかわらず，患者を病院から運び出させ（先行行為），ホテルにおいて患者の手当てを全面的に委ねられていた（排他的支配性），という事例につき，これらを根拠に患者の生命を維持するために必要な医療措置を受けさせる義務（殺人罪の実行行為性）を認めたものがあります[4]。

　また，㋑作為可能性（因果関係）の点については，後に述べるとおり作為犯の場合にも行為と結果との因果関係が要求される以上，不作為犯の場合においても，具体的にどのような作為義務を課すことが相当であって，その作為義務を果たしていれば結果の発生が回避できたのか，ということを考えることになります（これらは仮定の議論ですから，厳密な意味での「因果関係」とは異なることになりますが，広い意味での因果関係として議論されることも多いです。）。判例

4）最決平成17・7・4刑集59・6・403

では、直ちに被告人が救急医療を要請していれば、十中八九被害者の救命が可能であったという事案につき、被告人の不作為と被害者の死亡との間に刑法上の因果関係を認めたものがあります[5]（ちなみに「十中八九」というのは慣用的表現を用いたまでで、合理的疑いを超える程度に、確実に結果回避が可能といえることが必要と解されています。）。

　本件事例についてですが、まず、他人の頭部を長辺が約20センチメートルの直方体状のコンクリート片で殴打（しかも角の部分に付着している血痕からすればその角を使って殴打）する行為は、作為犯であり、十分に殺人罪の実行行為たり得るでしょう（殴打回数や殴打の強度、殴打時の体勢や相互の位置関係、コンクリート片を所持していたのは片手か両手か、甲の利き手がどちらか等については、今後の捜査事項となりますが、殴打が1回だけでも生命の危険を発生させ得る行為です。とりあえずNがやったように、現場保存に留意しつつも、甲の手に傷があるか、Vの身体における創傷の状況や防御創の有無等は見ておくとよいでしょう。また、鑑識活動終了後、コンクリート片を押収し、見分等により重量等を明確にしておくことも有用です。）。

　問題は、不作為犯すなわち仮定事例Ⅰのケースです。実際に高架下からコンクリート片が落下する可能性はそれほど高くはありませんので、慎重に判断する必要がありますが、高架下にコンクリート片が剥がれた痕跡が認められるなどして甲の供述が正しいとすれば、Vの頭部にコンクリート片が当たったのは偶然の事故であり、甲がそれを見ながらそのままにしていたという点に罪責を問えるか、ということになります。

　先ほどの作為義務があるか、作為可能性があるか、という点から考えると、作為可能性については甲が速やかに救急車を呼ぶなどしていれば、死の結果を防げたかもしれません（この点はもちろん捜査の必要があります。）。しかし、それ以前に作為義務を認めることができるかについて、やや疑問があります。甲とVとの間に友人関係を認めることはできる（Vの救護につき一定の社会的期待はある）でしょうが、それ以上にVを助けることができるのは唯一甲しかいない（排他的支配が認められる）というような状況であればまだしも、電車の高架

5）最決平成元・12・15刑集43・13・879

下で通行人もいる時間帯に，単に一緒に酒を飲んでいたというだけで，手をこまねいて見ていた甲に殺人罪の実行行為と価値の等しい不作為（作為義務）を認めるのは厳しいのではないでしょうか。

次に，因果関係の点はどうでしょうか。殺人（既遂）罪として処罰するためには，実行行為と被害者の死亡結果との間に因果関係が必要になります。もし実行行為の着手が認められたとしても，因果関係が否定されれば，殺人未遂罪が成立するにとどまります。

判例は，古くは，結果発生と行為との間に条件関係（行為なければ結果なしとの関係）が認められればよい，という立場でした（条件説）。そして，被告人が過失により被害者の身体に車をぶつけボンネットに乗せて走行中，同乗者が故意に引きずり下ろし死亡させたという事案につき業務上過失致死罪の成立を否定した判例[6]を機に，因果関係に相当性を要求する相当因果関係説に近付いたと言われるようになります。しかしその後，被告人が暴行・遺棄後，何者かが被害者の頭部を角材で殴打し，死期を早める影響を与えたという事案においては，結論として被告人の行為と死亡との間に因果関係を肯定した判例[7]が出ており，相当因果関係説からは説明が困難とされます。

最近の判例[8]は，結果の発生につき実行行為の「危険（性）が現実化した」という言い回しで因果関係を肯定することが多く，更に分析すれば，被告人の行為それ自体の危険性・結果発生への具体性，介在事情の異常性（予見可能性），介在事情の結果に対する寄与度等の点に着目していると指摘されています。

本件事例についてですが，コンクリート片でVの頭部を殴打したという甲の行為については，他にVに死に至り得る病変等がなかったかについてVの司法解剖の結果を待つことになりますが，Vが頭部から血を流して倒れている現時点では，甲の行為とVの死亡結果発生との間に因果関係を否定する事情は乏しそうです。

---

6) 最決昭和42・10・24刑集21・8・1116
7) 最決平成2・11・20刑集44・8・837
8) 最決平成22・10・26刑集64・7・1019，最決平成24・2・8刑集66・4・200等。最決平成15・7・16刑集57・7・950や最決平成16・2・17刑集58・2・169についても同様の考えが根底にあるものと思われる。

これに対し，仮定事例Ⅱにおいては，甲が誤ってコンクリート片をⅤの頭部にぶつけて怪我をさせたという（重）過失傷害に当たり得る行為と，その後故意に基づきⅤを殴って死なせたという，殺人に当たり得る行為との関係が問題になります。判例上，このような過失行為後に被告人自身の故意に基づく行為が介在した事例において，結論としては（業務上）過失傷害罪と殺人罪の併合罪であるとしたものがあり[9]，被害者の死亡結果を二重に評価しないという点では相当と思われます。ただ，最近の判例における因果関係の考えによれば，**本件事例においても，（重）過失致死罪と殺人罪の併合罪と考える余地はありそうです**（死の二重評価をどう考えるかという問題は残りますが）。

4 故意（殺意）

殺人罪も故意犯ですので，故意（殺意）が主観面における成立要件になります。具体的には，自己が人を殺す，つまり自分以外の自然人の生命を自然の死期に先立って断絶することの認識・認容であり，要は，自己の行為が他人の死亡結果を発生させ得ることを認識するかどうかということになります。

実務上は，故意（殺意）を否認することにより傷害致死にとどまる（殺人は成立しません。），あるいは故意（殺意）を認めても未必的にとどまる（殺人は成立しますが量刑上の考慮が必要です。），との主張がよくなされるところです。

主観面を争う場合，認識があったかどうかは客観的事情（間接事実）により判断することとなり，実務上，殺意の認定における間接事実としては，ⓐ犯行の態様（凶器の種類・形状・用法，創傷の部位・程度等），ⓑ犯行の背景・経過・動機，ⓒ犯行中あるいは犯行後の被告人の言動等が指摘されているところです。

---

9) 最決昭和53・3・22刑集32・2・381

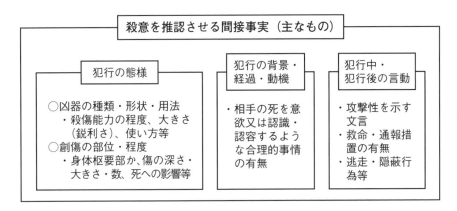

そして、これらは既に述べた行為の客観的状況とほとんどの部分において重複することになります。

本件事例において、甲は、長辺が約20センチメートルである直方体状のコンクリート片を使い、その角の部分でVの頭部を殴打したものと思われ、コンクリート片の重量、殴打回数やその強さ、甲とVの位置関係等はまだ判明していませんが、Vが頭部から血を流して倒れ死亡したことからしても、かなり危険な態様と認められます（もちろん、これらの点を可能な限り明らかにすることが逮捕の判断やその後の捜査においても最も重要な部分です。）。そして、甲がVを殴打した理由についても、Vが「ちょっと当たったくらいで大きな口をきくな。」などと言ったのに対して腹を立てたというものであり、いちおう動機も認められます。

他方、甲が「Vに死んでほしいと思ったこともない。」などと述べているのは否定方向に働く事情ですが、その後の捜査により、総合的に判断することになります（現時点では、確定的故意（殺意）を認めてよさそうです。）。

なお、仮定事例では、Ⅰで作為義務自体を認め難いのは既に述べたとおりであり、ⅡとⅢでは確定的殺意まで認めてよさそうです。

仮に故意（殺意）が否定された場合は、傷害致死罪になります。前述のとおり、法205条は、「身体を傷害し、よって人を死亡させた者は」3年以上の有期懲役に処するとしており、傷害罪の結果的加重犯を傷害致死として処罰する

ものです。傷害罪は暴行罪の結果的加重犯も含みますので（傷害罪は次問で詳しく論じます。），傷害致死罪についても基本犯は暴行罪又は傷害罪ということになります。すなわち，人の身体に対して有形力を行使する（暴行）か，無形的方法又は不作為により人の身体を傷害し，その結果死亡の結果を発生させれば，傷害致死罪になります。

暴行による場合は暴行の故意で足り，それ以外の場合は傷害の故意を要しますが，死亡の結果についての予見可能性は必要ありません[10]。そこで，通常，人を死亡させた場合に殺意があれば殺人罪，殺意がなければ傷害致死罪ということになるわけです。なお，傷害致死罪においても，実行行為と致死結果との間に因果関係が要求されることは言うまでもありません。

5　同意殺人（嘱託殺人）との区別

殺人罪の主体は，これまでの議論から，被害者以外の者ということになります。自殺が現行法において犯罪とされていないことについては，既に述べたとおりです。しかし，自殺関与罪すなわち「人を教唆し若しくは幇助して自殺させ」ることは処罰の対象となります（法202条）。また，同条は，「人をその嘱託を受け若しくはその承諾を得て殺した者」すなわち同意殺人（嘱託・承諾殺人）に及んだ者も同じく6月以上7年以下の懲役又は禁錮に処するとしています。

この法定刑は，通常の殺人罪のそれよりもかなり軽いことから，実務上，「被害者から頼まれた。」との主張もよくなされるところです。しかし，本当に同意殺人罪として処罰するためには，この同意（嘱託・承諾）が真意に基づいてなされたものである必要があり，事案によっては同意の有無及びその真意性の判断が困難な場合もあります。判例上，被害者が被告人による欺罔の結果，被告人の追死を予期して死を決意したとの事実関係がある事案において，その決意は真意に添わない重大な瑕疵ある意思であることが明らかとして，被害者を欺罔・誤信させ自殺させた被告人の行為は（法202条ではなく）通常の殺人罪に

---

10) 最判昭和32・2・26刑集11・2・906

当たるとされています[11]。

　他方、（被害者において嘱託した行為が）死の結果に結びつくことを認識している場合には、たとえ死の結果を望んでいなくても真意に基づく殺害の嘱託と解する妨げにはならず、嘱託殺人が成立するとした裁判例もあり[12]、留意が必要です。

　本件事例において問題となるのは、仮定事例Ⅲのケースです。甲の供述が正しければ、Ｖは「もう生活に疲れた。これからまた寒い冬になるし、このまま天国に行っちまいたい。甲ちゃん、酔っぱらったついでにその石で俺を殴り殺してくれないか。」と述べたとのことであり、これが法202条にいう嘱託（又は承諾）に当たるのかが問題となります。前述のとおり、そもそも同意が存在しないにもかかわらず、自己の刑責を軽減させる目的で虚偽の供述をする者もいるので、注意が必要です。また、実際にそのようなやり取りがあったとしても、それが被害者の真意に基づくかどうかは更に別の問題であり、慎重な判断が求められます。

　本件事例では、酒に酔った者同士が冗談で会話している可能性もある一方、その会話の状況次第では、同意があったと認められる場合もあるものと思われます。

6　おわりに

　結論として、仮定事例Ⅰにおいて、事故によりＶが死亡したと甲が述べ、かつ、甲の供述が客観的状況から正しいと認められた場合は、殺人罪の成立を認めるのは困難であって、逮捕も差し控えるべきでしょう。しかし、それ以外の場合（事例本文及び仮定事例Ⅱ・Ⅲの場合）は、本件事例の甲を殺人罪で現行犯逮捕（刑訴法212条・213条）することは許されると思われます（犯罪の存在が客観的に明白で、かつ、甲の犯人性は、甲とＶが二人で飲酒していたと思われる状況、

11）最判昭和33・11・21刑集12・15・3519
12）大阪高判平成10・7・16判時1647・156

コンクリート片にVのものと思われる血痕が付着していた状況，甲の右手に真新しい擦り傷があった状況，通行人や甲の供述等から犯行を終わって間もないものと明白に認められます。なお，甲の供述のみから現行犯逮捕することは相当ではありませんが，他の客観的状況に併せて甲の供述を判断資料とすることは許されます。）。

　逮捕の種類として緊急逮捕（刑訴法210条）とし，逮捕罪名につき，慎重を期して傷害致死等とする考えもあるかもしれませんが，実務上は，逮捕事実自体は殺人としてよいものと思われます。

　殺人事件は言うまでもなく重大事件であり，その分，慎重な対応が求められます。初動段階において，まず重要なのは，被害者の保護や身元確認，犯人の確保と思われますが，現場を保存し，客観的証拠を収集することも極めて重要です。特に血痕，指紋，足跡，毛髪や体液等は有罪・無罪の決め手となり得る可能性がある一方，事件と無関係の第三者のこれら身体由来の物が混入・汚染されてしまうと，その後の判断に重大な影響を来します。鑑識担当者が到着するまでの間の現場保存は不可欠といえます（併せて，野次馬への対応や交通の安全確保も求められるでしょう。）。また，捜査の見地のみならず，安全確保の見地からも，凶器と思われる物を速やかに発見・確保することが望まれます。

　それから，被疑者と思われる者を確保できた場合は，事情を聴くことになりますが，初期における被疑者の言動は，現行犯逮捕や緊急逮捕の要件判断に当たり重要なのはもちろん，その後の捜査においても，犯人性，殺意の有無，正当防衛の成否や責任能力の有無の判断において重要となります。したがって，被疑者とのやり取りにおける被疑者の言動は，早い段階で詳細にメモするなど，正確な保全が求められます。

　逮捕の判断が難しい場合は，任意同行を求めるなどして，警察署等において事情を引き続き聴くことになると思われますが，それに先立つ権利の告知，任意性確保や事故防止も重要です。また，相手から詳細な供述が得られそうな場合は，その内容の保全も必要でしょう。

　他方，被疑者が早期に確保できない場合は，目撃者の確保や，犯人の逃走経路・方法の解明も重要になるでしょう。

近時は家族間における事案，特に児童虐待事案が社会問題となっています。最も典型的かつ難しいのは，死亡した児童の継父が継続的な暴行を児童に加えており，その実母が傍らで手をこまねいていたようなケースです。

　このような場合，まず継父については，暴行の実行行為が認められますが，「しつけ目的だった。」などと殺意や違法性を否認することが多く，また，個々の暴行と死との因果関係も問題となります。まずは個々の暴行の日時・場所，具体的態様を可能な限り明らかにするという作業を積み重ねることが出発点です。その中で，単なるしつけ目的とそうでない暴行との違いを浮き彫りにすることも可能になるでしょう。

　次に実母については更に難しく，そもそも被疑者たり得るのか，あるいは被害者の遺族にとどまるのかというところから慎重に考えなくてはなりません。継父と共に積極的暴行に出ていた場合は，殺人や傷害致死の共謀が認められることが多いでしょう。もしそうでなくとも，不作為により加担したと見られるようなケースがあるかもしれません。保護責任者遺棄致死罪（法219条，218条）に該当する場合も考えられます。

　これらのいずれに当たるかについては，実母が傍観していた事実をどの罪の実行行為と同等に評価するのかということでもあり，継父の個々の暴行の場面に一緒にいたのか，そうでなくともそれらをいつ認識し，どのように対応したのかが重要となります。背景に継父・実母間のＤＶが存在するようなケースもあり，いずれも重要な情状事実ともなり得ることから，丁寧な真相解明が求められます。

第8問

傷害・暴行
～タイマン勝負と正当防衛～

　M警察署のN警部補は，平成29年12月4日午後8時頃，管内をパトロール中，目撃者からの110番通報に基づく「J公園で少年同士の喧嘩事案発生。1名は怪我をし，もう1名は逃走した模様。」との無線指令を受け，現場のJ公園に向かうよう指示された。そこで，NがJ公園に急行すると，入り口近くのフェンスの横に乙（18歳・男性）が意識のない状態で倒れているのを発見した。近くに立っていた近隣住民のWが既に119番にも通報済みとのことであり，救急車の到着を待つ間，NがWから事情を聴くと，Wは，「帰宅後食事をしていると，若い男同士が言い争うような声が聞こえた。気になって外に出てみたら，J公園の入り口のところにこの人が倒れていたので，携帯電話を使って119番と110番に通報した。一緒にいたと思われる男は，北西の方角に走って逃げた。」と述べた。

　間もなく救急車が到着したので，Nは部下のO巡査部長にWからの聴取内容を伝えた上，乙とともに救急車に乗って病院に向かうと，約20分後，病院に到着する直前の救急車内において，乙の意識は回復した。乙は，到着した病院で医師の診断を受けたところ，特に目立った外傷はなく，一時的な意識障害と思われ，念のため翌日以降の再検査を必要とするが，本日は帰宅可能であるとの診断を受けた。また，乙は，Nからの聴取に対し，「けんかの相手は甲，19歳。最近生意気だと一方的に目をつけられ，タイマン（1対1の喧嘩のこと）で決着をつけようと言われ呼び出された。やられると思ったので，念のため護身用にカッターナイフをジャンパーの右ポケットに入れて持って行ったが，結局取り出していない。公園に着いたとたん，甲が近付き，因縁をつけてきたので，言い返したら，いきなり持っていた金属バットを振り回し始めた。最初は離れた距離から振り回していたので，当たる感じはしなかったが，だんだん近付いてきたので，20メー

トルほど後ずさりした。しかし，後ろにフェンスがあったので逃げ場がなくなり，バットの先が耳元をかすめた瞬間，気を失ってしまった。気付いたら，救急車の中だった。」と述べた。

　その頃，Ｏ巡査部長は，現場の公園から北西方向に約500メートルの地点において，手に金属バットを持った状態で走っていた甲を呼び止め職務質問を行っていた。甲は，Ｏからの質問に対し，「乙から呼び出されて公園に行った。乙とは以前から仲が悪く，喧嘩になるかもしれないとは思っていたので，護身用に，あらかじめバットを持って行った。公園に着くと，乙はまだ来ておらず，待っていたら，乙がいきなり後ろから石を投げつけてきて，それが私の足に当たった。身を守ろうと思い，向き直ってバットを振り回したら，『やれるならやってみろ。そんな度胸ないくせに。怪我させてくれよ。お前も一緒に病院，あるいは警察に行こうぜ。』などと挑発してきた。それで，バットを振り回しながら近付いたら，乙に当たる前に乙が勝手に倒れてしまった。」などと述べ，右足の脛に石が当たったような擦り傷があるのを指し示した。

　Ｏは，Ｎに連絡し，甲の述べる内容を伝え，Ｎから乙に対し再度確認したところ，乙は，「石を甲に向かって１回投げたのは事実だが，それは甲がバットを振り回しながら近付いてきて，フェンスで逃げ場がなくなったからであり，意識を失う直前の場面である。自分の身を守るためだった。」などと述べた。

　Ｎ及びＯは，甲及び乙を傷害ないし暴行罪で逮捕できるか。

〈目　次〉
1　はじめに
2　「人の身体」
3　「傷害した」
4　「暴行を加えた」
5　因果関係
6　故　意
7　正当防衛
8　同意傷害
9　おわりに

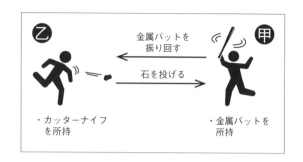

1　はじめに

　本問では，傷害・暴行罪をテーマに取り上げます。喧嘩等の事案は，幅広い年代の被疑者間で発生しており，地域警察官を中心に取り扱う例も多いかと思います。しかし，一見単純そうに見えてそうでもない事案もあります。というのは，被疑者側の主張として，暴行事実自体を否認するもの，偶然当たったなどと犯意を否認するもの，飲酒や病気を理由に責任能力を否定したり記憶がないなどと述べたりするもの，正当防衛・過剰防衛など相手方の落ち度を主張するもの，相手方の同意・了解を含む一定の経緯を主張するものなど様々なものがあるからです。

　したがって，実行行為の態様と結果をまず客観的に確定させることと，双方の言い分をよく聴くことが必要になります。

　本件事例では，甲・乙がいわゆる相被疑者という関係にあり，甲・乙それぞれに生じた結果が傷害といえるか，暴行の有無及び態様，正当防衛の成否や同意の有無等が問題になると思われます。

　いずれにしても，法204条は，「人の身体を傷害した者は」15年以下の懲役又は50万円以下の罰金に処するとし，法208条は，「暴行を加えた者が人を傷

害するに至らなかったときは」2年以下の懲役若しくは30万円以下の罰金又は拘留若しくは科料に処するとしており、「人の身体」、「傷害した」、「暴行を加えた」の意義が問題になりますので、順に見ていくことにします。

2 「人の身体」

　傷害（・暴行）罪の客体たる「人の身体」とは、人の生身のからだのことをいいます。「傷害」のところで説明するように、肉体のみならず、精神的な機能も含まれます。「人」については、**第7問**（殺人・傷害致死）でも説明しましたが、犯人以外の自然人のことであり、出生をもって始まり、死をもって終わる存在を指します。殺人罪との関係で自殺が犯罪とはならないのと同様、自身を傷つける行為（自傷行為）も犯罪とはされていません。胎児についても、**第7問**で説明したとおりで、母体の一部という限りにおいて客体になり得るということになります。

　本件事例では、甲乙の身体はいずれも傷害・暴行罪の客体として、特に問題はありません。

3 「傷害した」

　「傷害」の意義については、学説上対立があります。古くは、毛髪や爪の切断など、皮膚への損傷には至らないものの外観・容貌に変更を加える行為について、傷害と考えるかどうかが問題となりました。人の身体の完全性を侵害する行為と考えれば（完全性侵害説）、これらの行為も傷害となりますが、人の生理機能に障害を与えること、あるいは人の健康状態を不良に変更することと考えれば（生理機能障害説）、他人の毛髪を切除しても傷害ではなく暴行にとどまることになります。前述のとおり、傷害罪と暴行罪とでは法定刑に相応の開きがあることから問題となり、生理機能の障害のみならず身体の外貌への著しい変化も傷害に含めるとの折衷的見解も主張されています。（古いものですが）判

例は，剃刀による毛髪の根元からの切断は傷害に当たらないとしています[1]（ただし，体毛の毛根からの奪取は別に考える余地があります。）。すなわち，判例の立場は生理機能障害説と解されており，近時も，傷害罪の成否につき「被害者の健康状態を不良に変更し，その生活機能の障害を惹起した」かどうかにより判断が示されています[2]。

これに関連して，判断が難しいのが，外見に変更を加えず，精神機能にのみ障害を生じさせるようなケースです。判例の立場からは，このケースも傷害たり得ることとなり，隣家の被害者らに向け，精神的ストレスによる障害を生じさせるかもしれないことを認識しながら，連日朝から深夜ないし翌未明までラジオの音声及び目覚まし時計のアラーム音を大音量で鳴らし続けるなどして，精神的ストレスを与え，よって全治不詳の慢性頭痛症，睡眠障害，耳鳴り症等の傷害を負わせたという事案[3]，被害者を不法に監禁し，その結果，監禁行為やその手段等として加えられた暴行・脅迫により一時的な精神的苦痛・ストレスにとどまらず，いわゆる再体験症状，回避・精神麻痺症状及び過覚醒症状といった医学的な診断基準において求められている特徴的な精神症状が継続して発現していることなどから精神疾患の一種である外傷後ストレス障害（PTSD）を発症させたという事案[4]等において「傷害」該当性が認められています。

傷害の手段については，典型的なものは暴行すなわち身体に対する有形力の行使によるものです。しかし，条文を読んでみると，手段は別に特定されていません。したがって，暴行によらない傷害も，故意に基づき傷害を負わせる限り，傷害罪になります。判例も，「傷害罪は他人の身体の生理的機能を毀損するものである以上，その手段が何であるかを問わないのであり，（本件のごとく）暴行によらずに病毒を他人に感染させる場合にも成立する」としています[5]。先ほど紹介した隣家に向けてラジオや目覚まし時計のアラームを鳴らし続ける手段によるものも，暴行によらない傷害罪のケースといえるでしょう。

---

1) 大判明治45・6・20刑録18・896
2) 最決平成24・1・30刑集66・1・36
3) 最決平成17・3・29刑集59・2・54
4) 最決平成24・7・24刑集66・8・709
5) 最判昭和27・6・6刑集6・6・795

本件事例においては、乙が石を投げたことにより甲の右足の脛に生じた擦り傷は、暴行による傷害に当たることにあまり問題はないでしょう。他方、乙は甲が金属バットを振り回したことで倒れ、病院に救急車で搬送されましたが、それはバットが身体に当たったことによるものではなく、耳をかすめたことで恐怖ないし驚愕により気を失ったという経緯のようです。そして、意識を失っていた時間は、約20分間ということでした。これを「傷害」と呼んでよいかどうかは大変難しいところであり、結局は「健康状態の不良変更・生活機能の障害が生じた」といえるかどうか、医学的判断を待つことになるでしょう。仮に傷害に至っていないとした場合は、甲の行為が暴行罪の構成要件に当たるかどうかとなり、この点は次の項目で検討します。

4 「暴行を加えた」

刑法上、暴行は様々な場面で登場します。一番狭い意味では、強盗罪（法236条）の暴行のように、人の反抗を抑圧するに足りる（かつ、財物奪取に向けられている）人に対する有形力の行使であることが必要なもの（最狭義の暴行）があり、広い意味では、公務執行妨害罪（法95条）のように、人に向けられていれば物に対して加えられた有形力（いわゆる間接暴行）でもよいもの（広義の暴行）もあります（ちなみに、最も広い意味では騒乱罪（法106条）等における、人のみならず物に対する有形力の行使を含むもの（最広義の暴行）があります。）。法208条の「暴行」はこのうち、強盗罪等と公務執行妨害罪等との間、つまり人の身体に対する有形力（物理的な力）の行使をいうとされています（狭義の暴行。反抗抑圧等は要件でなく、しかし物に対して加えられた有形力は含みません。）。

とはいえ、判例上、暴行罪の「暴行」は比較的緩やかに解されているといわれています。被服をつかんで引っ張り、又は取り囲んで自由を拘束し電車に乗り込むのを妨げる行為について「人の身体に対する不法な一切の攻撃方法を含み、性質上傷害の結果を惹起すべきものである必要はない」旨示して暴行に当たるとします[6]。

---

6) 大判昭和8・4・15刑集12・427

有形力の行使は物理的な力と考えられていますので，音，光，電気，熱等の作用を及ぼすものでも構いません。例えば，被害者の身辺近くにおいてブラスバンド用の大太鼓，鉦(かね)等を連打し頭脳の感覚が鈍り意識朦朧たる気分を与え又は脳貧血を起こさせ息詰まるような程度にさせたときは暴行に当たります[7]。

身体への直接の接触も要件ではないとされ，狭い四畳半の室内で脅かすために日本刀の抜き身を振り回す行為も暴行とされます[8]。大声で悪口を浴びせ，瓦の破片を被害者の方に投げつけ，怒鳴りながら鍬(くわ)を振り上げて追いかける気勢を示す行為も暴行です[9]。

このように考えると，公務執行妨害罪等の暴行（広義の暴行）と暴行罪の暴行（狭義の暴行）とは，実際のところは区別がなかなか難しいと思われます。ただし，暴行罪というためには「有形力の行使」つまり通説によれば物理的な力が加えられたことは必要であり，常に「傷害未遂＝暴行罪」となるわけではないことに留意が必要です（暴行罪にいう暴行を加え，傷害に至らなければ暴行罪ですが，傷害罪の中には病毒感染，執拗な嫌がらせ等，暴行罪にいう暴行を用いないケースも含まれ得るためです。）。

本件事例においてはどうでしょうか。

甲から乙に対するバットの振り回し行為については，まず身体に当てられていれば暴行に当たることは明白でしょう。問題は**当たっていなかった場合ですが，耳元をかすめたという状況はあったようですから，判例の立場からは，「人の身体に対する」有形力の行使といってよいと思われます**（したがって，警察官の立場からは，現実にどのくらいの距離までそれぞれの身体及びバットの先が近付いたのかについて，実況見分等で明らかにしておくことが求められます。）。

乙から甲に対する投石行為についても同様に考えます。身体に当てられていればまず暴行と考えてよいでしょう（ただし，「当てるつもりはなかった」，つまり故意に欠けるとの主張は考えられます。）が，**当たっていなかった場合は，どの方向に向かってどのくらいの力でどのように投げられたのかが重要になってき**

---

[7] 最判昭和29・8・20刑集8・8・1277
[8] 最判昭和39・1・28刑集18・1・31
[9] 最判昭和25・11・9刑集4・11・2239

ます。これらの客観的状況から，身体に対して投げられていると評価できれば暴行ということになります。

5 因果関係

傷害罪において，行為と傷害結果との間に因果関係が必要なのは当然です。因果関係については，第7問でも詳しく述べました。現在は，行為の危険が現実化したといえるか，あるいは相当因果関係の有無により判断するのが多数説です。

本件事例において，甲の脛の怪我が乙の投石により生じたことは概ね問題なさそうです（もちろん，傷及び凶器たる石を特定しその客観的状況を照合すること，医師による専門的判断を得ることが求められます。）。他方，乙の意識障害を傷害と解した場合，甲のバット振り回し行為に起因するといえるかは問題となるかもしれません。意識を失ったタイミングや前後の状況からすれば，常識的には因果関係ありとしてよさそうですが，乙の持病の有無，当時の飲酒・服薬等の有無を含めた健康状態，意識障害の生じた経緯や考え得る原因等については，乙及び専門医からの聴取等によってできる限り具体的に，明らかにしたいところです。

一般論としては，暴行による傷害事案の場合，暴行は傷害結果を生じる危険性を含んでいる場合が多いので，問題となりにくいように思われます。しかし，実務上は致死事案同様，傷害事案についてもしばしば因果関係が争点となります（情状，量刑面での主張としてなされることも多いです。）。裁判においては，結果が重大なほど重く処罰される傾向が強いからであり，傷害結果の重い事案や，行為に比べて意外と思われる結果が生じているような事案については，争点となりやすいので注意が必要でしょう。

6 故意

暴行罪は故意犯ですから，主観的要件としての故意が必要です。暴行の客観

面について検討したことを踏まえると，故意の内容としては，「人の身体に対し不法に有形力を行使することの認識・認容」と解されます。未必的認識でも構いません。

傷害罪も，基本的には故意犯です。したがって，傷害罪の故意は，「被害者の健康状態を不良に変更し，その生活機能の障害を惹起することの認識・認容」ということになります。

もっとも，法208条の文言をもう一度読んでみてください。「暴行を加えた者が人を傷害するに至らなかったとき」暴行罪として処罰されるとあります。つまり，傷害罪には，暴行罪の結果的加重犯，つまり暴行の故意のみをもって（傷害の故意まではなく）暴行罪にいう暴行を加え，結果として相手に傷害結果を生じさせた場合も含まれるということです。他方，既に述べたように，傷害罪の中には暴行によらない場合も含まれますが，その場合は，傷害が発生しなければ，暴行罪すら成立しないことに留意が必要です。

本件事例においては，甲乙いずれも少なくとも暴行の故意はあったとしてよいでしょう（乙の投石行為については，甲に対して投げつけていなければ問題となり得ますが，身体以外の方向に向かって投げた石が跳ね返って当たったような事情は見当たりません。）。

7 正当防衛

最大の問題はそれぞれの主張のうち，正当防衛の成否です。法36条1項は「急迫不正の侵害に対して，自己又は他人の権利を防衛するため，やむを得ずにした行為は，罰しない」としており，①「急迫性」，②「不正の侵害」，③「防衛の意思」，④「相当性」の各要件がいずれも認められる場合は正当防衛として違法性が阻却されることになります。

①急迫性については，法益の侵害が間近に押し迫ったことすなわち法益侵害の危険が緊迫したことをいいます[10]。法益侵害が現に存在する場合に限られないのは被害の緊迫した危険にある者は，加害者が現に被害を与えるに至るま

で，正当防衛をすることを待たなければならない道理はないからです。

侵害を予期していた場合でも，そのことから直ちに急迫性が失われるわけではありません[11]。したがって，喧嘩であるからおよそ正当防衛が成立しないというわけでもなく，喧嘩の場面でも正当防衛が成立することはあり得ます[12]。

しかし，単に予期していた侵害を避けなかったというにとどまらず，その機会を利用し積極的に相手に対して加害行為をする意思で侵害に臨んだときは，もはや侵害の急迫性の要件を満たさないものとされます[13]。前述のとおり，法は予期された侵害を避けるべき義務を課しているわけではありませんが，積極的加害意思を有する場合まで正当防衛行為として許容するわけではないということです。

実際の事例，特に侵害が予期された場合になお，急迫性が認められるかどうかは個別具体的事情から総合的に判断するしかありません。近時も，「行為者と相手方との従前の関係，予期された侵害の内容，侵害の予期の程度，侵害回避の容易性，侵害場所に出向く必要性，侵害場所にとどまる相当性，対抗行為の準備の状況（特に，凶器の準備の有無や準備した凶器の性状等），実際の侵害行為の内容と予期された侵害との異同，行為者が侵害に臨んだ状況及びその際の意思内容等を考慮し」，積極的加害意思を有する場合など法36条の趣旨に照らして許容されるものとはいえない場合には侵害の急迫性の要件を満たさないとした判例[14]があります。

警察官においては，単に最終的な傷害ないし暴行の状況一点のみを聴取すればよいわけではなく，そこに至る経緯や一連の攻撃防御状況を詳細に聴取する必要があるということです。

②不正の侵害については，全体としての法秩序に反し，法益に対する危険を生じさせる行為をいいます（法37条の緊急避難と異なり，正当防衛は「正対不正

---

10) 最判昭和24・8・18刑集3・9・1465等
11) 最判昭和46・11・16刑集25・8・996
12) 最判昭和32・1・22刑集11・1・31
13) 最判昭和52・7・21刑集31・4・747
14) 最決平成29・4・26刑集71・4・275

の関係」がある場合に限り認められると説明されます。)。そのため，正当防衛行為や緊急避難行為に対する正当防衛も認められません。

　問題は，自招侵害の場合です。急迫性が正当防衛の成立要件の一つであり，相手方の侵害を予期しつつ積極的加害意思をもって侵害に臨んだときは急迫性が否定される結果として正当防衛が否定されることは既に述べましたが，そもそも先に相手方に暴行を加えるなどして相手方から攻撃を受ける状況を自分から作出したような場合にも同様に考えてよいかという問題です。この点，「被告人は，A（仮名）から攻撃されるに先立ち，Aに対して暴行を加えているのであって，Aの攻撃は，被告人の暴行に触発された，その直後における近接した場所での一連，一体の事態ということができ，被告人は不正の行為により自ら侵害を招いたものといえるから，Aの攻撃が被告人の前記暴行の程度を大きく超えるものではないなどの本件の事実関係の下においては，被告人の本件傷害行為は，被告人において何らかの反撃行為に出ることが正当とされる状況における行為とはいえないというべきである。」とした判例[15]が出ており，不正な行為により自ら侵害を招いた場合，相手方の攻撃がその行為と大きく均衡を失するようなものでなければ，急迫性ないし積極的加害意思の有無を検討するまでもなくそもそも正当防衛が許されないとしています。客観的に見て，「正対不正の関係にあるか」というのは，判断の一つの目安となるものと思われます。

　③防衛の意思については，不要説もありますが，判例は必要説に立っています[16]。特に，「防衛に名を借りて被害者に対し積極的に攻撃を加える行為は，防衛の意思を欠く結果，正当防衛のための行為と認めることはできないが，防衛の意思と攻撃の意思とが併存している場合の行為は，防衛の意思を欠くものではないので，これを正当防衛のための行為と評価することができる」とした判例[17]が参考になるところです。

　また，防衛の意思は，連続的に行われた暴行（防衛行為）の際，途中から急迫不正の侵害が存在しなくなったのではないかと疑われる事例においても，重

---

15) 最決平成20・5・20刑集62・6・1786
16) 最判昭和46・11・16（注11と同），最判昭和60・9・12刑集39・6・275等
17) 最判昭和50・11・28刑集29・10・983

要なメルクマールとなります。喧嘩闘争は往々にして時間の経過とともに場所や態様を変えながら継続するところ，当初は急迫不正の侵害が存在していても，途中から相手の攻撃が止むこともあるからです。このような場合について，判例は，正当防衛や過剰防衛が認められる一連の防衛行為と評価できるかにつき，㋐時間的・場所的連続性が認められることを前提に，㋑侵害の継続性及び防衛の意思の有無という点からそれぞれの防衛行為が性質を同じくするか，それとも断絶があるかという見地から判断しています[18]。

④相当性について，判例は，急迫不正の侵害に対する反撃行為が，自己又は他人の権利を防衛する手段としての必要最小限度のものであることを意味するとしています[19]。そして，同判例は，反撃行為がその限度を超えず，したがって侵害に対する防衛手段として相当性を有する以上は，その反撃行為により生じた結果がたまたま侵害されようとした法益より大であっても，その反撃行為が正当防衛行為でなくなるものではないと解すべきとしており，相当性の判断基準については，結果よりも反撃行為が侵害に対する防衛手段として相当かどうかに着目すべきとしています。下級審の裁判例の中には，結果の重大性に言及しているものもありますが，行為と結果とのどちらか一方のみに着目するのではなく，双方に着目した上で，まずは行為としてどの程度のものであったのかを検討すべきということだと思われます。

```
────── 【正当（過剰）防衛の成否・チェックポイント】──────
 ①急迫性はあるか
    □積極的加害意思を有するのではないか？
 ②不正の侵害があるか
    □自招侵害に当たるのではないか？
 ③防衛の意思はあるか
    □断絶はないか（一個又は一連の行為と評価できるか）？
 ④相当性が認められるか
    □反撃行為が防衛手段として相当か？
```

なお，正当防衛状況があるものと誤信して行為に及んだけれども，実際には

---

18) 最決平成20・6・25刑集62・6・1859
19) 最判昭和44・12・4刑集23・12・1573

そのような状況が存在していなかったという場合もあります。いわゆる誤想防衛の問題です。正当防衛状況が存在しない以上は、客観的には正当防衛は成立しないことになりますが、主観的には自己の行為が適法な行為と考えてのものですから、(違法性阻却事由についての)事実の錯誤があるものとして、(責任)故意が阻却される(つまり処罰されない)と解するのが通説です。

では、本件事例ではどう考えればよいでしょうか。以上の各要件に照らして考えます。

まず、甲は金属バットの振り回し行為について、乙から石を投げられたのに対する防衛行為であったかのような主張をしています。これに対し、乙は投石行為について、甲からバットを振り回されたことに対する防衛行為であると主張しています。したがって、乙の投石行為がいつの時点であったのか、事実を確定しなければなりません。甲乙の供述が相互に矛盾する関係にあるからです。それぞれの言い分をしっかり聞くとともに、特に投石行為の状況を客観的に明らかにする必要があります。甲の主張の中には「後ろから石を投げられた」という部分がありますが、それと脛の傷との整合性(具体的にどの場所に当たっているか、どの向きから当たっているか等)が問題になり得ます。また、凶器の石については、ぜひ特定したいところです。特定できれば、もともとどこにあったのか、事件直後はどの位置に落ちていたのかにより、供述の信用性の判断資料とできます。

仮に甲が先にバットを振り回し始めたのに対して乙が石を投げたのであれば、乙の行為について、正当防衛すなわち①「急迫性」、②「不正の侵害」、③「防衛の意思」、④「相当性」のいずれもが認められる可能性があります。乙は甲からの侵害を予期していたとはいえ、未だ持っていたカッターナイフも取り出していない状況のようで、乙が先に手出しするなど自招侵害といえるような事情もうかがわれず、乙の側に積極的加害意思まで認められるかどうか疑問の余地があるからです(この判断に当たっては、どちらが相手を呼び出したのかも重要なポイントとなり、架電・通話状況等から明らかにしたいところです。)。この場合、先に攻撃を始めた甲の側にはバットの振り回し行為について各要件が欠け(あるいは自招侵害ないし正当防衛行為に対する行為として)、正当防衛が成立する余地は乏しいでしょう。

他方，先に乙が投石行為を行った場合は，乙の側には正当防衛は成立しません（①急迫性も②不正の侵害も存在しません。）から，乙には傷害罪が成立します。では甲の側に正当防衛が成立するかといえば，その点にも疑問があります。①急迫性の点では，投石行為が単発で終わっている可能性があり，その後の乙からの攻撃状況が明白でない上，甲は乙からの挑発に乗って攻撃をしたようなことも述べており，積極的加害意思が存在した可能性があるからです。④相当性の点でも，投石行為自体は危険な行為ですが，金属バットを振り回し続ける行為が防衛手段として必要最小限度のものといえるか，疑問の余地があります。

8 同意傷害

 なお，甲の側からは，傷害について同意があったとの主張がなされる可能性も検討する余地があります。甲の供述では，乙が「やれるならやってみろ。そんな度胸ないくせに。怪我させてくれよ。お前も一緒に病院，あるいは警察に行こうぜ。」などと言ってきた，とあるからです。

 被害者の同意があった場合の傷害罪の成否については，常に不可罰であるとの見解もあります。傷害罪には，法202条（同意殺人・自殺関与）のような規定がなく，自傷行為は不可罰とされており，これへの関与も不可罰である以上，同意傷害も不可罰と解すべき，などという立場です。また，全ての同意傷害が不可罰なのではなく，生命の危険を生じるような重大な傷害についての同意は無効，あるいは身体の枢要部分に対する回復不可能な永続的損傷については違法性が阻却されないとする立場もあります。前述の法202条の規定の存在，あるいはいかなる傷害行為も同一に考えることの不当性などからです。

 判例は，「被害者が身体傷害を承諾した場合に傷害罪が成立するか否かは，単に承諾が存在するという事実だけでなく，右承諾を得た動機，目的，身体傷害の手段，方法，損傷の部位，程度など諸般の事情を照らし合わせて決すべきものである。」とし，過失による自動車衝突事故であるかのように装い保険金を騙取する目的をもって，被害者の承諾を得てその者に故意に自己の運転する自動車を衝突させて傷害を負わせた場合につき，右承諾は，保険金を騙取する

という違法な目的に利用するために得られた違法なものであって，これによって当該傷害行為の違法性を阻却するものではない[20]としており，同意があっても社会的相当性がない場合は無効とする立場です（逆にいえば，その程度に至らない同意傷害については，不可罰ということになります。その場合，構成要件該当性を欠くとの主張もありますが，違法性が阻却されると考えるのが通説です。）。

　本件事例についてですが，仮に甲の述べるとおりの乙の発言があったとしても，それは挑発行為であり，そもそも傷害の真の同意であると評価できるか大いに疑問があります。仮に傷害の同意であるとした場合は，判例の立場からは，社会的相当性があるかどうかということになり，病院や警察へと道連れにするための同意が，社会的相当性の範囲内にあるかという問題になると思われます。

9　おわりに

　本件事例については，甲と乙の言い分がかなり食い違っており，それぞれの供述を前提とした場合の結論については，「7　正当防衛」の最後の方で述べたとおりです。甲について傷害罪又は暴行罪が成立する可能性が高い一方，乙については傷害罪につき正当防衛の成立する可能性があります。ただ，乙がポケットに持っていたカッターナイフに関しては，その大きさや携帯状況によっては，銃砲刀剣類所持等取締法違反に触れる可能性もあります。双方の逮捕の要否については，それぞれの処罰感情やいずれも少年であること等についても考慮の必要があるものと思われます。

　いずれにしても，冒頭でも述べましたが，傷害・暴行事案は双方の感情的な対立などもあり，様々な主張が想定されるところです。実行行為の態様と結果を客観的に確定することが出発点となりますので，目撃者の確保や，防犯カメラの映像がないか確認することが重要です（本件事例では，110番通報をしたWから目撃内容を詳細に聴く必要があります。）。傷害の部位・程度・機序を明らか

20）最決昭和55・11・13刑集34・6・396

にするため，速やかに医師の診察を求め，診断についての所見を得るとともに傷害部位の撮影等によりその状況を保全する必要があります。凶器を使用した事案については，その特定と押収手続が必要です。もちろん，現場の客観的状況について，実況見分等により明らかにする必要があります。

　また，双方の言い分をよく聴くことも重要です。裏付けが可能な部分は裏付け捜査を実施し，経緯・動機・責任能力等を明らかにする必要があります。例えば本件において，呼び出したのがどちらか，言い分が食い違っていますから，それぞれの同意を得て携帯電話の発着信履歴を確認するなどすれば，どちらの言い分がより信用できるか，判断が可能になるでしょう。実行行為に関する部分についても，可能な限り詳細な供述を得た上で，実況見分等を実施するなどすれば，一連の行為の自然性や他の客観的証拠との整合性等を判断できるでしょう。現場においては，負傷した被害者の保護や，落ち着かない状態にある被疑者の確保・説得等，緊急の対応に追われることが想定されますが，被害者・被疑者・目撃者の初期段階供述も重要ですので，組織的かつ迅速な対応が求められるといえます。

逮捕・監禁，略取・誘拐
～デート代を返すか寄りを戻すか～

　M警察署のN警部補は，平成30年9月1日午前10時頃，宅配ピザ店の店長Wから，次のとおり相談を受けた。

　「当店でアルバイトとして雇っていた者同士で，昨夜トラブルがあり，相談に来ました。21歳の大学生甲は，当店のアルバイト仲間として知り合った女子高生のV（17歳）と昨年末頃から交際を始め，自らのアルバイト代のほとんどをVの携帯電話代や服飾品代の支払いに充てていました。しかし，今年の夏前になり，Vには別に好きな相手ができたようです。Vは甲に別れ話を切り出していましたが，甲は別れたくないと機嫌を損ねていました。甲は，これまでにVのために支出した約30万円の返済を求めると言い出し，昨日も午後6時頃，歩いていたVに対し，『ちょっと話がある。市内のXレストランまで来てほしい。』などと声を掛け，車（普通乗用自動車）に乗せ連れ出しました。Vは当初，単なる食事と話し合いのつもりで乗車し，約15分後，実際にXレストランに二人で入店して，甲と食事をしながら，話し合ったそうです。甲は，別れ話を撤回するか，30万円を返済するかのどちらかを選ぶようVに求め，Vはそれに対して明確な回答をできなかったため，話し合いは平行線に終わったとのことでした。

　二人で店を出た後，甲は，『家まで送る。』と言ってVを車に乗せ，午後7時頃，車を出発させたところ，Vは部活動で疲れていたこともあり，助手席で眠り込んでしまったようでした。

　午後7時15分頃，甲はVの家の前を通過しましたが，車を止めず，時速約40キロメートルで郊外に向かって車を走らせ続けました。午後7時半頃になって，目を覚ましたVが車外を見て自宅から離れた郊外を走っているのに驚き，甲に対し，『下車したい。』と申し出たそうですが，甲はそ

のまま時速約40キロメートルで車を走らせ続けました。

　午後７時45分頃，Ｖが目覚めてから３度目の信号待ちで停車している間に，Ｖは意を決して車から降り，後ろから来るタクシーに向かって走り出したところ，足がもつれて転倒し，右ひざを擦りむいて全治約１週間の擦過傷を負いました。

　甲はＶが車内で寝ている間だと思いますが，その日の午後７時20分頃，二人のアルバイト先の店長である私に対して電話をしてきて，『Ｖを預かっている。Ｖは明日のシフトに入っているだろう。Ｖを帰してもよいが，そのためにはあなたが30万円を払ってくれないか。』などと要求してきました。私は，払う理由もないので断りましたが，Ｖの身の安全を心配していたところ，午後８時過ぎ，Ｖの携帯電話にやっと連絡が取れ，Ｖが右ひざを擦りむいた以外には無事であり，後にタクシーで帰宅したことが分かりました。そして，Ｖから聞き取った内容と，甲から私にかかってきた電話の内容を総合し，これまでお話しした状況が判明した次第です。とはいえ，このような事態を知ってしまった以上，私限りで止めるわけにもいかず，また，Ｖの今後のことも心配で，相談に来ました。」

　甲に対し，どのような犯罪が成立するか。もしその犯罪による立件のため，被疑事実を構成するに当たり，行為の開始時点は，いつと解するべきか。

〈目　次〉
1　はじめに
2　「不法に人を」
3　「逮捕し，又は監禁した」
4　逮捕等致死傷
5　「未成年者を」
6　「略取し，又は誘拐した」
7　営利目的等略取・誘拐罪
8　身の代金目的略取・誘拐罪，身の代金要求罪
9　おわりに

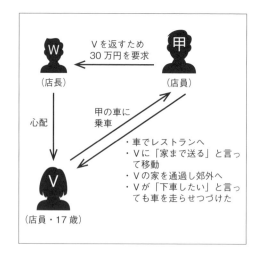

1　はじめに

　本問では逮捕・監禁や略取・誘拐を扱います。いずれも自由，特に行動の自由（身体活動や場所的移動の自由）に対する罪とされます。

　法220条は，「不法に人を逮捕し，又は監禁した」者は3月以上7年以下の懲役に処するとします。また，法224条は，「未成年者を略取し，又は誘拐した」者は3月以上7年以下の懲役に処するとします。法225条は「営利，わいせつ，結婚又は生命若しくは身体に対する加害の目的で，人を略取し，又は誘拐した」者は1年以上10年以下の懲役に処するとします。

　これらの条文を見てお分かりのように，条文のつくり自体はそれほど複雑なものではありません。結局のところ，「逮捕」，「監禁」，「略取」，「誘拐」それぞれの文言をどう捉えるのかに尽きると言ってもよいでしょう。

　そしてこの点は，各保護法益をどう考えるかにも関連し，争いがあるところです。後で詳しく述べますが，一般的には，略取・誘拐等は，行動の自由に加え，被害者の安全を保護の対象に含めているなどと解されています。また，それぞれの区別が意外に難しかったり，各罪の関係が問題となったりもします。

以下,「不法に人を」,「逮捕し,又は監禁した」,「未成年者を」,「略取し,又は誘拐した」,「営利,わいせつ,結婚又は生命若しくは身体に対する加害の目的で」の意義につき,順に見ていくこととします。

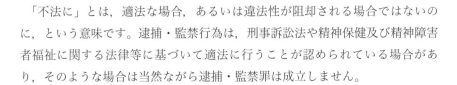

2 「不法に人を」

「不法に」とは,適法な場合,あるいは違法性が阻却される場合ではないのに,という意味です。逮捕・監禁行為は,刑事訴訟法や精神保健及び精神障害者福祉に関する法律等に基づいて適法に行うことが認められている場合があり,そのような場合は当然ながら逮捕・監禁罪は成立しません。

また,法令上の根拠がなくとも,正当防衛(法36条)や緊急避難(法37条)その他の違法性阻却事由が認められる場合には,逮捕・監禁罪は成立しません。親の子に対する懲戒権の行使やスパルタ式訓練,宗教上の儀式,労働争議,泥酔者や精神障害者等に対する行為等に関して問題となり得ますが,行為の目的や具体的態様等,個別事案の事実関係に照らして社会的相当性が認められるかどうかを判断することになります。加えて,被害者の真意に基づく同意がある場合にも,違法性は阻却されます。

「人」とは,自然人を指します。逮捕・監禁罪の保護法益は行動の自由(場所的移動の自由)であることを前提に,行動(移動)の意思・能力を有する者に限られるかについては,争いがあるところです。通説は,およそ行動の能力を欠く生後間もない嬰児等に対しては成立しないものの,行動の自由は可能性で足り,必ずしも被害時点で存在する必要はないとしています。生後1歳7か月の幼児に対する監禁罪を認めた裁判例も存在するところです[1]。移動したいと思ったときにその場から移動できない限りは法益が侵害されているともいえますから,泥酔者や熟睡者に対しても逮捕・監禁罪は成立し得ることになります。

被害者において,逮捕・監禁されていることの認識が必要かどうかについても争いがあります。前記のとおり,行動の自由が可能性で足りるとすれば,不

---

1) 京都地判昭和45・10・12刑月2・10・1104

要であるとするのが論理的な帰結であり、通説です（強姦（当時）する目的を秘して偽計を用いて被害者を自動車に乗せ、疾走させた事例について監禁罪を認めた裁判例[2]があります。）。

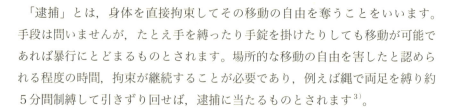

3 「逮捕し、又は監禁した」

「逮捕」とは、身体を直接拘束してその移動の自由を奪うことをいいます。手段は問いませんが、たとえ手を縛ったり手錠を掛けたりしても移動が可能であれば暴行にとどまるものとされます。場所的な移動の自由を害したと認められる程度の時間、拘束が継続することが必要であり、例えば縄で両足を縛り約5分間制縛して引きずり回せば、逮捕に当たるものとされます[3]。

「監禁」とは、一定の場所から出ることを困難にしてその移動の自由を奪うことをいいます。手段は問わず、偽計による場合でも構いません[4]。

閉鎖的な空間に閉じ込める場合に限らず、バイクの荷台に被害者を乗せ疾走させる行為も監禁に当たり得ます[5]。脱出が著しく困難であれば脱出不可能とまでいえる必要はなく、深夜、海上の沖合に碇泊中の漁船に婦女を閉じ込めれば監禁に当たります[6]。同様に、逃走の機会があっても、後難をおそれて逃走することができないようにした場合も監禁罪が成立します[7]。

「逮捕」と「監禁」の区別は移動の自由の奪い方が直接的か間接的かの違いにありますが、条文・法定刑を同一にしており、区別の実益はあまり大きくありません。逮捕に引き続き監禁が行われた場合は、法220条の包括的一罪となります[8]。また、手段としての暴行・脅迫は逮捕・監禁罪に包含ないし吸収されます[9]。

2）広島高判昭和51・9・21刑月8・9＝10・380
3）大判昭和7・2・29刑集11・141
4）最決昭和33・3・19刑集12・4・636
5）最決昭和38・4・18刑集17・3・248
6）最決昭和24・12・20刑集3・12・2036
7）最決昭和34・7・3刑集13・7・1088
8）最大判昭和28・6・17刑集7・6・1289

逮捕・監禁罪も故意犯ですから，不法に人を監禁して行動の自由を奪うことについての認識・認容が必要となります。

本件事例についてですが，まず客観面において，Vの行動（移動）の自由が制限されたのは，甲がVを普通乗用自動車に乗せ疾走させた行為によってです。この行為は，直接的にVの身体を拘束したというよりは，間接的に行動（移動）を困難にしたという方が近く，逮捕よりは監禁と評価するのが自然でしょう（Vはシートベルトを着用していたかもしれませんが，それは必ずしも甲が強制したからとはいえないでしょう。）。

問題は，途中Xレストランにおいて二人で車を降り一緒に食事をしていることと，その後Vの自宅前を通り過ぎているとはいえ，何度か信号待ちで停車をしていることでしょうか。

〈時系列〉

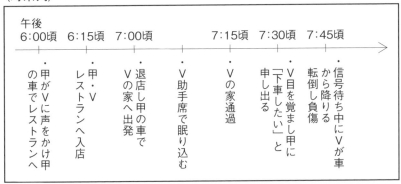

まず，Xレストランについては，甲が誘ったのに対してVがこれに応じたという経緯のようです。甲としては，当初からVを監禁するつもりで食事に誘った可能性もありますが，Vが甲と一緒とはいえ自らも食事のためレストランで車を降りていることからすれば，少なくとも客観的にはその時点でVの行動（移動）の自由は存在していたように見えます（それ以上に，甲が暴行や脅迫を用いてVに同行を強いていたような事情はうかがわれません。）。

主観面に関する甲の供述を得られていない段階で即断はできませんが，これ

9）大判昭和11・5・30刑集15・705，最決昭和42・4・27刑集21・3・470

までの経緯においてレストランでVが甲の説得に応じなかったため，甲がVの監禁を決意したと見ることも可能です。

したがって，レストランを出発する時点を監禁の開始時点と見ることが，一番自然のように思われます。

判例上，行先を欺いて被害者を車に乗せて疾走し，途中の地点で騙されたことに気付いた被害者が停車を求めたものの，最終的に被害者が車外に逃げ出すまで引き続き走行した，という本件事案と類似した事案において，被害者が気付いた途中の地点からではなく，騙して車に乗せた当初の地点から被害者が逃げ出した最終地点までの監禁罪の成立が認められています[10]。

信号待ちの点も，理屈の上では，Ｖにとって脱出が不可能ではない状況といえるかもしれません。3回目の信号待ちで現に車から脱出したとあれば，尚更でしょう。

しかし，被疑者がアクセルをいつでも踏むことのできる状況で，逃げる素振りを示せば，安全に脱出することが可能な状況とはいえず，脱出が困難な状況は継続していたというべきでしょう。信号待ちをした事実をもって，監禁の状態が中断したとはいえません。

4 逮捕等致死傷

法221条は，「前条の罪を犯し，よって人を死傷させた者は，傷害の罪と比較して，重い刑により処断する。」として，法220条の逮捕・監禁罪の結果的加重犯を規定しています。

そのため，逮捕・監禁行為と人の死傷結果との間には，因果関係が必要となります。

因果関係については，第7問（殺人・傷害致死）で詳述したとおりですが，結果の発生につき実行行為の危険性が現実化したかどうかを判断するのが近時

---

10) 最決昭和33・3・19（注4と同）

の判例の傾向です。逮捕・監禁致死傷にあっては、致死傷の結果が逮捕・監禁行為又はその手段である行為から生じた場合はもちろんですが、被害者や第三者の行為による場合であっても、因果関係を肯定できる場合があります。

　例えば、3階の部屋に監禁された被害者が窓から飛び降りて死亡した事案[11]、被害者が自動車のトランクに監禁されていたところ、後方車両が追突し被害者が死亡した事案[12]等です。他方、監禁中の被害者に暴行を加えて傷害を負わせたものの、その暴行は監禁を継続するためのものではなかった、という事案においては、監禁と傷害の併合罪とした判例もあります[13]。

　「傷害の罪と比較して、重い刑により処断する」とは、逮捕・監禁罪の法定刑と傷害・傷害致死罪の法定刑を比較し、上限・下限とも重い刑を選択することにより法定刑が決まるということです。具体的には、逮捕・監禁致傷罪であれば3月以上15年以下の懲役、逮捕・監禁致死罪であれば3年以上（20年以下）の有期懲役となります。

　本件事例については、被害者であるＶが監禁状態から逃げる途中に自ら転倒し右ひざに擦過傷を負ったというものですが、そのような状況は通常もあり得るところですから、因果関係は肯定され、監禁致傷罪を認めてよいように思われます。

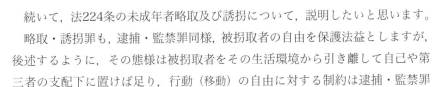
5　「未成年者を」

　続いて、法224条の未成年者略取及び誘拐について、説明したいと思います。
　略取・誘拐罪も、逮捕・監禁罪同様、被拐取者の自由を保護法益としますが、後述するように、その態様は被拐取者をその生活環境から引き離して自己や第三者の支配下に置けば足り、行動（移動）の自由に対する制約は逮捕・監禁罪より穏やかともいえます。

---

11) 東京高判昭和55・10・7刑月12・10・1101
12) 最決平成18・3・27刑集60・3・382
13) 最決昭和42・12・21判時506・59

そのため，法224条では対象者を未成年者に限定した上で，被拐取者の安全（保護された環境における安全）も保護法益に含まれていると解し（更に保護者の監護・保護監督権も保護法益に含むとの説もあります。），自由に対する制約の度合いが法220条の逮捕・監禁罪ほどの態様でなかったとしても，逮捕・監禁罪と同一の法定刑で処罰している，などと説明されます。

「未成年者」とは，成年に達しない者をいいます（民法4条。現在は20歳未満のことです。婚姻した未成年者は民法753条により成年に達したものとみなされるため，本罪の客体から除外されるかについては争いがあります。なお，2022年4月に改正民法が施行され，成年年齢，婚姻年齢ともに18歳となります。）。

上記のとおり，被拐取者の安全も保護法益ですから，逮捕・監禁罪の客体とは解されない生後間もないような嬰児も，略取・誘拐罪の客体となり得ます[14]。**本件事例において，17歳のVが，未成年者に該当することは明らかでしょう。**

6 「略取し，又は誘拐した」

「略取」とは，暴行・脅迫など人の意思を抑圧する方法で他人をその生活環境から離脱させ，自己又は第三者の事実的支配下に置く行為をいいます。

暴行や脅迫の程度は，相手の反抗を抑圧する程度に至っている必要はなく，暴行や脅迫がなくとも，嬰児や昏睡状態にある者を連れ去るなど，意思抑圧状態の利用があれば略取たり得ます。

「誘拐」とは，欺罔・偽計や誘惑など人の判断を誤らせる方法で他人をその生活環境から離脱させ，自己又は第三者の事実的支配下に置く行為をいいます。
虚偽の事実を告げる場合に限られず，甘言を用いる場合も誘拐になります[15]。
判断を誤らせる相手は被拐取者に限られず，監護者であってもよいとされます[16]。

---

14) 東京高判昭和37・7・20判時319・21
15) 大判大正12・12・3刑集2・915
16) 大判大正13・6・19刑集3・502

	220条	224条以下
保護法益	行動の自由	行動の自由＋被拐取者の安全（又は保護者等の監護権）
行　為	行動の自由を奪う	生活環境から離脱させ自己又は第三者の事実的支配下に置く
手　段	「直接的」「間接的」 ↓　　　↓ 逮捕　監禁	「暴行・脅迫等」「欺罔・誘惑等」 ↓　　　↓ 略取　誘拐

　逮捕・監禁の場合と同様，略取と誘拐の区別はその手段の違いのみにあり，条文も法定刑も同一ですから，区別の実益は大きくありません。両方の手段が併用された場合は法224条の略取・誘拐一罪が成立します[17]。このような場合，併せて「拐取」と呼んだりします。

　主体に制限はなく，仮に親権・監護権に制約の付されていない保護者による場合であっても，略取・誘拐罪が成立し得ます。母の監護養育下にある2歳の子を別居中の共同親権者である父が有形力を用いて連れ去った事案では，略取罪の成立が認められています[18]。また，同様に母に養育されていた2歳の子を離婚係争中で別居中の父が有形力を用いて連れ去った事案においても，未成年者略取罪の構成要件該当性が認められました[19]。なお，後者の判例では，監護養育上それが現に必要とされるような特段の事情がある場合や家族間における行為として社会通念上許容され得る枠内にとどまる場合には違法性が阻却される可能性について言及されています（当該事例については違法性阻却を認めませんでした。）。

　実行の着手・既遂時期については，未成年者をその生活領域から離脱させる手段となる行為を開始した時点が実行の着手，未成年者を現在の生活環境から離脱させて自己又は第三者の事実的支配下に置いたときが既遂時期です。

---

17) 大判昭和10・5・1刑集14・454
18) 最決平成15・3・18刑集57・3・371
19) 最決平成17・12・6刑集59・10・1901

ただ、実際の事例における判断が難しい場合もあります。裁判例では、自宅に自ら進んで遊びに来た幼女に対する未成年者誘拐罪の実行の着手につき、自宅から連れ出したときではなく、幼女の日常の行動範囲を超え、独りでは帰れず、母親の監護の範囲内から離脱させるようなところに連れて行こうと考え、実際にそのような行為をしたときに初めて実行の着手が認められる、としたものもあります[20]。

主観面においては、故意犯である以上、未成年者をその生活領域から離脱させ、自己又は第三者の事実的支配下に置くことについての認識・認容が必要であり、それ以上の目的は必要ありません（単に未成年者がかわいいから連れてきた、などという場合でも成立します。もっとも、客体が未成年者であるかもしれないとの認識・認容は必要です。）。

本件事例についてですが、甲がVを暴行・脅迫あるいは欺罔・偽計・誘惑等を用いてその生活領域から離脱させ、自己又は第三者の事実的支配下に置いたといえるかが問題となります。**自宅に送ると言ってVを車に乗せ、その後Vの求めにも応じず車を疾走させた行為は欺罔・偽計及びVに対する意思抑圧手段を用いての行為たり得ます。しかし、Vについて生活領域から離脱させ、自己の事実的支配下に置いたといえるかは評価の分かれるところでしょう**（特に時間的・場所的な点を客観的事実に基づき明らかにすることが必要です。）。監禁罪は成立すると思われますから、略取誘拐罪について不成立、あるいは未遂にとどまるとの評価もあり得ると思われます。

もし略取・誘拐罪が成立するとすれば、逮捕・監禁罪との罪数関係も問題となります。略取・誘拐罪につき状態犯と解するか継続犯と解するかにも関係するともいわれています。判例は、逮捕・監禁罪と略取・誘拐罪の関係につき併合罪としたものがあり[21]、被拐取者に対する実力支配を設定すれば略取・誘拐罪は既遂に達し終了するという状態犯説に親和的とされます。もっとも、被拐取者に対する実力支配が継続する間は犯罪が成立し続けるという継続犯説も有力であり、略取の手段として逮捕・監禁した場合、略取罪と逮捕・監禁罪とは観念的競合になるとの裁判例も存在します[22]。ただ、これらは逮捕・監禁が略

20）東京高判平成11・9・13東時50・1＝12・86
21）最決昭和58・9・27刑集37・7・1078

取の手段であった場合であり、略取・誘拐罪を状態犯と解するか継続犯と解するかにより、直ちに罪数関係が決まるというわけでもありません。併合罪か観念的競合かは、あくまで逮捕・監禁罪及び略取・誘拐罪の具体的犯行態様、特に始期や終期に関する事実認定次第というべきでしょう。

　本件事例において、仮に未成年者略取罪の成立を認める場合、その始期は別途成立すると思われる監禁罪より前であり、監禁は略取の手段として行われているというべきでしょうから、監禁罪との関係は、観念的競合にとどまるのではないでしょうか。

　なお、未成年者略取罪は、親告罪であることについても、捜査上留意が必要です（法229条）。

7　営利目的等略取・誘拐罪

　「営利、わいせつ、結婚又は生命若しくは身体に対する加害の目的で」略取・誘拐罪を行った場合、1年以上10年以下の懲役に処するとされています（法225条）。成人については、一定の生活環境に保護され続けているという状態が観念しづらいため、拐取を行っても、法225条が規定する営利、わいせつ、結婚又は生命・身体加害の目的がない場合（及び法225条の2の身の代金目的、法226条の所在国外移送目的がない場合）には処罰されないこととなっています（もちろん暴行・脅迫を手段とすれば別途暴行・脅迫罪が成立し得ますし、行動の自由への制約が逮捕監禁の程度に至れば逮捕・監禁罪が成立します。）。他方、未成年者の拐取については、これらの目的がなくとも法224条で処罰されていますから、法225条は、目的による加重処罰規定となります。

　「営利」の目的とは、拐取行為によって自ら財産上の利益を得、又は第三者に得させる目的をいいます。誘拐行為に対する報酬を得る目的も含まれます[23]。身の代金を得る目的の場合、専ら法225条の2が適用されるとして、ここでの

---

22) 大阪高判昭和53・7・28高刑集31・2・118、東京高判平成14・2・14東時53・1＝12・10
23) 最決昭和37・11・21刑集16・11・1570

「営利」目的には含まれないとする見解がありますが，成立する場面が常に一致するとは限りませんから，「営利」目的は否定されません。ただし，法225条の2の身の代金目的誘拐・略取罪が成立する場合は，営利目的誘拐・略取罪は成立しません。

「わいせつ」の目的とは，被拐取者の性的自由を侵害する目的をいいます。被拐取者をわいせつ行為の客体とする場合，主体とする場合が含まれます。

「結婚」の目的とは，被拐取者を，行為者又は第三者と結婚させる目的をいいます。結婚には事実婚も含まれます。

「生命若しくは身体に対する加害の目的」とは，行為者又は第三者が被拐取者を殺害・傷害し，又は暴行を加える目的をいいます。

本件事例についてですが，これら目的が明らかに認められるような事情はありません（法225条の2については，次の項で検討します。）。

8 身の代金目的略取・誘拐罪，身の代金要求罪

「近親者その他略取され又は誘拐された者の安否を憂慮する者の憂慮に乗じてその財物を交付させる目的」で略取・誘拐を行った場合，身の代金目的略取・誘拐罪として，無期又は3年以上の懲役と，営利目的略取・誘拐罪より更に重く処罰されます（法225条の2第1項）。

「近親者その他略取され又は誘拐された者の安否を憂慮する者」には，単なる同情から被拐取者の安否を気づかうにすぎないとみられる第三者は含まれませんが，被拐取者の近親でなくとも，被拐取者の安否を親身になって憂慮するのが社会通念上当然とみられる特別な関係にある者はこれに含まれるとし，相互銀行の代表取締役社長が拐取された場合に同銀行幹部らはこれに当たるとした判例があります[24]。

「憂慮に乗じて」とは，安否を憂慮する者が憂慮している状況を利用してと

---

24) 最決昭和62・3・24刑集41・2・173

いう意味であり，「その財物」には，安否を憂慮する者が所有する財物だけでなく，事実上処分可能な財物が含まれます[25]。

ただし，「財物」とある以上，財産上の利益は含まれず，財産上の利益を取得する目的の場合は，法225条の営利目的拐取罪が成立するにとどまります。

「交付させる目的」には，通常，無事に解放する見返りとして，という場合が想定されますが，被拐取者に危害を加えない見返りとして，という場合も含まれます。

なお，恐喝罪の場合と同様に，相手方に財物交付の義務がある場合であっても，正当な権利の行使とはいえませんから，本罪の成立は，妨げられません。

「人を略取し又は誘拐した者が近親者その他略取され又は誘拐された者の安否を憂慮する者の憂慮に乗じて，その財物を交付させ，又はこれを要求する行為をしたとき」も前項と同様，すなわち無期又は3年以上の懲役に処されます（法225条の2第2項）。

「人を略取し又は誘拐した者」には，刑法第33章の略取・誘拐の罪を犯した者以外にも，営利等の目的なく成人を略取・誘拐した者を含みます。

「安否を憂慮する者」，「その財物」は，2項の場合も1項の場合と同じです。

「交付させ」とは，相手方の提供する財物を受領することであり，「要求する」とは，財物の交付を求める意思表示をすることです。意思表示が相手方に到達することや，現に憂慮することまでは不要です。

身の代金目的略取・誘拐罪（1項）を犯した者が，身の代金要求罪（2項）に及んだ場合，牽連犯となります[26]。

これら身の代金目的略取・誘拐罪等には，解放による刑の必要的減軽規定があります（法228条の2）。

本件事例についてですが，甲につき身の代金目的を認める事情はありません。ただ，未成年者略取に当たる可能性がありますので，更に身の代金要求罪に当たらないかにつき一応検討すると，Vのアルバイト先店長であるWが「安

25）大阪高判昭和53・7・28（注22と同）
26）最決昭和58・9・27（注21と同）

否を憂慮する者」に当たるかが問題となります。

既に述べたとおり，近親者には限られませんが，判例上，「**被拐取者の安否を親身になって憂慮するのが社会通念上当然とみられる特別な関係にある**」必要があり，アルバイト先の店長という立場では，未だこれに至らないでしょう（Wが甲に30万円を支払わなかった事実は，認定に直結するものではありませんが，上記関係を判断する際の間接事実にはなり得ます。）。

ただし，人質による強要行為等の処罰に関する法律（人質強要行為処罰法）1条では，要求の客体は，単に「第三者」とされておりますから，アルバイト先の店長であるWが，同法1条の「第三者」に該当する可能性はあるでしょう。

9 おわりに

結局，甲についてはVに対する監禁致傷罪が成立し，略取・誘拐罪についてはその評価次第ということになるでしょう（加えて，人質強要行為処罰法違反も成立する可能性があります。）。

監禁の始期については，甲からの特段の弁解が出ていない現時点においては，Xレストラン出発時と見てよいと思われます。

今回扱った各犯罪は，警察の対応において高度の緊張を求められる類型の犯罪と思われます。被害者の生命身体の安全確保を最優先に考えなければならないことはもちろんですが，他方において，家族や交際相手間においても発生し得る類型の犯罪でもあることから，被害感情，処罰（告訴）意思，再被害の防止等についても慎重な配慮が必要と思われます。

性 犯 罪
～夜道に女性の叫び声。
駆けつけた警察官が現行犯逮捕～

　M警察署のO巡査部長は，平成30年2月5日午後10時頃，管内における自転車盗事案の処理を終えて帰署するため，駅前から住宅街に向かう薄暗い道路を徒歩で通行中，約20メートル前方を男が，その更に約50メートル前を女性がそれぞれ一人で歩いているのに気付いた。そして，急に男の方が小走りになり，更にその前方にいた女性に向かって接近したため，Oは警戒を強めながら早足で男との間隔を詰めていったところ，男が女性の胸部付近に右手を伸ばしたのを現認するとともに，直後に女性が悲鳴を上げるのを聞いた。

　そこでOは，全速力で両者に近付き，横目で女性の安全を確認しつつ，Oに気付き女性から離れて逃走しようとした男の腕を摑んだ。すると，男は観念したような様子でその場に立ち止まった。そこで，Oは女性に対し，「大丈夫ですか。」と尋ねたところ，女性の方は，「今，この人から顔に唾をかけられ，胸を摑まれました。」と興奮した様子で申し立て，男は，「若くてきれいな女性が歩いていたので，ついやってしまった。」などと述べた。

　そこで，Oは，男を現行犯逮捕した。

　Oは，無線で応援を要請し，女性への対応は同性のQ巡査が行うこととなった。女性は，男から離れた場所でのQからの聴取に対し，V（18歳）であると述べ，「相手は知らない人です。帰宅途中，急に襲われました。相手は私の右側から右頬のあたりにいきなり唾をかけた後，私が逃げようとしたら，後ろから右手で私の右胸を鷲摑みにして更に抱き付くようにしてきました。悲鳴を上げたら，偶然通りかかった警察官の方が間に割って入ってくれました。それ以外の怪我等はありません。」などと述べた。Qが，「大変な目に遭われましたね。相手の処罰につき希望はありますか。」

と聞くと，Ｖは，「ぜひ厳重に処罰して下さい。捜査にも協力します。」と述べたので，Ｑは，更なる聴取やＶの顔に遺留されている可能性のある唾液の採取等のため，ＶとともにＭ警察署に向かった。

　他方，Ｏは，男に対し人定事項の確認をしたところ，男は運転免許証を示して「甲，38歳。」と述べたが，「相手の態度が気に入らなかったのでやった。」などと先ほどと違う内容を述べ，引致後は完全黙秘に転じた。そこで，甲に対する捜査を引き継いだＮ警部補らにおいて，捜査方針を検討し，捜索差押許可状を得て甲のスマートフォンや甲の自宅のパソコンを押収した上，鑑定処分許可状を得るなどしてその内容を解析したところ，スマートフォンやパソコンの内部から，中学生から高校生くらいの年代の男女が被害者と思われ，それぞれの被害者に対し，甲自身が強度のわいせつな行為を行っている様子が撮影された動画十数点のデータが発見された。

　Ｏが甲を逮捕した事実はどのようなものであったと考えられるか。また，Ｎが発見した動画十数点に記録されていた甲の行為の内容については，どのような犯罪が考えられるか。

〈目　次〉
1　はじめに
2　「13歳以上の者に対し」
3　「暴行又は脅迫を用いて」
4　「わいせつな行為」
5　「性　交　等」
6　主　観　面
7　非 親 告 罪
8　監護者わいせつ罪・監護者性交等罪
9　お わ り に

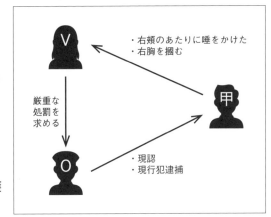

1　はじめに

　本問のテーマは性犯罪です。性犯罪に関する刑法の規定については，平成29年に約110年ぶりとなる改正があり，同年7月13日から施行されています。

　主な改正点は，①強制わいせつ罪，強姦罪等を親告罪でない罪とすること，②強姦罪の構成要件を拡張して強制性交等罪とすること，③強制性交等罪等の法定刑の下限を引き上げるとともに，集団強姦罪等を廃止すること，④監護者わいせつ罪及び監護者性交等罪を新設すること，⑤強盗強姦罪等を改めて強盗・強制性交等罪とすること，などです。このうち特に①主な性犯罪の非親告罪化と，②構成要件の見直し（従来の強制わいせつ行為の一部がより処罰の重い強制性交等とされ，主体が男性，客体が女性に限られなくなるなどした点）は，実務に与える影響も大きいと思われますので，留意が必要です。まずは改正後の条文から見ておきましょう。

　法176条の強制わいせつ罪は「13歳以上の者に対し」，「暴行又は脅迫を用いて」，「わいせつな行為をした者は」，6月以上10年以下の懲役に処するとし，13歳未満の者に対し，わいせつな行為をした者については，暴行・脅迫がなくとも同様としています。また，法177条の強制性交等罪は，「13歳以上の者

に対し」、「暴行又は脅迫を用いて」、「性交、肛門性交又は口腔性交（性交等）をした者は」、5年以上の有期懲役に処するとし、13歳未満の者に対し性交等をした者については、暴行・脅迫がなくとも同様としています。

そこで、以下、「13歳以上の者に対し」、「暴行又は脅迫を用いて」、「わいせつな行為」、「性交等」の各文言及びその他の要件について、本件事例に照らして検討していくこととします（必要に応じ、法178条の準強制わいせつ・準強制性交等罪などにも言及します。）。

2 「13歳以上の者に対し」

客体について、改正前は、強制わいせつ罪につき「男女」、強姦罪につき「女子」とされていましたが、改正後は、強制わいせつ罪・強制性交等罪のいずれも「者」との文言に統一され、法176条・177条いずれの犯罪の客体も男性を含むこととなりました。そして、いずれの犯罪も前段と後段に分けられ、前段すなわち客体を「13歳以上の者」とする場合は「暴行又は脅迫」を用いた場合が犯罪となり、後段すなわち客体を「13歳未満の者」とする場合は暴行・脅迫がなくとも、あるいは被害者の承諾があったとしても犯罪が成立するということになります。

したがって、被害者の年齢が何歳なのかについては、初期段階で特定することが必要です。また、被害者が男性・女性いずれの場合も犯罪が成立し得るとはいえ、実行行為の態様や、暴行・脅迫の程度等に関係しますので、男女いずれが被害者なのかについても、早期に見極める必要があるでしょう。

本件事例では、Ｖは18歳の女性とのことであり、法176条・177条の適用に当たっては、前段が問題となることになります。他方、甲の保管していた動画十数点に記録されていた甲の行為については、被害者が中学生から高校生くらいの年代の男女と思われるとのことであり、前段と後段のいずれが適用されるかにつき、まずは被害者の氏名や年齢を特定する捜査が必要となるでしょう。

3 「暴行又は脅迫を用いて」

　法176条・177条のいずれも「暴行又は脅迫を用いて」実行行為に及んだことが要件とされていますが、判例上は、その程度が若干異なるものと解されてきました。

　まず、法176条の強制わいせつ罪にいうところの「暴行又は脅迫」について、「暴行」は身体に対する不法な有形力の行使をいい、「脅迫」は害悪の告知をいいますが、暴行の程度について、力の大小強弱は問わないものとされます[1]。学説の中には、暴行・脅迫が被害者の反抗を著しく困難にする程度のものであることを要するとの見解もありますが、わいせつ行為をして瞬時に逃走するような形態の事案を想定すれば、暴行・脅迫それ自体がごく短時間又はわいせつ行為と一体のものがあり得ますから、被害者の意思に反してわいせつ行為を行うに足りる程度であればよいものと解されます。

　これに対し、強制性交等罪においては、「暴行」、「脅迫」の意義自体は、それぞれ身体に向けられた不法な有形力の行使と、害悪の告知と解され、強制わいせつ罪と同様です。

　しかし、その程度については、改正前の強姦罪についての判例ですが、相手方の抗拒を著しく困難にする程度のものであるとされています（相手方の反抗を抑圧する程度に達する必要はありません。）[2]。法177条の暴行・脅迫が相手方の抗拒を著しく困難にする程度のものであるかどうかについては、単にそれのみを取り上げて観察すれば相手方の抗拒を著しく困難ならしめる程度には達しないと認められるようなものであっても、具体的事情の如何と相伴って相手方の抗拒を不能にし又はこれを著しく困難ならしめるものであれば足りるとされます[3]。

　したがって、暴行・脅迫の態様のほか、時間的・場所的状況、被害者の年齢・精神状態等の諸般の事情を考慮して、主に被害者の意思に反するか（性交

1）大判大正13・10・22刑集3・749
2）最判昭和24・5・10刑集3・6・711
3）最決昭和33・6・6裁判集刑126・171

に関する合意が否定されるか）という点を中心に，客観的に判断されることになります。

　一部判例の中には，被害者が被害当時に置かれた心理状況について十分に理解されていないと批判されているものもあり[4]，捜査機関及び裁判所においては，この暴行・脅迫等の認定が，被害者と相手方との関係性や被害者の心理をより一層適切に踏まえてなされる必要がある，との指摘が法改正の経緯においてなされていることへの留意が必要と思われます。

　なお，仮に法176条又は法177条の暴行・脅迫が認められない場合であっても，準強制わいせつ・準強制性交等罪が成立する余地があります。法178条は，1項で「人の心神喪失若しくは抗拒不能に乗じ，又は心神を喪失させ，若しくは抗拒不能にさせて，わいせつな行為をした者は，第176条の例による。」とし，2項で「人の心神喪失若しくは抗拒不能に乗じ，又は心神を喪失させ，若しくは抗拒不能にさせて，性交等をした者は，前条の例による。」としており，法176条・177条を補充するものです。13歳以上の者に対し，その心神喪失又は抗拒不能の状態に乗じ，あるいは暴行・脅迫によらずに心神喪失又は抗拒不能にして，わいせつな行為又は性交等に及べば，法176条・177条と同じ法定刑で処罰されることになります。特に，「抗拒不能」とは，心理的又は物理的に抵抗ができない状態をいうと解されており，その認定に当たり，被害者と相手方との関係性や被害者の心理状態を適切に踏まえる必要があることについては，前2条の場合と同様です。

　したがって，捜査機関としては，法176条・177条による処罰が困難と思われる場合であっても，なお法178条に該当しないか，検討しなければなりません。

---

[4] 最判平成23・7・25裁判集刑304・139，「逃げられない性犯罪被害者──無謀な最高裁判決」青弓社・2013年，「性暴力と刑事司法」信山社・2014年等

	わいせつな行為	性交等
前段 （13歳以上の者に対し）	176条 暴行又は脅迫を用いて ※被害者の意思に反してわいせつな行為を行うに足りる程度	177条 暴行又は脅迫を用いて ※相手方の抗拒を著しく困難にする程度
後段 （13歳未満の者に対し）	176条 暴行・脅迫不要 承諾があっても成立	177条
178条 （準強制わいせつ・準強制性交等）	1項 人の心神喪失若しくは抗拒不能に乗じ，又は心神を喪失させ，若しくは抗拒不能にさせて	2項
179条 （監護者わいせつ・監護者性交等）	1項 18歳未満の者に対し，その者を現に監護する者であることによる影響力があることに乗じて	2項

　本件事例についてですが，甲のVに対する行為については，法176条の強制わいせつ罪にいう「暴行又は脅迫」が認められるか，まず問題となりますが，Vの供述によれば，「相手は私の右側から右頬のあたりにいきなり唾をかけた後，私が逃げようとしたら，後ろから右手で私の右胸を鷲掴みにして更に抱き付くようにしてきました。」とのことであり，後述するわいせつ行為と相当部分が重複しますが，少なくとも法176条の暴行すなわち被害者の意思に反してわいせつ行為を行うに足りる程度の不法な有形力の行使があるものとしてよいでしょう。

　他方，甲の保管していた動画十数点に記録されていた甲の行為については，強度のわいせつな行為があったとのことであり，法177条の強制性交等罪が問題となり得る場合もありそうです。

　被害者が13歳未満であれば暴行・脅迫は要件となりませんが，13歳以上の場合は暴行・脅迫が要件となりますので，いずれにしても動画の記録内容を詳細に解析し，更には被害者から事情を聴くなどして，実行行為とその前後の状況を具体的に明らかにした上，法177条を適用すべき場合には被害者の反抗を著しく困難にするものといえるか，そうでなくとも法178条にいう抗拒不能に

乗じたという状況が認められないか，検討する必要があります。

他方，法176条の適用にとどまるのであれば，わいせつ行為自体を暴行・脅迫と解する余地もあるでしょう。なお，児童買春・児童ポルノ禁止法（児童買春，児童ポルノに係る行為等の規制及び処罰並びに児童の保護等に関する法律）違反等の点については，「9　おわりに」で言及します。

4　「わいせつな行為」

わいせつな行為とは，性欲を刺激，興奮又は満足させ，かつ，普通人の性的羞恥心を害し，善良な性的道義観念に反する行為をいうものとされます[5]。ただし，その保護法益は個人の性的自由ですから，被害者の意思に反するかどうかが重要であり，例えばキスをする行為は，公然わいせつ行為には該当しませんが，被害者の意思に反して無理に行うときは強制わいせつ行為となります[6]。

具体的に問題となるのは，着衣の上から身体に触れる態様ですが，陰部や乳房を下着の上から撫でるような態様についてはわいせつな行為と言い得る[7]一方，それに至らない態様のものについては，痴漢行為として条例違反により処理されることが多いようです（例えば，東京都や大阪府では「公衆に著しく迷惑をかける暴力的不良行為等の防止に関する条例」等において，人を著しく羞恥させ，又は人に不安を覚えさせるような方法で，公共の場所又は公共の乗物において，衣服等の上から又は直接人の身体に触れることを禁止しています。ただし，条例による罰則により科することのできる刑は法176条の法定刑をかなり下回るため，まずは強制わいせつ行為に該当しないかどうかという検討を先行させるべきでしょう。）。

また，従来強制わいせつ行為とされていた行為のうち，肛門性交，口腔性交については，改正後は法177条の強制性交等罪により重く処罰されることとなりました（後述「5　性交等」）。

5）名古屋高金沢支判昭和36・5・2下刑集3・5＝6・399
6）最決昭和50・6・19裁判集刑196・653等
7）東京高判平成13・9・18東時52・1＝12・54等

本件事例においては，甲がＶに対して行った行為のうち，右手でＶの右胸を鷲掴みにして更に抱き付くようにした行為については，冬季における着衣の上からとは言え，被害者の性的自由に対する侵害が相当程度認められるので，わいせつな行為といえるでしょう。ただ，その前のＶの頬に唾をかけた行為については，Ｖの心情を考えるとやり切れない思いもありますが，客観的に性的羞恥心を害するものに至っているかについて疑問があり，わいせつな行為には至らず，暴行にとどまると解することが多いのではないでしょうか。

　他方，甲が保管していた動画十数点に記録された甲の行為については，前述のとおり，その具体的態様を明らかにした上で，法177条の強制性交等に至っているか，法176条のわいせつな行為に当たるか，それとも痴漢行為として条例違反に止まるか（ただし，その場合に公共の場所における行為といえるかについては問題となり得ます。），判断することになると思われます。

5 「性交等」

　法177条の「性交等」とは「性交」，「肛門性交」，「口腔性交」をいい，「性交」とは改正前の「姦淫」と同義，すなわち膣内に陰茎を入れる行為をいいます。「肛門性交」とは肛門内に陰茎を入れる行為をいい，「口腔性交」とは口腔内に陰茎を入れる行為をいいます。肛門性交・口腔性交については，性交と同等の悪質性・重大性があると考えられることから，性交と同様に処罰されることにされたものです。

　改正により，法177条の主体は男性に限られず，客体は女性に限られなくなりました。そこで，自己又は第三者の陰茎を被害者の膣内等に入れる行為だけではなく，自己又は第三者の膣内等に被害者の陰茎を入れる行為（入れさせる行為）も処罰の対象となります。結局のところ，「性交，肛門性交又は口腔性交」とは，相手方（被害者）の膣内，肛門内若しくは口腔内に自己若しくは第三者の陰茎を入れ，又は自己若しくは第三者の膣内，肛門内若しくは口腔内に相手方（被害者）の陰茎を入れる行為をいうこととなります。

着手時期については，暴行・脅迫を手段とする場合は，手段となる暴行又は脅迫の開始時点と解されます[8]。後段すなわち13歳未満の者が被害者で暴行・脅迫を用いていない場合は，性交等行為の開始時点と解されます。

判例上は，被害者を自動車内又は連行先の別の場所で強姦（当時）しようとして，被害者を自動車内に引きずり込もうとした場合には，その時点において着手が認められるとしたものがあります[9]。

そうなると，暴行・脅迫を手段とする行為において，暴行・脅迫行為を開始したものの，性交等行為に至らなかった場合に，強制性交等罪の未遂が成立するのか，強制わいせつ罪（又はその未遂，あるいは暴行・脅迫罪）に止まるのかについては，実際上なかなか区別が難しいということになります。その区別は行為者の主観面によるしかないところもあり，供述をきちんと聞くとともに，被害者と行為者との関係や時間・場所，行為者の前後の行動等，客観的状況を間接事実として行為者の主観面を丁寧に認定すべきでしょう。

本件事例についてですが，甲のVに対する行為については，強制性交等罪にいう「性交等」には至らないようです。ただ，前述のとおり，強制性交等罪の未遂罪に当たる可能性はあるとの観点からの検討は必要でしょう。

他方，甲の保管していた動画十数点に記録された甲の行為については，法177条の「性交等」に該当する行為があるかもしれません。前記の定義に照らし，肛門性交，口腔性交を含めその態様を客観的に分析することになります。もし甲が複数の被害者に対し「性交等」を繰り返している場合は，Vに対しても「性交等」に及ぶつもりで行為に着手した可能性も考える必要があります（余罪をもって犯人性を推認することは許されません[10]が，主観面を推認する間接事実の一つとして余罪を利用することは可能です。ただ，Vに対する行為態様と動画の記録内容とに共通点が見出せるかどうかにもよると思われます。）。

---

8) 最判昭和28・3・13刑集7・3・529
9) 最決昭和45・7・28刑集24・7・585
10) 最決平成25・2・20刑集67・2・1

6 主観面

　法176条以下の犯罪は，故意犯ですから，それぞれ故意が必要です。例えば強制わいせつ罪についていえば，自己の行為がわいせつであるという認識が必要になります。

　それ以上に，法176条の犯罪が成立するために性的意図が必要かどうかについては，争いがあります。判例は，従来，専ら報復，侮辱，虐待の目的で女性を脅迫して裸にし，撮影した事案について，性的意図が欠け，強制わいせつ罪は成立しないとしていました[11]。しかし，その後の裁判例では性的意図を不要とするものが出ています。前述のとおり，これらの罪の保護法益は個人の性的自由であり，被害者にとって被害がどのような意味を持つかが重要ですので，自己の行為の持つ社会的意味さえ認識していれば足りると解すべきであり，判例も変更されたところです[12]。

　被害者の年齢についての認識については，暴行・脅迫を手段とする限り，法176条・177条いずれも被害者の年齢に関係なく成立しますから，年齢の認識も不要です。

　これに対し，各条後段の犯罪つまり13歳未満の者に対し暴行・脅迫を用いず犯行に及んだ場合は，被害者が13歳未満であることの認識が必要です。もっとも，その認識が欠けても，被害者の抗拒不能等に乗じてわいせつな行為をしたときは，法178条の犯罪が成立します。

　法177条の強制性交等罪については，相手方が13歳以上であって，その真意に基づく承諾があれば成立しないとされます。そこで，被害者が自由な意思決定による真意の承諾をしたものと真実誤信したときは，故意を欠くことになります。実務上も，相手方の承諾があった，あるいは相手方の承諾があるものと誤信したとの主張がよくなされるところです。ただ，相手方が13歳以上の場合は，暴行・脅迫が成立要件となり，その事実認定も被害者の意に反するかど

---

11) 最判昭和45・1・29刑集24・1・1
12) 最大判平成29・11・29刑集71・9・467

うかという点を中心になされますので、その要件を充足する場合に自由な意思決定による真意の承諾がなされたとは通常認め難いといえます。

法178条の準強制わいせつ・準強制性交等罪においても、被害者が心神喪失又は抗拒不能の状態にあることの認識が必要です（被害者の真意の承諾があると誤信していれば、故意が欠けるとされます。）。しかし、自ら被害者を心神喪失又は抗拒不能の状態にさせた場合には、通常誤信したとは認められないでしょう。

本件事例においては、甲のⅤに対する行為については、法176条前段の客観的要件を満たし、主観面にも欠けるところはなさそうです。他方、甲の保管していた動画十数点に記録されていた行為については、13歳未満の者を相手方とし、暴行・脅迫によらない場合に年齢の認識が、13歳以上の者を相手方とし、強制性交等に及んだ場合に承諾の有無あるいはその認識が、問題となり得るかもしれません。

その場合、まずは客観的状況から暴行・脅迫要件の適切な認定が重要です。また、甲は自ら行為に及んでいながら合理的な主張をしておらず、手続の途中から急に主張を始めたとしてもその主張は信用性が高くないともいえます。少なくとも捜査機関としてはそのような取調べ状況を適切に保全しておくことが重要です。

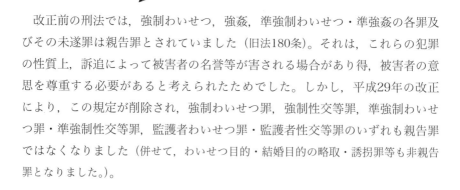

7　非親告罪

改正前の刑法では、強制わいせつ、強姦、準強制わいせつ・準強姦の各罪及びその未遂罪は親告罪とされていました（旧法180条）。それは、これらの犯罪の性質上、訴追によって被害者の名誉等が害される場合があり得、被害者の意思を尊重する必要があると考えられたためでした。しかし、平成29年の改正により、この規定が削除され、強制わいせつ罪、強制性交等罪、準強制わいせつ罪・準強制性交等罪、監護者わいせつ罪・監護者性交等罪のいずれも親告罪ではなくなりました（併せて、わいせつ目的・結婚目的の略取・誘拐罪等も非親告罪となりました。）。

このように性犯罪が非親告罪化されたのは，これまでの実情として，犯罪被害により肉体的・精神的に多大な被害を負った被害者にとって告訴するかどうかの選択を迫られているように感じたり，告訴により被疑者・被告人から恨みを持たれるのではないかと感じるなど，親告罪であることを理由にかえって被害者に精神的な負担が生じているとの状況が存在していたためでした。したがって，性犯罪につき，被害者のプライバシー等の保護がとりわけ重要であること，事件の処分等に当たり被害者の心情に十分配慮すべきことについては，性犯罪の非親告罪化によっても変わるところはありません。

本件事例においても，Qにおいて，Vに対し，処罰に関する希望を確認しているところ，引き続き重要なプロセスであったと認められます（その前提として，OがVの心情に配慮し，女性であるQにVへの初期の対応を依頼したのも適切な対応であったと思われます。）。

8 監護者わいせつ罪・監護者性交等罪

法改正により，監護者わいせつ罪・監護者性交等罪も新設されました。

これは，実親・養親等の監護者が18歳未満の者に対して性交等やわいせつな行為を継続的に繰り返す事案が存在し，このような場合，日時・場所等が特定できる性的行為の場面だけを見ると，暴行・脅迫が認められず，また，抗拒不能にも当たらず，刑法上の性犯罪として処罰が困難であったため，18歳未満の者の性的自由・性的自己決定権を保護する必要があると考えられたからです。

新しい法179条の条文は，「18歳未満の者に対し，その者を現に監護する者であることによる影響力があることに乗じて」わいせつな行為をした者は法176条の例により，性交等をした者は法177条の例によるとしています。ここで「監護する」とは，民法820条に親権の効力として定められているところと同様に，監督・保護することをいい，したがって，18歳未満の者を「現に監護する者」とは，18歳未満の者を現に監督し，保護している者をいうことになります。

具体的には，法律上の監護権の有無を問わず，現にその者の生活全般にわたって，衣食住などの経済的な観点や，生活上の指導監督などの精神的な観点から，依存・被依存ないし保護・被保護の関係が認められ，かつ，その関係に継続性が認められることが必要と解されます。性的行為の時点においてこのような関係が認められる場合は，被監護者の性的行為に関する意思決定に作用を及ぼし得るものといえますから，その影響力があることに乗じていたと認められるからです。そして，本罪の成立に当たっては，18歳未満の被監護者の同意の有無は問題とならないことになります（もちろん暴行・脅迫や抗拒不能であることも不要です。）。

本件事例においては，Vは18歳でかつ甲が監護する関係は認められませんので V に対する行為は本罪の対象とはなりません。他方，甲の保管していた動画十数点に記録された行為の被害者に対し甲が監護する関係，例えば同居し生活の面倒を見ているなどの関係が認められれば，本罪が成立する可能性があります。

9 おわりに

本件事例に対する結論として，まず，Oが甲を現行犯逮捕した際の事実は，Vに対する強制わいせつ罪（法176条前段）と考えられます（暴行罪，あるいは強制性交等未遂罪の可能性もありますが，客観的状況に照らすと，ややレアケースかもしれません。）。

また，N が発見した動画十数点に記録されていた甲の行為については，被害者の特定，具体的行為の特定ができることが前提になりますが，強制性交等罪（法177条）あるいは強制わいせつ罪（法176条）の成立をまず検討することになるでしょう。仮に暴行・脅迫が認められなかったとしても，被害者が13歳未満ではないか，準強制わいせつ罪・準強制性交等罪や監護者わいせつ罪・監護者性交等罪が成立しないか等を順次検討する必要があります。

さらに，児童買春・児童ポルノ禁止法違反が成立する可能性もあります。具

体的には，児童すなわち18歳に満たない者の同法2条3項各号に該当する写真や電磁的記録は児童ポルノになりますから，所持・保管罪（同法7条1項），製造罪（同条3項ないし5項）等の成否が問題となります。

また，甲の行為が同時に児童に淫行をさせることに当たる場合は，児童福祉法の淫行罪（同法34条1項6号，60条1項等）が成立する場合もあります（強制わいせつ罪等とは観念的競合）。

児童買春・児童ポルノ禁止法の製造罪と強制わいせつ罪等との罪数関係は，併合罪と解されています。

既に述べたとおり，性犯罪においては，まずは被害者の心情やプライバシーへの配慮が重要です。被害者が女性の場合，男性警察官が対応することに心理的負担を感じることもあるため，女性警察官の応援を依頼することなどを早期に検討すべきでしょう。そして，性犯罪が非親告罪とされた現在もなお，被害者が刑事手続への関与や相手方の処罰につきどのような意向を有しているかはその都度確認する必要があります。被害者が手続の各段階で被害状況につき何度も詳細を聴かれることについては，精神的負担も大きく，特に被害者が若年の場合，精神的負担に加え，記憶や供述内容の変容も指摘されることがありますので，関係機関が連携して聴取手続を一括して行うことなども今後考慮の余地があります。

また，痴漢事件等もそうですが，犯人性が激しく争われることもあります。被害者及び被疑者の身体・着衣や現場に残っている可能性のある体液・毛髪・繊維片等の遺留物，防犯カメラ映像等の客観証拠の早期確保は重要です。被害者がアルコールや睡眠薬を飲まされ被害に遭うこともありますので，そのような事案においては，被害者からの採血や採尿を早期に検討することも必要です。さらに，逮捕状況の確認，目撃者からの聴取，位置関係や具体的態様の明確化等，見分や検証を中心とした基本に忠実な捜査が求められるとともに，被疑者側の供述状況も事実認定において考慮されますので，変遷や供述拒否等の状況があれば，その保全も必要でしょう。

ネット上の脅迫・名誉毀損等
～SNSや口コミ掲示板等の利用上の注意～

　M警察署のN警部補は，平成30年8月7日午後1時，来署したV（女性・32歳）から以下の相談を受けた。

　「私はこの近くで飲食店を経営しています。初めは私一人で始めたカウンターだけの小さな店でしたが，煮込みや揚げ物料理など，一手間かけたつまみを出していたところ，少しずつ人気が出て，現在は従業員5名を抱える規模の店になり，場所も移転して店内を少し広くすることができました。ランチも営業するようにして，ネットにも人気の定食・居酒屋として紹介されるようになりました。ところが，3か月ほど前から，店についてネット上にひどい書き込みを何度もされるようになったのです。犯人には心当たりがあり，甲という人に間違いないと思います。

　甲は，広告関係の会社を経営していると言っており，40代前半で，年齢よりは若く見える独身の男性です。私の店の常連客として知り合い，その後，甲から誘われて休みの日に個人的に映画や食事に行ったことがあるのですが，自分の趣味の車の話ばかりするので面白みがないと思い，ある時点からは誘われても断るようになりました。すると，そのことに腹を立てたようで，メールや電話を一日10回も20回もしてくるようになったのです。内容は初めのうちは，『たまには付き合ってよ。』などという当たり障りのないものでしたが，途中からは，『付き合わないとどうなるか分かっていますか。』とか，『お店に行って騒ぎますよ。』などというものに変わりました。それで，甲からのメールと電話を着信拒否設定にして，甲が店に来たときは店頭に出ないようにしたのです。すると，甲は，私と直接連絡を取れないことに腹を立て，共通の知人であるWさんに対し，『Vさんを襲っちゃうかもしれないよ。』などと通信アプリを通じて送信してきたようです。

私は先月半ば頃，Wさんからそのことを教えられ，とても怖い気持ちになりました。また，インターネットの掲示板や，SNS（ソーシャル・ネットワーキング・サービス）上に，私の店について，『見かけ倒しで，料理がまずい。』とか，『店の中をゴキブリが這い回っていた。』などと書き込むようになったのです。その際，甲は実名は使っていませんでしたが，これまでの経緯から，甲以外に心当たりは一切なく，甲に間違いないと思います。幸い，現在の店は警察署の近くにあるためか，甲が店で実際に暴れたということはまだありませんが，ネット上に店の悪口を書かれ，以前よりも口コミの点数が下がってしまったため，このところお客さんの数も減っているように感じています。何とか甲を捕まえてください。そうでなくとも，甲にこれらのことをやめさせてもらえないでしょうか。」

　Nは，Vから話を聞いた後，甲に来署を求め，任意で事情を聴いたところ，甲は，以下のとおり述べた。

　「Vと一緒に映画や食事に行ったことはある。その後も何度か誘ったが，店が忙しいなどと言われて断られた。それほどしつこく誘ったという覚えはない。共通の知人のWさんと通信アプリでやり取りしていた際，Vのことが話題になったこともあったかとは思うが，単なる雑談であり，Vを脅かしたわけではない。

　Vの店について，インターネット上の掲示板やSNSにコメントを書き込んだ記憶はないが，自分は行った店のコメントはよく書き込む方なので，もしかしたらVの店についても書いたかもしれない。自分がコメントを書く際は，もちろん事実しか書かない。見る人たちの役に立つ情報を共有しているつもりであり，そんなことで犯罪になるなどと考えたこともない。もしそれが犯罪になるなら，辛口のコメントを書いている人たちはみんな犯罪者なのか。Vの店の客が減ったとか，人気が下がったかどうかなんて知ったことではないし，仮に，人気が下がったとしても，それが私のせいだということを証明できるのか。忙しいのに，こんなことで警察に呼ばれて言い掛かりをつけられ，本当に腹が立っている。逆にこっちがVを訴えたいくらいである。」

甲につき，成立し得る犯罪として，どのようなものが考えられるか。

〈目　次〉
1　はじめに
2　脅　迫　罪
3　名誉毀損罪
4　侮　辱　罪
5　信用毀損罪・業務妨害罪
6　ストーカー規制法違反
7　おわりに

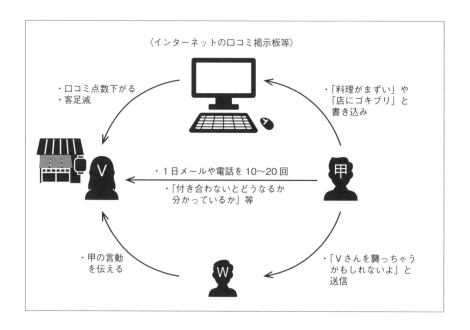

1　はじめに

　インターネットや電子メール等を利用した犯罪への対処は，極めて現代的か

つ難しい問題です。スマートフォンや携帯電話等，日常的に使われる道具を用いて行われることから，犯罪という自覚が乏しいまま行われることも多いですし，表現の自由や知る権利等，憲法上保障されている権利にも関わることから，一概に厳しく取り締まればよいということにもなりません。また，捜査においては，データに可視性・可読性や永続性があるとは限らず，適切な証拠保全が重要ですし，匿名性の問題や消去・改変，成り済まし・乗っ取り等の可能性も考慮する必要があります。

　本問は，インターネットや電子メールを利用した犯罪のうち，主に財産犯に分類される以外の犯罪を扱いますが，本件事例においても，刑法の規定からは，脅迫罪，名誉毀損罪，侮辱罪，信用毀損・業務妨害罪の成立が，特別法の規定からは，ストーカー規制法違反等が考えられるところです。以下，順に検討していきます。

2　脅迫罪

　法222条は，「生命，身体，自由，名誉又は財産に対し害を加える旨を告知して人を脅迫した者は」2年以下の懲役又は30万円以下の罰金に処するとし（1項），「親族の生命，身体，自由，名誉又は財産に対し害を加える旨を告知して人を脅迫した者も」同様とします（2項）。

(1)　「生命，身体，自由，名誉又は財産に対し」

　法222条は，加害の対象をこの五つの法益に限定しているということに留意する必要があります。罪刑法定主義の観点からは，これを例示的列挙であるとして拡大して解することは相当ではありません。ただし，五つに限定されるとしてもそのカバーする範囲は相当広く，例えば，村八分の通告は名誉に対する害悪の告知とされています[1]。

---

1) 大判明治44・9・5刑録17・1520

(2) 「害を加える旨を告知して人を」

　前述した加害の対象，すなわち，「生命，身体，自由，名誉又は財産」は，被告知者（1項）又は被告知者の親族（2項）のものである必要があります。したがって，被告知者の親友や恋人に危害を加える旨の告知をしても，法222条の脅迫罪は成立しません。そのため，「狭義の脅迫」と呼ばれています。刑法上は，この外に「広義の脅迫」として公務執行妨害罪（法95条）や騒乱罪（法106条）等の「脅迫」（単に害悪を告知することを指し，害悪の内容・性質や告知方法を問わない）や，「最狭義の脅迫」として強盗罪（法236条）や強制わいせつ罪（法176条）・強制性交等罪（法177条）等の「脅迫」（相手方の反抗抑圧や反抗困難を要件とする）が存在し，区別して理解しておく必要があります。

　また，加害は，将来の害悪であって，告知者が直接・間接にその惹起を支配・左右し得るものとして告知されなければなりません。この点，害悪を加える主体は，告知者自らが加える場合でも，第三者が加える場合でもよいとされますが，第三者の場合は，告知者が第三者を通じて害悪を発生させることができるものとして告知することが必要であって，単に第三者により害悪が加えられるだろうと警告することは未だ法222条の脅迫には当たらないことになります[2]。天変地異による害悪の発生の予言も同様に解されますが，客観的にみて加害内容が告知者の意思により実現を左右できるものとして被告知者が思うようなものであれば成立し得ます（詐欺罪についてのものですが，祈禱師が信仰している者に対し告知をした場合に，信仰心をも考慮して判断した判例があります[3]。）。加害行為はそれ自体として違法であることを要しません[4]。

　「告知」の方法に制限はありません。文書，口頭，態度等が考えられるところであり，明示・黙示も問わないとされます。第三者を介して到達する場合であってもよいとされます。もっとも，黙示の方法や第三者を介する場合は，主観面についても慎重な検討が必要です。すなわち，脅迫罪の主観的成立要件としての故意には，「生命・身体・自由・名誉又は財産」に対する害悪を加える

---

[2] 最判昭和27・7・25刑集6・7・941
[3] 最決昭和31・11・20刑集10・11・1542
[4] 大判大正3・12・1刑録20・2303

旨を相手に告知することについての認識が必要となりますが，間接的な手段で加害の告知をする場合には，用いる手段によって相手が加害内容を知るに至るであろうことについての認識も必要であるということです。同様に，第三者を介する場合には，第三者を介して加害の告知が被告知者に到達するだろうという認識が必要だということになります。

「人を」に関し，脅迫罪の客体に法人も含まれるかという議論もありますが，否定説が裁判例及び通説です。

(3) 「脅迫した」

「脅迫した」といえるためには，一般に人を畏怖させるに足りる程度の害悪の告知でなければならないとされており，不快感や威圧感を与えるだけでは足りません。また，相手に到達することが必要です。ただし，実際に相手が畏怖したことまでは不要とされます[5]。

以上を踏まえ，本件事例についてはどうでしょうか。本件事例に書かれた事実のうち，甲がVに対し，メールや電話で「付き合わないとどうなるか分かっていますか。」とか，「お店に行って騒ぎますよ。」などと告げた事実，及び共通の知人であるWに対し，「Vさんを襲っちゃうかもしれないよ。」などと通信アプリを通じて送信した事実が問題となり得ます。

まず，Vに対し，メールや電話で直接「お店に行って騒ぎますよ。」などと伝えた事実は，Vの経営している店の中で騒ぎを起こすことの予告であると思われますから，Vの身体，名誉，財産等に害を加えることを告知してVを脅迫したものといえ，法222条の脅迫罪の成立を認めてよいのではないでしょうか。ただし，「付き合わないとどうなるか分かっていますか。」という部分については，それ以前に甲がVに対し暴力や脅しを用いた事実の有無が不明ですので，未だ害悪の告知に当たると解し得ない可能性もありそうです。

そして，甲がWに対し，通信アプリで「Vさんを襲っちゃうかもしれない

5）大判明治43・11・15刑録16・1937，大判昭和8・11・20刑集12・2048

よ。」などと伝えた部分についても，慎重な検討が必要です。客観面において，甲がWに伝えた内容がVの生命・身体に対する加害の告知に該当することは明白です。また，脅迫罪が第三者を介した加害の告知でも成立し得ることは既に述べたとおりであって，本件事例でも実際にWからVに対しその内容が到達しています。他方，主観面において，第三者を介して被告知者に到達するであろうことの認識が必要であることも既に述べたとおりであって，本件事例でも，甲にWがVに伝えるであろうことの認識も必要になります。

しかし，本件事例においては，甲にこのような認識があったといえるか未だ判然としません。甲が「単なる雑談だ」とか「Vを脅かしたわけではない」などと言っているのも，そのような弁解につながるものと予測できます。したがって，WからVに伝達される可能性につき判断するための前提となる甲とW及びVの関係性や，これまでの通信内容について，捜査により明らかにする必要があります。

3 名誉毀損罪

法230条は，「公然と事実を摘示し，人の名誉を毀損した者は」，「その事実の有無にかかわらず」，3年以下の懲役若しくは禁錮又は50万円以下の罰金に処するとします（1項）。ただし，その行為が「公共の利害に関する事実に係り，かつ，その目的が専ら公益を図ることにあったと認める場合には，事実の真否を判断し，真実であることの証明があったときは，これを罰しない。」とされています（法230条の2第1項）。なお，名誉毀損罪は親告罪です（法232条）。

(1) 「公然と事実を摘示し」

公然とは，摘示された事実を不特定又は多数の人が認識し得る状態をいいます[6]。ここで不特定とは，摘示の相手方が特殊な関係によって限定されていないことをいい，多数とは，単に複数であればよいのではなく，相当の多数のこ

---

6) 大判昭和6・6・19刑集10・287，最判昭和36・10・13刑集15・9・1586

とをいいます。判例上，摘示の直接の相手方が特定かつ少数の人であっても，その人たちを通じて不特定多数人へと伝播する場合は，公然といい得るとされています[7]。

「事実を摘示し」の「事実」は，それ自体として，人の社会的評価を低下させるような具体的事実でなければなりません。人の社会的評価に関係する事実であれば足り[8]，そのためプライバシーに関わる事実も含まれることになります。他方，事実が具体性を欠く場合，例えば単に価値判断や評価を述べただけのような場合（「バカ」，「アホ」の類）には，侮辱罪はともかく，名誉棄損罪は成立しません。具体的事実や被害者名については，摘示の中に含まれている場合はもちろんですが，他の事情などから総合的に判断して具体的に推知可能であればよいとされます[9]。

摘示された事実は公知の事実でも構いません[10]。

「その事実の有無にかかわらず」と法文に明記されているとおり，事実が真実か否かは問いません。他方，死者の名誉毀損罪については，虚偽の事実を摘示した場合のみが処罰の対象となります（法230条2項）。

摘示の方法も問いません。うわさや風評，風聞の形をとることでもよいとされます[11]。わいせつな写真と特定人の顔写真を合成したものについて法230条1項の成立を認めた裁判例もあります[12]。

(2) 「人の名誉を毀損した」

「名誉」とは，外部的名誉，つまり人についての事実上の社会的評価（事実的名誉）を指します。そのため，人の真価とは異なる評価（虚名）であっても保護の対象となり，摘示された事実が真実だとしても，この後述べる真実性の

---

7) 大判昭和3・12・13刑集7・766，最判昭和34・5・7刑集13・5・641等
8) 大判大正7・3・1刑録24・116
9) 大判大正14・12・14刑集4・761，東京地判昭和32・7・13判時119・1
10) 大判大正5・12・13刑録22・1822，大判昭和9・5・11刑集13・598
11) 最決昭和43・1・18刑集22・1・7
12) 横浜地判平成5・8・4判タ831・244

証明による免責（法230条の2）が認められなければ処罰の対象となります。

「人」とありますが，名誉の主体には個人だけでなく，法人などの団体も含まれます。ただし，例えば「関西人」，「関東人」のように，不特定集団に対しては成立しません[13]。

「毀損した」とありますが，人の社会的評価を低下させるべき事実を公然と摘示すれば名誉毀損罪は成立し，名誉の現実の侵害は不要です[14]。なぜならば，社会的評価が実際に低下したかどうかの測定・立証は困難だからです。

(3) 真実性の証明による免責

法230条1項の罪は，摘示された事実が真実であっても成立することについては前述のとおりですが，憲法21条による言論の自由の保障との関係で問題が生じかねないことから，法230条の2で，公共の利害に関する場合の特例が定められています。この特例が適用され，免責されるためには，①事実の公共性，②目的の公益性，③真実性の証明が必要とされています。

①「公共の利害に関する事実に係り」といえるためには，摘示された事実が一般の多数人の利害に関係するもの，公共性を備えた事実について評価・判断するための資料となるものであることが必要です。個人のプライバシーに関する事実については，原則として公共性がありませんが，当該人物が携わる社会的活動の性質や影響力の程度などによっては，社会的活動に対する批判・評価の資料として公共性が認められることがあります[15]。

公訴が提起されるに至っていない人の犯罪行為に関する事実については，公共性があるものとみなされます（法230条の2第2項）。捜査機関に捜査の端緒を与えるからです。そのため，人の前科は「公共の利害に関する事実」に含まれません[16]。

---

13) 大判大正15・3・24刑集5・117
14) 大判昭和13・2・28刑集17・141
15) 最判昭和56・4・16刑集35・3・84
16) 最判平成6・2・8民集48・2・149

②「その目的が専ら公益を図ることにあったと認める場合」については、「専ら」との文言があるものの、裁判例の多くは、主たる動機が公益を図るためであれば足りると解しています[17]。逆に、窃盗の被害弁償を受ける目的であったり、主として読者の好奇心を満足させる目的であったりしたような場合[18]は、目的の公益性が否定されます。

「公務員又は公選による公務員の候補者に関する事実」については、公共性及び目的の公益性があるものとされます（法230条の2第3項）。憲法上、公務員の選定・罷免が国民固有の権利とされているからです（憲法15条1項）。

③「事実の真否を判断し、真実であることの証明があった」に関しては、立証責任は被告人側にあります。証明の対象は、摘示された事実の内容の主要な部分についてあれば足りるものの、証明の方法・程度については、通常の犯罪事実の証明の場合と同様、厳格な証明つまり合理的な疑いを容れない程度のものでなければならないとするのが裁判例です[19]。

法230条の2による免責規定に関し、よく問題となるのは、事実を摘示した者が、何らかの理由により摘示した事実を真実であると考えていたが、実際は事実が真実ではなかった場合や、真実性の証明ができなかった場合、つまり、真実性について誤信していたような場合です。判例は当初、法230条の2について処罰阻却事由にすぎないとの立場から、真実性の証明がなされない限りは免責されないとしていました[20]。しかし、その後、人格権としての個人の名誉の保護と憲法21条による正当な言論の保障の調和・均衡を考慮し、真実性の証明がなされない場合でも、「行為者がその事実を真実であると誤信し、その誤信したことについて、確実な資料、根拠に照らし相当の理由があるとき」は、犯罪の故意がなく、名誉毀損罪は成立しないものとしています[21]。このことは、インターネット上の名誉毀損の場合であっても同様です[22]。すなわち、現在の

---

17) 東京地判昭和58・6・10判時1084・37
18) 東京高判昭和30・6・27東時6・7・211
19) 東京地判昭和49・11・5判時785・116、東京高判昭和59・7・18高刑集37・2・360
20) 最判昭和34・5・7（注7と同）
21) 最大判昭和44・6・25刑集23・7・975
22) 最決平成22・3・15刑集64・2・1

判例は，法230条の2の規定は，違法性阻却事由を定めたものと解する立場をとっていると考えるのが自然と思われます。

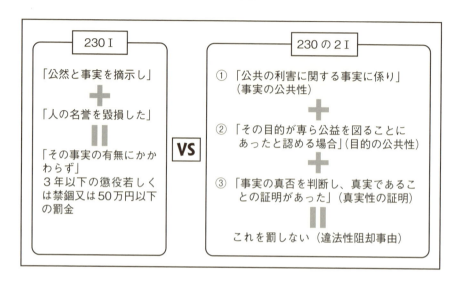

　以上を前提に本件事例についてみると，甲がインターネット上の掲示板やSNS上にVの経営する店につき，「見かけ倒しで，料理がまずい。」，「店の中をゴキブリが這い回っていた。」などと書き込んだと思われる点が問題となります。そもそも，事実関係として，甲がこの事実を認めているかどうかもあいまいなようですから，甲がネット上でどのような名前を使用していたのか，サーバ上のアクセス履歴はどのようになっているか等の点を捜査により解明する必要があります。

　仮に，甲が書き込みをした事実が認められた場合は，インターネット空間は基本的に不特定多数の者が閲覧可能ですから，公然性の要件は満たします。また，事実の摘示としても，料理がまずいという方は単なる評価なので疑問がありますが，ゴキブリが飲食店内を這っていたなどというのは，人の社会的評価を低下させるような具体的事実としてよいでしょう。実際にそのような事実があったかどうかも問いませんので，仮にそのような事実が存在したとしても，V又はVの経営する店の「名誉」の「毀損」たり得ます。

　他方，法230条の2の公共の利害に関する場合の特例の適用があるかは更に

慎重に検討しなければなりません。本件事例の書き込みは，一般営業の飲食店に関する内容ですから，事実の公共性は認めてよいように思われますが，目的の公益性については，疑問が残ります。なぜならば，本件事例の書き込みは，Vが述べるように，甲が専らVに対する腹いせとしてやっている可能性が高いと思われるからです。したがって，書き込み先のウェブサイト等の概要や，甲が他の店に対しても同様の書き込みをしているのか等を客観的に明らかにするとともに，甲において，真実性の証明ができるのか，あるいは真実と信じたことについて確実な資料，根拠を有しているのかどうかにつき，甲に更に事情を聴く必要があるでしょう。

なお，名誉毀損罪は親告罪ですから，被害者の有効な告訴を待って捜査に着手することになります。

4 侮辱罪

法231条は，「事実を摘示しなくても，公然と人を侮辱した者は」，拘留又は科料に処するとします。

(1) 「事実を摘示しなくても」

侮辱罪の保護法益について，判例・通説は，主観的名誉（名誉感情）ではなく，名誉毀損罪と同じく外部的名誉であると解しています[23]。そのため，法人に対する侮辱罪も成立し得ます[24]。結局，名誉毀損罪と侮辱罪の違いは，事実の摘示があるかどうかによることになります。

(2) 「公然と人を侮辱した」

「公然」の意味については，名誉毀損罪のところで述べたとおりです（不特定

---

23) 大判大正15・7・5刑集5・303，大判昭和8・2・22刑集12・154
24) 最決昭和58・11・1刑集37・9・1341

又は多数人が認識できる状態)。「人」に法人が含まれることも上記のとおりです。

「侮辱」とは，事実を摘示せずに，人に対する侮辱的価値判断を表示することをいいます[25]。他人に対し，軽蔑を表示することともいわれます。表示の方法に特に限定はなく，言語はもちろん，図画，動作等も含まれます。

以上を前提に**本件事例についてみると**，甲が「見かけ倒しで，料理がまずい。」と書き込んだと思われる点は，「公然と人を侮辱した」に当たり得ます。単なる感想や論評との区別は難しいところであり，他の人（法人）の人格を蔑視するような価値判断に至っているかどうかにより判断することになります（物に対する評価も，同様の観点から判断します。）。本件事例において単に「まずい」というだけでなく「見かけ倒し」とまで書いている点は，侮辱罪が成立する方向に働く事情でしょう。侮辱罪が親告罪であることについては，名誉毀損罪と同じです（法232条）。

しかし，侮辱罪の法定刑は，拘留（1日以上30日未満の刑事施設への拘置）又は科料（1000円以上1万円未満の金銭の強制的徴収）に限られています。逮捕状についても，住居不定又は正当な理由のない出頭拒否の場合でなければ発付されない（刑訴法199条1項但書）ので注意が必要です。

5 信用毀損罪・業務妨害罪

法233条は，「虚偽の風説を流布し，又は偽計を用いて，人の信用を毀損し，又はその業務を妨害した者は」，3年以下の懲役又は50万円以下の罰金に処するとします。また，法234条は，「威力を用いて人の業務を妨害した者も」，前条（法233条）の例によるとします。

(1) 「虚偽の風説を流布し」

「虚偽」とは，客観的真実に反することをいいます[26]。「風説」とは噂や情報の

---

25) 大判大正15・7・5（注23と同）

ことであり、「流布」とは不特定又は多数の人に伝播させることをいいます。噂や情報の全部が虚偽である場合はもちろん、一部が虚偽である場合も含みます。

(2) 「偽計を用いて」

「偽計」とは、人を欺罔し、あるいは人の錯誤又は不知を利用することをいいます。詐欺罪（法246条）の欺罔行為に似ていますが、錯誤や不知を利用することを含む点、もう少し広い概念です。偽計業務妨害罪の成立を認めた判例として、漁場の海底に障害物を沈めて漁網を破損させ漁業者の漁獲を不能にした事案[27]、他の新聞社から顧客を奪うため紛らわしい題号等に代えた新聞を発行した事案[28]、駅弁業者の駅弁が不衛生であるとの内容虚偽の葉書を鉄道局に郵送した事案[29]、電話通話料金課金のための度数計器の作動を不可能にする「マジックホン」を電話機に設置等した事案[30]、一般客を装い現金自動預払機を占拠した事案[31]などがあります。

(3) 「威力を用いて」

「威力」とは、人の自由意思を制圧するに足る勢力をいいます[32]。暴行・脅迫よりも広い概念です。判例上威力業務妨害罪の成立を認めたものとしては、営業中の商家の周りに板囲いを設置した事案[33]、デパートの食堂配膳部に縞蛇をまき散らした事案[34]、貨車に積載された石炭を落下させた事案[35]、弁護士が携行する訟廷日誌等の入った鞄を奪って自宅に隠匿した事案[36]、机の引き出し

---

26) 大判明治44・12・25刑録17・2317
27) 大判大正3・12・3刑録20・2322
28) 大判大正4・2・9刑録21・81
29) 大判昭和3・7・14刑集7・490
30) 最決昭和59・4・27刑集38・6・2584
31) 最決平成19・7・2刑集61・5・379
32) 最判昭和28・1・30刑集7・1・128
33) 大判大正9・2・26刑録26・82
34) 大判昭和7・10・10刑集11・1519
35) 最判昭和32・2・21刑集11・2・877

に猫の死骸を入れ被害者に発見させた事案[37]などがあります。このようにみると，偽計業務妨害罪と威力業務妨害罪の境界はあいまいな部分もありますが，一応の目安としては，妨害行為が非公然と行われた場合は偽計で，公然と行われた場合は威力である，などとの指摘もされているところです（法定刑は同じですので，あまりナーバスになる必要はないかもしれません。）。

なお，法234条の2においては，「人の業務に使用する電子計算機若しくはその用に供する電磁的記録を損壊し，若しくは人の業務に使用する電子計算機に虚偽の情報若しくは不正な指令を与え，又はその他の方法により，電子計算機に使用目的に沿うべき動作をさせず，又は使用目的に反する動作をさせて，人の業務を妨害した」場合について，通常の業務妨害罪より重い法定刑（5年以下の懲役又は100万円以下の罰金）が定められています。

(4) 「人の信用を毀損し」

「信用」は，かつては人の支払能力・意思に関する信用に限られるとされていましたが，現在の判例は，「信用毀損罪は，経済的な側面における人の社会的な評価を保護するもの」とした上で，信用には商品の品質に対する社会的信頼も含まれるとします[38]。すなわち，信用毀損罪の保護法益は，経済的活動の自由であると解されます。

信用を毀損するとは，人の信用を低下させる行為をすることをいいます。現実に信用が低下した必要はなく，そのような危険を発生させれば足りるというのは名誉毀損罪の場合と同様です。

(5) 「その業務を妨害した」

「業務」とは，職業その他社会生活上の地位に基づき継続して行う事務又は事業をいいます[39]。営利目的・経済的なものに限られず，精神的，文化的なも

---

36) 最決昭和59・3・23刑集38・5・2030
37) 最決平成4・11・27刑集46・8・623
38) 最判平成15・3・11刑集57・3・293

のでもよいとされます(ただし,個人的活動や家庭生活上の活動は含まれません。)。

「業務」に公務が含まれるかについては,争いがあります。公務執行妨害罪における「職務」につき,権力的な公務に限らず,非権力的な公務であっても,公務の一切が公務執行妨害罪により保護されます[40](第14問(公務に対する犯罪)で詳しく述べます。)が,暴行・脅迫を手段とする場合しか保護されませんので,例えば虚偽の風説の流布や偽計を用いて公務を妨害したようなケースで問題となります。判例は,当初公務は一切業務妨害罪の対象とはならないとしていましたが,その後,旧国鉄職員の現業業務に関し,威力業務妨害罪の対象となり得ることを認めました[41]。そして,いかなる種類の公務が業務妨害罪の対象となるかについては,県議会委員会の条例案採決等の事務を妨害した事案[42]において「強制力を行使する権力的公務でない」ことを理由に威力業務妨害罪の成立を認め,公職選挙法上の選挙長の立候補届出受理事務を妨害した事案[43]でも同様の判断を示しました。つまり,判例の立場からは,強制力を行使する権力的公務については公務執行妨害罪のみ適用されますが,それ以外の公務については,公務執行妨害罪と業務妨害罪の双方の適用があり得ることになります。

以上を前提に本件事例についてみると,「見かけ倒しで,料理がまずい。」,「店の中をゴキブリが這い回っていた。」とネット上に書き込む行為が問題となります。「虚偽の風説」に当たるかについては,前者は判断不能であり,後者についてはその可能性もあるでしょうが,立証は難しいかもしれません。また,公然と書き込みがされていることからすれば「偽計」より「威力」に近いように思われますが,人の自由意思を制圧するに足る勢力とまで言えるかも疑問です(仮に,これらが認められるのであれば,「信用」,すなわち飲食店の料理や営業状況についての社会的信頼を低下させる事実,あるいは「業務」を妨害する事実であるとはいえるでしょう。)。

39) 大判大正10・10・24刑録27・643
40) 最判昭和53・6・29刑集32・4・816,最決昭和59・5・8刑集38・7・2621
41) 最判昭和35・11・18刑集14・13・1713,最大判昭和41・11・30刑集20・9・1076
42) 最決昭和62・3・12刑集41・2・140
43) 最決平成12・2・17刑集54・2・38

6 ストーカー規制法違反

　ストーカー行為等の規制等に関する法律（ストーカー規制法）は，「ストーカー行為をした者」は，1年以下の懲役又は100万円以下の罰金に処するとします（同法18条）。また，「禁止命令等に違反してストーカー行為をした者」及び「禁止命令等に違反してつきまとい等をすることにより，ストーカー行為をした者」につき，2年以下の懲役又は200万円以下の罰金とし（同法19条），「(同法19条に規定するもののほか，)禁止命令等に違反した者」は，6月以下の懲役又は50万円以下の罰金とします（同法20条）。

　ここで「ストーカー行為」とは，「同一の者に対し，つきまとい等を反復してすること」をいい（同法2条3項），「つきまとい等」とは，「特定の者に対する恋愛感情その他の好意の感情又はそれが満たされなかったことに対する怨恨の感情を充足する目的で，当該特定の者又はその配偶者，直系若しくは同居の親族その他当該特定の者と社会生活において密接な関係を有する者に対し」，同法2条1項各号に掲げる行為（つきまとい，待ち伏せ，見張り，押し掛け，面会等の要求や，拒まれたにもかかわらず連続して電話をかけたり電子メールの送信等をしたりすること等）をすることをいいます。ただし，同法2条1項1号から4号の行為及び同5号のうち電子メールの送信等がストーカー行為とされるには，身体の安全，住居等の平穏若しくは名誉が害され，又は行動の自由が著しく害される不安を覚えさせるような方法により行われる場合に限られます（同法2条3項）。

　「反復してする」とは，特定の行為あるいは特定の号に掲げられた行為を反復する場合に限られるものではなく，同法2条1項各号に定められた行為が全体として反復されたと認められれば，ストーカー行為が成立し得ます[44]。また，同項1号の「見張り」については，ごく短時間の観察を繰り返すことによっても可能であり，同じく「押し掛け」については相手方が拒絶し，又は拒絶することが予想されるのに，相手方の住居等に行く行為をいい，同法2条3項の

---

44) 最決平成17・11・25刑集59・9・1819

「不安を覚えさせるような方法」に当たるかどうかは，当該行為の時点で相手方がそれを認識していたかどうかを問わず，相手方が当該行為を認識した場合に相手方に不安を覚えさせるようなものかどうかという観点から判断すべきとした裁判例もあります[45]。

平成28年のストーカー規制法改正では，住居等の付近をみだりにうろつくことや，拒まれたにもかかわらず，連続してSNSによるメッセージ送信を行うこと及びブログ，SNS等の個人ページにコメント等を送ることも「つきまとい等」に加えられました。また，警告を経ずに禁止命令等（同法5条1項）を行うことができるようになり，緊急の場合には，聴聞を経ずに禁止命令等（同法5条3項）を行うこともできるようになりました（詳細は，警察庁による通達等を参照）。

本件事例においては，同一の者（V）に対し，メールや電話を1日10回も20回もしてくる行為が問題となり，「つきまとい等」に当たるかをまず検討します。「恋愛感情その他の好意の感情又はそれが満たされなかったことに対する怨恨の感情を充足する目的」が必要ですから，まずは電話・メールの内容が重要となり，その内容を適切に証拠化する必要があります。**本件事例では，「面会，交際その他の義務のないことを行うことを要求すること」（3号），「拒まれたにもかかわらず，連続して，電話をかけ，（中略）電子メールの送信等をすること」（5号）などの「つきまとい等」に該当する可能性があるでしょう。**

そして，「ストーカー行為」といえるには，「反復してすること」も必要です。この点は，電話・メール等の態様・回数等に照らし，総合的に判断することになりますから，やはり，通話やメール履歴の保全，これらの内容の証拠化が重要です。同法2条1項3号の面会等の要求及び5号の電子メールの送信等については，「身体の安全，住居等の平穏若しくは名誉が害され，又は行動の自由が著しく害される不安を覚えさせるような方法」といえるかも問題となり，ここでも電話・メール等の態様やその内容が重要となります。**一定期間に一定回数以上電話やメールをし，「付き合わないとどうなるか分かっていますか。」，「お店に行って騒ぎますよ。」などと伝えたのであれば，「ストーカー行為」に**

---

45) 東京高判平成24・1・18高刑集65・2・1

該当するとしてよいように思われます。

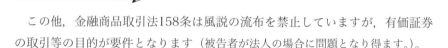

7 おわりに

　この他，金融商品取引法158条は風説の流布を禁止していますが，有価証券の取引等の目的が要件となります（被告者が法人の場合に問題となり得ます。）。

　結論として，Ｖの供述が真実であるとすれば，甲の行為は，脅迫罪，名誉毀損罪，侮辱罪，ストーカー規制法違反に当たり得るように思われます。もちろん，立件するのであれば，犯人性についても客観的証拠に基づいて詰めておく必要があります。また，それぞれの犯罪の法定刑に照らすと，いわゆる身柄事件として処理することが適当かどうかについても慎重な検討が必要です（特に，侮辱罪は法定刑が軽いです。）。他方，被疑者によっては，短期間に態様をエスカレートさせて，より危険な犯罪に及ぶ者がいることも念頭に置く必要があります。仮に，立件できて被疑者を処罰できたとしても，被疑者が社会復帰後に再犯に及ぶ可能性も想定しなければなりません。その意味では，被害者側の意向をよく聴き，今後被害者側に被害が拡大しないようにするための最善の措置はどのようなものか，見極めることが重要です。刑事罰を活用することももちろんですが，ストーカー規制法上の禁止命令等もその一つの手段たり得るでしょうし，被害者に対し法務省人権擁護機関（全国の法務局等）その他の相談機関を紹介し，プロバイダ等へ削除要求等を検討してもらうのも選択肢となるでしょう。

第12問

放火・器物損壊
～出禁になった常連客，お店に火を点ける～

　M警察署のN警部補は，平成30年3月4日午後9時頃，当直勤務に就いていたところ，「管内の居酒屋『O』でトラブル発生。」との報告を受け，現場に急行した。

　現場の居酒屋Oは，駅から徒歩約5分程の住宅地にある鉄筋コンクリート造5階建のマンションの敷地内にあり，マンション部分は，各階に4室ずつ，合計20室の同一の間取りの部屋が並んでいた。他方，居酒屋Oの入る店舗棟部分は，マンションから約10メートル離れた鉄筋コンクリート造平屋建で，店舗3店が入る構造になっており，マンション部分と店舗棟との間は，トタン屋根の自転車置き場になっていた。午後9時の時点で，3店のうち1店はクリーニング店のため営業時間は終了しており，もう1店は空き店舗のため営業しておらず，Oのみが営業中であった。

　Nらが到着すると，Oの店の前に経営者と思われる男性（V）が立っており，少し離れた場所に男が座り込んで居眠りをしていて，その前にはたばこの箱が落ちていた。Vは，Nに対し，「110番通報したのは私です。あそこで座り込んでいるのが，さっきうちの店で大騒ぎをした甲さんです。甲さんは，以前はうちの店の常連だったのですが，酒癖が悪く，他のお客さんとしょっちゅうもめ事を起こすので，しらふの時以外は入店お断り，店内でもお酒は2杯までですよときつく言っていたのです。それでも約束を守れないことが多かったので，最近は来店を断ることがほとんどでした。今日も，1時間ほど前に相当酔った状態で店に来て，飲ませろというので，店に入れる入れないで大騒ぎになり，他のお客さんにも手伝ってもらって店の戸を閉めていたら，そこに座り込んでしばらくたばこを吸っていましたが，そのうち寝込んでしまいました。」と説明した。

そこで，Nは，たばこの箱を拾ってやり，甲の腕を軽く叩きながら，「こんなところで寝ていると凍死してしまうよ。今日はおとなしく家に帰ったらどうですか。」と告げたところ，甲は，目を開いてその場に立ち上がり，Ｖの方に近付きかけたが，Nらの姿を見て，たばこの箱を受け取ると，「ちくしょう。」とつぶやきながら立ち去った。そのため，Nらも，現場処理が終了したものと判断し，M警察署に戻った。

　ところが，その約４時間後の翌５日午前１時頃，今度は「管内の居酒屋『Ｏ』で火災発生の模様。」との連絡が入ったため，Nらは再び現場に急行した。現場には先に消防隊が到着して消火活動を行ったようであり，付近には焦げ臭いにおいが立ち込めていたものの，その時点で炎や煙は認められなかった。

　居酒屋Ｏは既に閉店してシャッターが閉められており，シャッターの下方部分が高さ30センチメートル，幅20センチメートル程黒く変色していた。その前の約50センチメートル程離れた位置には，８割方燃えて黒焦げになった段ボールのようなものがあった。消防隊員は，Nらに対し，「119番通報を受けて駆け付けたところ，シャッターの前に置かれた段ボールから煙が上がっており，消火活動を実施しました。シャッターの一部がそのために変色していますが，他に燃えた部分はない模様です。店内には既に誰もいませんでした。自転車置き場を挟んで建つマンションの方では，住民多数が寝ている模様ですが，負傷者が出ているとの連絡は受けていません。なお，出火当時はほぼ無風でした。」などと説明した。

　Nが燃え残った段ボールを確認すると，果物を詰めるための箱が畳まれた状態で，Ｖ宛ての伝票が貼られていた。また，その段ボールの横には，約４時間前の午後９時頃の時点では存在しなかった真新しいたばこの吸い殻が落ちていた。

　Nは，そのたばこの銘柄が甲に手渡したたばこの箱のものと同一であったことから，連絡を受けて駆け付けたＶから甲の住まいを聞き出すなどし，甲の住居を訪ねた。玄関先に出てきた甲は，当初知らないそぶりをしていたが，「Ｏの店の前でたばこを吸っていないか。」と尋ねられると，「家

に帰ってむしゃくしゃしていたので，Oに戻った。Oは既に閉まっていて，Vらの姿も見当たらなかったので，店の前でたばこを1本吸った後，店の横に畳んで置いてあった段ボールを引っ張り出してライターで火を点けた。とにかくむしゃくしゃしていた。Vに対する腹いせのつもりでやったことであるが，その先のことは何も考えていなかった。」などと述べた。

Nは，甲を放火罪で逮捕できるか。

〈目　次〉
1　はじめに
2　「放火して」
3　「現に人が住居に使用し又は現に人がいる」
4　建造物等
5　「焼損した」
6　公共の危険
7　主観的要件
8　建造物損壊・器物損壊
9　おわりに

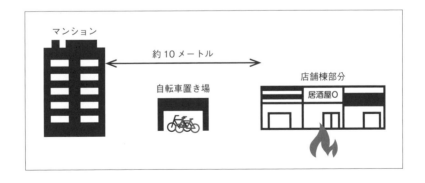

1 はじめに

本問は放火罪等を扱います。

放火罪は公共危険罪です。すなわち，火（や水）の力は時にコントロールが困難になる程強力なものであり，不特定多数の生命・身体・財産が危険にさらされるため，放火等は法定刑の一部に死刑や無期懲役刑が含まれる重い犯罪とされているのです。

そのため，放火罪の中で最も重く処罰されるのは，現住又は現在建造物等放火になります。言うまでもなく，その建物に現在ないし現住する個人の生命や身体に対しても危険が及ぶからであり，死刑又は無期若しくは5年以上の懲役刑が定められています（法108条）。

他方，個人の生命・身体に対する危険がなく，財産に対する危険しかないのであれば，処罰の必要はありますが，現住建造物等と同列に論じることはできませんから，他人所有の非現住建造物等放火については，現住の場合に比べて法定刑が軽くされています（法109条1項）。さらに，犯人自身の所有にかかる建造物等であれば，他人の財産の保護という必要も生じませんから，具体的な公共の危険が発生した場合にのみ処罰されることになります（法109条2項）。

建造物等以外放火の場合も見てみると，他人の建造物等以外の放火は法110条1項で処罰されますが，それが自己所有の建造物等以外の放火の場合は法定刑が軽くなっています（法110条2項）。そして，建造物等以外放火の場合は，他人所有・自己所有いずれの場合も具体的公共の危険が発生しない場合には処罰されません（後述する器物損壊罪等は別です。）。

刑法上，放火罪がこのような構造になっていることに照らすと，事案に対しては，「他人の生命・身体に対する危険はあったか」→「他人の建造物（財産）に対する危険はあったか」→「公共の危険はあったか」という順序で考えるのが相当ということになります。

本件事例についても，まず現住建造物等放火罪に該当しないか，考えること

になるでしょう。その場合，法108条1項は「放火して，現に人が住居に使用し又は現に人がいる建造物，汽車，電車，艦船又は鉱坑を焼損した者は」死刑又は無期若しくは5年以上の懲役に処するとしていますので，①「放火して」，②「現に人が住居に使用し又は現に人がいる」，③建造物等を，④焼損したこと，が要件となります。以下順に検討することとします。

2 「放火して」

「放火」とは，客体（目的物）の燃焼，焼損を引き起こす行為，原因力を与える行為をいいます。目的物に直接点火する場合はもちろんですが，媒介物を介して目的物に点火する場合も含まれます[1]。

不作為による放火もあり得ます。不作為犯については，既に**第7問**（殺人・傷害致死）で詳しく述べたとおりですが，①作為義務と，②作為可能性（容易性）を検討することになります。放火に照らしていえば，①消火義務が認められるか（法令，契約・事務管理，慣習・条理，先行行為，排他的支配関係等に基づく），②消火が可能（容易）であったかどうか，という点を検討することになります。

実行の着手は，焼損の危険が具体化したかどうかで判断することになります。したがって，実際に点火に至らずとも，ガソリンなど引火性の強い物質を散布しただけで「放火」の着手が認められることもあります[2]。

本件事例についてですが，甲の供述や客観的な状況からすれば，甲がライターで段ボールに点火し，実際に段ボールの燃焼が開始した事実，それにより店舗のシャッターが変色した事実は認めてよさそうです。だからといって，直ちに「放火」の実行の着手を認めてよいでしょうか。**本件事例で留意しなければならないのは，段ボールが媒介物なのか目的物なのかという点です。**つまり，甲が何を燃やそうとしたかによって，考え方が異なるということです。段ボールを燃やそうとしたのは明らかかもしれませんが，だからといって直ちに店舗

---

1) 大判大正3・10・2刑録20・1789
2) 横浜地判昭和58・7・20判時1108・138

(建物)の方を燃やそうとしたとはいえないからです。

　先にも少し述べましたが，実行行為とは，構成要件的結果を生じさせる（具体的）危険性が認められる行為であり，結果として「段ボールを燃やすこと」を超えて「建物を燃やすこと」を前提に考えたとき，甲の行為に建物が燃える具体的危険を認めてよいかは意見の分かれるところでしょう。

　結果発生の具体的危険が認められるかというのは，「不能犯として処罰されないか，未遂犯としては処罰されるのか」という問題です。その判断基準としては，一般人が行為の時点で認識可能な事実（及び行為者が認識していた事実）に基づいて結果発生の可能性を判断するという見解（具体的危険説），事後的な視点を入れ，結果発生の可能性を客観的に判断する立場（客観的危険説）などが主張されていますが，判例は，結果を発生させようとする方法が不適切であったため結果発生に至らなかったような事案，例えば殺人の意思で硫黄粉末を服用させたような事案については「絶対不能」として殺人未遂罪の成立を否定している[3]ことに留意が必要です（客観的危険説に近いといわれています。）。

　本件事例では，少なくとも，シャッターと段ボールが約50センチメートル離れていた事実，出火当時無風状態であった事実等は建造物放火罪における建物焼損という結果発生の危険性を認めるに当たりマイナスに働く事情であると思われます（段ボールに火を点けたことをもって段ボールに対する放火罪の実行の着手は認められても，建物に対する放火罪の実行の着手は認められない可能性があるということです。）。とはいえ，シャッターの下方が一定範囲変色している事実や，甲の動機が恨みであったと思われることなどは建造物放火罪の実行行為性を肯定する方向に働くのも確かですから，以下，もうしばらく建造物放火罪の構成要件を検討することとします。

3　「現に人が住居に使用し又は現に人がいる」

　「現に人が住居に使用」するとは，現に人の起臥寝食の場所として日常使用

[3] 大判大正6・9・10刑録23・999

することをいいます[4]。

　また，「現に人がいる」とは，放火の時点で人が現在することをいいます。

　どちらかに該当すれば現住性が認められます。どちらでもよいというのは，他人の生命・身体に危険が及び得るからです。そのことが死刑や無期懲役という重い刑で処罰され得る根拠だということについては，既に述べました。

　「人」とは犯人以外の者をいい，犯人の家族も含まれます[5]。他方，犯人だけが単独で居住している建造物は，非現住建造物になります[6]。居住者全員を殺害した後に放火した場合は，非現住建造物等放火になります[7]。

　結局のところ，現住性・現在性が認められるかどうかは，重く処罰される根拠となる個人の生命・身体への危険が生じたかどうかにより判断することになります。個別具体的な判断を示したものではありますが，競売手続を妨害する目的で自己の経営する会社の従業員を交替で泊まり込ませていた家屋について，保険金を騙し取る目的で実際に放火する際には従業員らを沖縄旅行に連れ出していたという事案につき，「本件家屋は，人の起居の場所として日常使用されていたものであり，右沖縄旅行中の本件犯行時においても，その使用形態に変更はなかったものと認められる。」として，現住性を肯定した判例があります[8]。先に述べた生命・身体への危険については，人が存在する可能性（抽象的危険）をもって足りるということでしょう。

　難しいのは，複合建造物の場合です。複合建造物の場合，その一部に現住性が認められることがある一方，点火した部分自体には現住性・現在性が認められない場合に，全体を現住建造物とみてよいかという問題です。判例は，本殿，拝殿，社務所等の建物が回廊等によって接続され，夜間も神職等が社務所等で宿直していた神宮社殿の一部に放火した事案について「社殿は，その一部に放火されることにより全体に危険が及ぶと考えられる一体の構造であり，また，全体が一体として日夜人の起居に利用されていたものと認められる。そうする

4）大判大正2・12・24刑録19・1517
5）最判昭和32・6・21刑集11・6・1700
6）大判昭和4・6・13刑集8・338
7）大判大正6・4・13刑録23・312
8）最決平成9・10・21刑集51・9・755

と，右社殿は，物理的に見ても，機能的に見ても，その全体が一個の現住建造物であったと認めるのが相当である」としています[9]。ここでも，複合建造物の一部の場所にいる（可能性のある）他人の生命・身体に危険が及ぶかどうかを判断するに当たり，燃え広がる危険がある物理的構造を考えることになりますが，その際，機能面（具体的な利用状況）も考慮してよいというわけです。

加えて難しいのが，不燃性・難燃性建造物の現住性です。このような建造物は，一部に人が現住・現在していても，放火した人の現住・現在しない部分からの延焼の危険性が乏しければ，現住建造物と評価できないのではないかという議論です。この点，裁判例では，鉄筋3階建マンション内の空室に放火したという事案において，燃焼による有毒ガスが人体に危害を及ぼすおそれや，状況によっては火勢が他の部屋へ及ぶおそれが絶対にないとはいえない構造であったことをふまえ，いわゆる耐火構造の集合住宅であっても全体として1個の現住建造物と評価したものもあります[10]。結局のところ，やはり人の生命・身体に危険が及ぶおそれがあるかどうかを考えることとなり，建造物の構造や放火当時の状況はできる限り具体的・客観的に明らかにしなければなりません。

本件事例についてですが，居酒屋Oが客体であると見た場合，段ボールが燃やされた時点で3つの店舗は全て閉店し，店内に誰も残っていなかったことから，店舗棟部分に現住性・現在性は認められません。ただ，店舗棟部分とトタン屋根の自転車置き場を挟んで建っているマンションとの一体性が認められれば，全体として現住建造物と評価する余地があります。先に述べたように，判例では機能性も考慮しており，店舗棟部分及び自転車置き場がマンション住民のために日常的に一体として利用されていることを強調する向きもあるでしょう。ただ，機能性はあくまでも物理的な一体性を判断する際の一要素というべきですから，間に自転車置き場が挟まれているとはいえ，約10メートル離れて建てられている鉄筋コンクリート造の複数の建物を一個の現住建造物とみるのはやや無理があるのではないでしょうか。客体をOと見た場合，非現住建造物という評価が妥当であるように思われます。

9）最決平成元・7・14刑集43・7・641
10）東京高判昭和58・6・20東時34・4＝6・30

4 建造物等

「建造物」とは、家屋その他これに類似する建築物で、屋根があり、壁又は柱で支持されて土地に定着し、人の出入りに適する構造を持つものをいいます[11]。

なお、「汽車・電車」は蒸気機関・電気を動力として一定の軌道上を運行する交通機関を、「艦船」は軍艦及び船舶を、「鉱坑」は鉱物を採取するための地下設備をいいます。

毀損せずに取り外すことのできる畳、襖、障子等は建造物の一部とはいえないとされています[12]。この観点から実務上難しいのは、雨戸や網戸、玄関ドアの類です。適切な工具を使用すれば毀損（損壊）することなく取り外せるともいえるからです。建造物損壊罪における「建造物」に当たるかどうかの判例ですが、建造物への接合の程度と建造物における機能上の重要性を考慮して住居の玄関ドアを建造物に当たるとしたものがあります[13]。また、マンション内のエレベーターのかご部分に放火した事案について、現住建造物たるマンションの一部に当たるとした判例も存在します[14]。ここでも、放火された部分について、建物への接着度、取り外す場合の困難性、利用形態等を明らかにする必要があるといえます。

本件事例においては、居酒屋Ｏの店舗シャッターが変色したとあり、このシャッターが建造物の一部といえるかが問題となりますが、通常は取り外しに一定の作業量が必要となると思われ、閉店時には閉められていたという機能・利用状況からすれば、建造物の一部と評価してよさそうです。

---

11) 大判大正3・6・20刑録20・1300、大判大正13・5・31刑集3・459
12) 最判昭和25・12・14刑集4・12・2548
13) 最決平成19・3・20刑集61・2・66
14) 最決平成元・7・7判時1326・157

5 「焼損した」

「焼損」とは，火が放火の媒介物を離れ，客体に燃え移り独立して燃焼を継続する状態に達したことをいいます[15]。主要部分が毀損されたり，効用が失われたりすることまでは不要とされています（独立燃焼説）。例えば，住宅の天井板約1尺（約30.3センチメートル）四方を焼いた場合も焼損に当たり[16]，建造物放火罪が既遂に達したと認められます。これに対し，主要部分の毀損や，効用の喪失を要求する見解は，木造建築の多い我が国において独立燃焼説では既遂時期が早すぎるという問題意識から指摘されてきましたが，近年は，難燃性の建造物が増加していることから，独立燃焼説では逆に既遂時期が遅すぎるとして，効用の喪失が認められれば焼損に当たるという主張もされています。しかし，「1 はじめに」でも述べたとおり，放火罪が重く処罰される根拠は制御困難な火力により不特定多数者の生命・身体・財産に危険を及ぼす点にありますから，炎が目に見える状態でなくとも，高温化や有毒ガスの発生をもって焼損を認定することは可能と思われます（新効用喪失説とも呼ばれています。）。

本件事例では，シャッターの下方部分が高さ30センチメートル，幅20センチメートル程黒く変色していたとのことですが，火が段ボールを離れシャッター部分が独立して燃焼を開始したものと評価できるかは難しいところです（そもそも段ボールとは別に建物に対する放火罪の実行の着手を認めてよいかも難しいということは既に述べました。）。少なくとも，建物に対する放火罪の既遂を認めることは困難でしょう。

6 公共の危険

放火罪の客体が自己所有に係る非現住建造物等の場合（法109条2項）及び建造物等以外の場合（法110条），公共の危険が発生しなければ犯罪は成立し

---

15) 大判大正7・3・15刑録24・219
16) 最判昭和23・11・2刑集2・12・1443

いとされています。

　公共の危険とは，以前は現住建造物等又は他人所有に係る非現住建造物等に延焼する危険をいうとされていましたが[17]，現在では，不特定又は多数の人の生命，身体又は（現住建造物等及び他人所有の非現住建造物等以外の）財産に対する危険も含まれると解されています[18]。

　そして，その判断においては，火力の程度，周囲の状況，特に可燃物の存否や距離等を総合して判断することになります（「2　放火して」のところで述べた具体的危険が生じたかどうかの判断に類似します。）。

　これに対し，客体が現住建造物等の場合（法108条）及び他人所有に係る非現住建造物等の場合（法109条1項）は，公共の危険は犯罪成立要件とされておらず，その理由は既に他の要件に不特定多数の人の生命，身体，財産に対する危険が含まれているからだと解されます。

	他人所有	自己所有
現住建造物	108条	108条
非現住建造物	109条1項	109条2項 ※「公共の危険」が必要
建造物等以外	110条1項 ※「公共の危険」が必要	110条2項 ※「公共の危険」が必要

　本件事例においては，客体を非現住建造物とみる場合は，店舗棟が客体となり，そうすると，店舗棟が誰の所有であったかがまず問題となります（建物の登記を確認する必要がありますが，本件事例で店舗棟が甲の所有に係る可能性は乏しそうです。）。万一，店舗棟が甲所有の建造物であった場合は，公共の危険が要件となり，店舗棟が燃焼しそれ以外の不特定多数の生命・身体・財産に対する危険が生じたか，すなわち自転車置き場やマンションに延焼する危険があったかということを考えることになります。建物の一体性は認め難いということは既に述べましたが，**延焼の危険はまた別の観点であり，自転車置き場（電動**

17）大判明治44・4・24刑録17・655
18）最決平成15・4・14刑集57・4・445

式自転車やオートバイ等が停まっている可能性もあるでしょう。）自体，あるいは自転車置き場を介してマンションに燃え移る危険自体は存在し，「公共の危険」を否定する必要はなさそうです。

　他方，客体を段ボールとして建造物等以外放火罪の成否を考える場合も公共の危険が要件となります。この場合，段ボールの燃焼により不特定多数の生命・身体・財産に対する危険が生じたかを考えることとなりますが，段ボールの燃焼がシャッターを独立して燃焼させる程度のものではなく，段ボールを建造物等放火の媒介物として評価できないことを理由に同放火罪の成立につき消極との立場をとるのであれば，こちらの「公共の危険」についても疑問が残るのではないでしょうか。

7　主観的要件

　放火罪は故意犯ですから，まず，自己の行為によって目的物の焼損つまり独立燃焼が引き起こされることの認識が必要です。加えて，客体に対する認識も必要であり，現住建造物等放火罪であれば，目的物が現に人が住居に使用し又は現に人がいるものであるとの認識になります（その認識を欠く場合は，非現住建造物等放火罪の限度で責任を問われることになります。）。

　不作為による放火の場合は，既発の火力を利用する意思が必要との主張もありますが，他の犯罪と殊更に区別する必要はなく，既発の火力により建造物等が焼損されることを未必的にせよ認識すれば足りるでしょう。

　自己所有の非現住建造物等放火罪及び建造物等以外放火罪の場合は，公共の危険が犯罪成立要件ですので，公共の危険の認識が必要かどうかも問題となります。論理的には必要と解されるのですが，判例は不要説に立っています[19]（公共の危険の認識を要求し，かつその内容を現住建造物等又は他人所有の非現住建造物等への延焼の可能性の認識などと解した場合，自己所有の非現住建造物等放火罪又は建造物等以外放火罪は，同時に現住建造物等放火罪又は他人所有の非現住建造

---

19)　最判昭和60・3・28刑集39・2・75

物等放火罪の未遂罪を構成してしまうことになり，両者が判別困難になるというのがその理由と思われます。）。

本件事例においては，公共の危険の認識につき甲が否定しているようにも見えます。客観的状況を明らかにすることにより，間接事実から認定することになりそうです。また，甲から段ボールを故意に燃やすつもりはなかった（他の原因で着火・燃焼した）との主張が出る可能性がありますので，たばこの吸い殻等，他の原因が排除できるかにつき見分・検証等により明らかにしておくべきでしょう。

8 建造物損壊・器物損壊

放火罪の成立が認め難い場合は，建造物損壊罪・器物損壊罪の成否を検討しておく必要があるでしょう。

法260条前段は「他人の建造物又は艦船を損壊した」者は，5年以下の懲役に処するとします。「建造物」は放火について検討したのと同様に解されます。「損壊」は，その物の効用を害することを指します。

また，法261条は，「（前3条に規定するもののほか，）他人の物を損壊し，又は傷害した」者は3年以下の懲役又は30万円以下の罰金若しくは科料に処するとします。「物」とは財産権の目的となる一切の物件をいい，前3条，つまり法258条から260条までに規定された物は除きますから，公務所の用に供する文書・電磁的記録，権利又は義務に関する他人の文書・電磁的記録，他人の建造物・艦船以外の物ということになります。「損壊」は前記のとおり，その物の効用を害することです。

なお，留意すべきなのは，法260条の建造物損壊は親告罪ではありませんが，法261条の器物損壊は親告罪であるという点です（法264条）。早期に告訴権者を特定し（法人や団体の場合，特に注意が必要です。），処罰の意思の有無を確認・証拠化しておく必要があります。

本件事例についてはどうでしょうか。建造物に火を放つことで効用を失わし

めることも建造物損壊たり得ますが、通常は法108条又は法109条１項の放火（未遂）罪が成立することが多いように思われます。本件事例でも、段ボールに放火しただけでは建造物を目的物とする放火とまではいえないということであれば、建造物損壊罪も認め難いように思われます。むしろ、問題は器物損壊罪の方でしょうか。段ボールに火を放ち黒焦げにしていますので、「他人の物を」、「損壊し」た事実は認めてよいでしょう。あとは、本件事例における段ボールに財産的価値が認められるか（単に捨てられていたごみなのか、それとも再利用を前提に保管されていたものか）、Ｖが告訴する意思を有するかどうか等について確認する必要があります。

9 おわりに

以上のとおり、本件事例では、いちおう論理的には店舗Ｏの入っている店舗棟に対する非現住建造物等放火未遂罪又は器物損壊罪が成立すると思われます。その判断の境界は、段ボールが媒介物か目的物かという点にあり、段ボールの置かれていた状況、建物との距離、その他の媒介物の存在や風向き・風の強さ、温湿度等も考慮して総合的に判断することになるでしょう。もっとも、仮に（非現住）建造物等放火（未遂）罪の成立が困難であった場合、段ボールの財産的価値はそう高いとはいえず、器物損壊罪も立件価値に欠けるとの判断もありそうですから、大変難しい事例といえます。なお、Ｖに対する脅迫罪は、Ｖらのいない間に実行されていることから、「告知して」との要件を欠き認め難いでしょう。

放火罪・器物損壊罪は、通常人の見ていないところで実行行為が行われ、燃焼や消火活動の結果として点火方法等についての証拠発見が困難な場合もありますし、故意に放火（損壊）したとの点を否認する例も多くあります。また、そもそも犯人性に関する証拠収集が困難な事案も見られます。これらの見地からは、現場（燃焼・損壊物件）の鑑識活動（特に燃焼・損傷状況、逆に電気・ガス・たばこや線香等、他の原因により燃焼（損壊）したのではないことの証拠化）、周辺の防犯カメラ映像の確認、目撃者の確保等が重要です。被疑者が確保できた場

合は，犯行現場の状況や犯行前後の状況等をある程度詳細に聴き，犯人しか知り得ないような事実（秘密の暴露）がないかどうか，検討する必要があります。本事例のように，最終的な意図がどこにあったのかが，擬律判断に影響を及ぼすこともありますから，動機にかかるような事実や，当時の認識等についても，よく聴いておく（かつ，その内容を保全しておく）ことが望まれます。

　いずれにしても，本件事例において，非現住建造物等放火未遂罪で逮捕すること自体は可能と思われますが，検察官や裁判官が同様の判断に至るかについては，更に意見が分かれそうです。

文 書 偽 造
〜他人の口座から預金を引き出すためには……〜

　M警察署のN警部補は，平成30年6月4日午後2時頃，管内のH信用金庫M支店から電話で「不審なお客さんがいるので，来てもらえませんか。その人はまだ店内にいるので，裏口から回ってください。」との連絡を受けた。

　Nは，約10分後，H信用金庫M支店に行き，裏口から入ると，副支店長のWが副支店長室で応対し，「通帳と印鑑を持って預金の引き出しに来た男性客に対し，うちの窓口係員が身分証明書の提示を求めたところ，その男は運転免許証のコピーを示しましたが，コピーしかないと言う上に，そわそわして態度がどうもおかしいのです。その男には今もロビーの椅子に座って待ってもらっています。」と説明した。

　Nがそっとロビーの方を見ると，たしかに男が座っており，その顔は副支店長の示した免許証コピーの写真とは同一人物であった。しかし，そのコピーの名前には「V田○男」とあるものの，よく見ると，コピーの活字にやや不自然な線やズレがあるように感じられた。

　そこで，Nはいったん裏口から外に出て，免許証コピーに記載されている番号について免許登録の有無を無線で照会したところ，該当があるものの，「V田○男」とは別人物の甲が登録されていることが判明した。

　Nは，裏口から再び店内の副支店長室に戻り，Wが「男が窓口に来る直前に店内の記載台で書いたものです。」と言って示した預金払戻請求書を見せてもらったところ，「V田○男」名義で預金20万円の払戻請求をするとの内容であり，「V田」の印も押捺されていた。

　次に，Nは同室から「V田○男」の連絡先としてH信用金庫が把握している携帯電話の番号に電話連絡を試みた。すると，V田を名乗る男性が電

話に出たが,「H信用金庫M支店に預金口座を持っているのは間違いないが,この数日間で誰かに預金の払戻しを頼んだりはしていない。」との返答であった。Nが「通帳・印鑑は手元にありますか。」と尋ねると,男性は,「私は一人暮らしで,現在は勤務先にいるので,自宅の様子は分かりません。今夜帰宅後に確認し,連絡します。」と返答した。

　Nは,とりあえずロビーで待っている男の弁解を聞くこととし,信用金庫職員に依頼して別室に男を呼んでもらった。男は,入室するなりNの姿を見て,更にNから警察官である旨を告げられ,驚いた表情を浮かべたが,人定事項を尋ねられたのに対しては,本名が甲であることを認めた。しかし,黙秘権等を告げられた上で「なぜ本名ではなく『V田』という名前で払戻請求を行ったのか。」と質問されたのに対しては,「自分は仲間内で『V田』と名乗ることがある。」,「V田を名乗ることについて,本人から了解を取っている。」などと主張した。

　Nは,甲を警察署に任意同行の上,直ちに文書偽造罪で逮捕状を請求できるか。

〈目　次〉

1　はじめに
2　「行使の目的」
3　「他人の印章若しくは署名を使用して」
4　「権利，義務若しくは事実証明に関する文書若しくは図画」
5　「偽　　造」
6　変　　造
7　公文書偽造
8　その他の犯罪について
9　おわりに

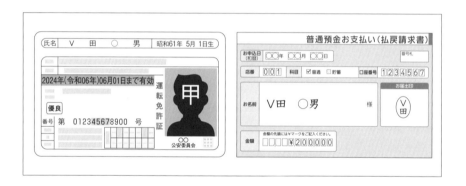

1　はじめに

　本問のテーマは文書偽造罪です。
　文書は，社会生活上重要な役割を果たしており，文書に対する社会の公共的信用を保護するため，刑法第17章に各規定が置かれています。

　偽造には，有形偽造と無形偽造があります。有形偽造は，名義人以外の者が名義を冒用して文書を作成することをいい，無形偽造は，名義人自身が虚偽の内容の文書を作成することをいいます。刑法上，無形偽造すなわち虚偽内容の文書を作成する行為については，公文書につき法156条で処罰規定が置かれて

いますが，私文書については虚偽診断書等についてのみ法160条で処罰されます。これに対し，有形偽造すなわち名義人以外の者が名義を冒用する行為については，無形偽造よりも処罰の範囲が広く，公文書・私文書のいずれも処罰される（公文書は法155条，私文書は法159条）ことになります。

　実務上よく出会うケースは，このうち有印私文書偽造の事例ではないかと思われます。法159条1項は，「行使の目的で，他人の印章若しくは署名を使用して権利，義務若しくは事実証明に関する文書若しくは図画を偽造し，又は偽造した他人の印章若しくは署名を使用して権利，義務若しくは事実証明に関する文書若しくは図画を偽造した者は」3月以上5年以下の懲役に処するとします。

　そこで，①「行使の目的」，②「他人の印章若しくは署名を使用して」，③「権利，義務若しくは事実証明に関する文書若しくは図画」，④「偽造し」の各文言（要件）につき，以下順に検討することとします（必要に応じ，その他の偽造類型にも言及していきます。）。

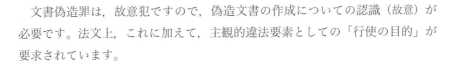

2 「行使の目的」

　文書偽造罪は，故意犯ですので，偽造文書の作成についての認識（故意）が必要です。法文上，これに加えて，主観的違法要素としての「行使の目的」が要求されています。

　「行使」とは，判例上，偽造文書等を真正な文書として（又は内容が真実である文書として）他人に交付，提示等して，その閲覧に供し，その内容を認識させ又はこれを認識し得る状態に置くことをいうとされています[1]（なお，この判例は，偽造した運転免許証を運転中携帯しているにとどまり，まだ警察官に呈示もしていない段階では行使の未遂にもならない（つまり実行の着手が認められない）としていますので，留意が必要です。）。

　ちなみに，通貨偽造罪（法148条）の場合の「行使」は，流通に置くことを

---

1) 最大判昭和44・6・18刑集23・7・950

指しますが，文書は提示するだけで目的を果たすこともありますので，流通に置くことまでは必要ありません。

そこで，「行使の目的」とは，人をして偽造文書を真正な文書と誤信させようとする目的（又は虚偽文書を内容が真実である文書と誤信させる目的）をいうことになります。自ら行使することを確定的に意図している場合はもちろん，他人が行使することを認識している場合[2]や，未必的な意図の場合も含まれます。文書作成後，行使前に発覚したような事案の場合は，「行使の目的」の要件の認定が問題となり得ますが，被疑者の供述をよく聞く必要があることはもちろん，文書そのものの客観的状況や作成方法，作成に至った経緯等により認定することになるでしょう。

本件事例では，まず，預金払戻請求書の偽造の成否が問題となりますが，「偽造」に当たるかはさておき，現に記入後信用金庫職員に対して提出した事実は認められますので，「行使」の事実まで認められ，偽造罪における「行使の目的」の要件の認定に問題はないでしょう。免許証コピーの提示についても，後で検討するように，偽造公文書行使等罪（法158条）における「文書」性が問題となりますが，もし文書に該当するのであれば，行使の事実，行使の目的を認めてよいでしょう。

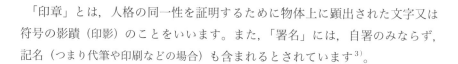

3 「他人の印章若しくは署名を使用して」

「印章」とは，人格の同一性を証明するために物体上に顕出された文字又は符号の影蹟（印影）のことをいいます。また，「署名」には，自署のみならず，記名（つまり代筆や印刷などの場合）も含まれるとされています[3]。

そうすると，多くの文書は，作成名義人が何らかの形で書かれていますので，有印文書ということになります。他方，無印文書とは，文書そのものには作成名義人の記載がないけれども，文書の付属物や周囲の状況から作成名義人が誰

2）最判昭和28・12・25裁判集刑90・487
3）大判明治45・5・30刑録18・790，大判大正5・12・11刑録22・1856

かを認識することが可能な文書ということになり（そもそも名義人が認識可能でなければ刑法上の保護には値しません），実務上あまり多くはありません。

本件事例の預金払戻請求書，運転免許証のコピーについても，いずれも印が押され，あるいは印影が表示されていることから（仮にそうでなくとも作成名義人が自記又は印刷で明示されていますから），この後検討する文書性が認められれば，いずれも「有印」文書になります。

4 「権利，義務若しくは事実証明に関する文書若しくは図画」

「文書」とは文字又はこれに代わるべき符号を用いて，永続すべき状態において物体の上に人の意思又は観念を表示したもの[4]で，法律関係又は社会生活上重要な事実関係に関する証拠となり得るもののことをいいます。また，「図画」とは文字などの可読的・発音的符号ではなく，地図や絵や写真のように，象形的表現方法を用いて人の意思・観念を表示したものをいいます。いずれも刑罰を科すことにより刑法上の保護を必要とするものですから，公共の信用の対象となり得るもの，つまり経済取引などの人間相互の交渉や関わり合いを迅速・円滑に進めるための証明手段（証拠）としての性質が要求されるため，「権利・義務若しくは事実証明に関する」との限定が付されているものと考えられます。例えば，いたずら書きや落書きのようなものには通常「文書」・「図画」性は認められません。入学試験答案について，「志願者の学力の証明に関するものであ」り，「社会生活に交渉を有する事項」を証明する文書に当たるとした判例[5]があります

文書というためには，特定の人が一定のまとまった意思・観念を表示したものでなければなりません。しかし，簡略化されていても文書性は否定されず，郵便局の押す消印も文書とされます[6]。

4）大判明治43・9・30刑録16・1572
5）最決平成6・11・29刑集48・7・453
6）大判昭和3・10・9刑集7・683（ただし，現在は公文書ではなく私文書に該当）

公文書と私文書の違いは，文書からうかがわれる表示主体，すなわち作成名義人が，公務所又は公務員（法7条参照）であれば公文書ですし，そうでなければ私文書ということになります。法文上の違いとしては，法定刑の違い（公文書はかなり重いです），「権利，義務若しくは事実証明に関する」という限定の有無（公文書にはそのような限定が付されていません。），虚偽文書の作成の処罰の範囲（公文書は法156条で処罰されますが，私文書は虚偽診断書等のみ処罰されます。）等です。

　写真コピーについてはどうでしょうか。文書は原本に限る，という考え方もありますが，判例は，「公文書偽造罪の客体となる文書は，これを原本たる公文書そのものに限る根拠はなく，たとえ原本の写しであっても，原本と同一の意識内容を保有し，証明文書としてこれと同様の社会的機能と信用性を有するものと認められる限り，これに含まれる」，「写真コピーは，そこに複写されている原本が右コピーどおりの内容，形状において存在していることにつき極めて強力な証明力をもちうるのであり，それゆえに，公文書の写真コピーが実生活上原本に代わるべき証明文書として一般に通用し，原本と同程度の社会的機能と信用性を有するものとされている場合が多い」などとして，公文書偽造罪の客体たり得るものとしています[7]。

　本件事例においては，預金払戻請求書は，金融取引の証拠となる重要性が認められますから，法159条の客体となる文書（私文書）に該当します。問題は運転免許証のコピーですが，通常の写真コピーである限り，Nの目から見て不自然な点があったとはいえ，身分証明のため示されたものであり，示された側が人の同一性を誤る危険があったものですから，偽造公文書行使等罪（法158条）の客体となる文書（公文書）としてよいでしょう（本件運転免許証コピーについての公文書偽造罪（法155条）等の成否については，「7　公文書偽造」で後述します。）。

7）最判昭和51・4・30刑集30・3・453

5 「偽造」

　有形偽造における「偽造」とは，以前は，「文書の作成名義人以外の者が権限なしにその名義を用いて文書を作成すること」[8]をいうとされていましたが，最近は，「文書の名義人と作成者との間の人格の同一性を偽ること」[9]である，とより端的に解されています。

　通常，作成者と名義人は同一であって，文書を見た者は，文書から読みとれる名義人が作成したものとして文書を信用しますから，名義人と作成者とが異なる場合に，偽造が問題となります。したがって，捜査機関としては，文書の「名義人」と「作成者」をいかに確定するかが重要になります。

　まず，名義人についてですが，文書内に具体的な表示があれば，外形的・機械的に判断ができます。しかし，表示がない場合は，名義人の判断はなかなか困難です。一般に，文書の「名義人」は，「文書に内容として表示されている意思又は観念の主体」とされています。文書偽造罪は，文書に対する公共の信用を保護するものですから，文書の責任の所在を示す，「内容として表示されている意思又は観念の主体」が名義人とされるわけです。名義人は，名義人の署名など文書自体に表示されている必要はなく，文書の内容，筆跡等によって，あるいは付随する物体によって判断することができれば足りるとされています[10]。

　難しいのは，他人名を使用しつつ，自己の顔写真を貼付するなどしたケースです。写真を見る限り，名義人は写真の人物であって，作成者が人格の同一性を偽ったとはいえないのではないか，という主張があり得るからです。判例は，偽名で就職しようと考え，履歴書に被告人自身の顔写真を貼付しつつ，虚偽の氏名，住所等を記入して提出したという事案について，履歴書や雇用契約書の性質，機能等に照らし，被告人が文書から生ずる責任を免れようとする意思を有していなかったとしても，文書に表示された名義人は被告人とは別人格の者

---

8) 最判昭和51・5・6刑集30・4・591
9) 最判昭和59・2・17刑集38・3・336，最決平成5・10・5刑集47・8・7
10) 大判昭和7・5・23刑集11・665

であることは明らかであるとして有印私文書等偽造罪の成立を認めています[11]。

通称の場合にも問題が生じます。通称で作成された文書について、見る者が名義人を作成者本人だと分かる（つまり人格の同一性の齟齬がない）とすれば、偽造とならない可能性が生じるからです。判例は、再入国許可申請書を通称名で作成したという事案において、通称が永年被告人によって公然使用され、相当広範囲に被告人を指称する名称として定着していたとしても、再入国許可申請書の性質にも照らし、名義人と作成者との人格の同一性に齟齬が生じているとします[12]。すなわち、本名以外の名義での作成を許さない文書の性質・機能、作成場面等に照らして、作成者と名義人との人格の同一性を偽っていると認められる場合には、私文書偽造罪の成立が認められます。

結局、写真や通称の問題は、文書の性質に着目し、「本名での作成が要求され、偽造罪として処罰することが相当な文書かどうか」という点から判断することになりそうです。

肩書付きの文書についても、名義人をどう考えるかという問題があります。判例上、理事会議事録を理事Aが「理事録署名人A」と書いてA自身の印を押したという事案につき、作成名義人はA個人ではなく理事会であるとしたものがあり[13]、留意が必要です。また、偶然存在することを知った自分と同姓同名の弁護士の肩書を冒用し「弁護士B」と表示して文書を作成したという事案について、名義人は弁護士資格を有しない個人Bとは別人格の「弁護士B」であるとした判例もあります[14]。

本件事例についていえば、もし、甲が作成・提出した文書が一般の社会生活において用いられるような私文書（例えば、私信など）であり、かつ、甲が「V田〇男」という通称を広く使用し、周囲の者が甲とV田〇男とを同一人物と認識しているのであれば、当該文書の名義人は甲である（甲と「V田〇男」との人格の同一性についての齟齬がない）から、偽造とはならない可能性があります。

11）最決平成11・12・20刑集53・9・1495
12）最判昭和59・2・17（注9と同）
13）最決昭和45・9・4刑集24・10・1319
14）最決平成5・10・5刑集47・8・7

運転免許証のコピーについては，公文書性が問題となり，本名で作成されるべき文書ですから，名義人は甲とは別人の「V田〇男」となります。写真には甲が写っており，番号も甲のもののようですが，前記履歴書についての判例等に照らせば，甲が名義人と見ることは困難です。

これに対し，預金払戻請求書については，法改正等により，本名以外での口座開設を認めない実務が広く定着しつつあるものの，一部ではなお通称での口座使用が残存していることから，真実甲が「V田〇男」との通称を使用していたのか，使用していたのであればその使用範囲，口座取引の状況等を客観的に明らかにする必要があります。そのような事情が特に認められなければ，名義人は甲ではなく文書の外観どおり「V田〇男」としてよいことになります。

それではもう一方の「作成者」はどのように解すべきでしょうか。この点については，事実説（現実に文書を物理的に作成した者をいうとする立場），意思説（文書に表示された意思・観念が由来する者をいうとする立場），効果説（文書の効果が帰属する者をいうとする立場），帰属説（意思・観念の帰属主体をいうとする立場）などがあります。いずれにしても，上司が部下に命じて会社名の文書を作成させる場合や，弁護士が事務員に弁護士名の文書を作成させる場合などが日常的にありますから，少なくとも，事実説は社会一般の慣例をカバーし切れないでしょう。しかし，証明手段としての文書（意思・観念が表示されたもの）に対する信用を保護するのが文書偽造罪ですから，事実説以外の意思説・効果説・帰属説の言わんとするところに大きな相違はなく，結局のところ，「文書の意思・観念の主体」つまりその文書に表示された意思・観念を表示したのは（実質的に）誰か，ということを考えればよいでしょう。

そのため，この点は，必ずしも内部的な作成手続・権限の有無のみにより決まるわけではありません。補助公務員（市役所の係長）が内部手続に違反（申請書不作成・手数料非納付）して公文書（印鑑証明書）を作成した事案につき，作成権限を超えた行為とはいえない，として公文書偽造罪の成立を否定した判例があり[15]，留意が必要です（作成名義人は市長である一方，作成者についても市長と評価する余地があるということでしょう。）。

---

15) 最判昭和51・5・6（注8と同）

また，名義人の承諾がある場合も問題が生じます。もしこの場合に，承諾を与えた人が作成者となるのだとすれば，承諾が存在する場合は常に偽造が成立しなくなるはずです。その一方で，事前に与えられていた文書作成権限を濫用したようなケースでも濫用された部分には承諾がないことを理由に偽造となってしまうでしょう（通常は，権限の濫用は偽造とならず，権限の逸脱の場合に偽造が成立すると解されています。）。

　そこで，承諾の存在のみでは足りず，法的にも承諾が有効でなければならないと解するべきです（現実的・事実的な表示者の作出した内容通りの法的効果が，その自己以外に帰属する，あるいは帰属させることが法的に許されるという法律的・規範的関係がある場合に，作成者は，自己以外の者であるとする考え方です。）。名義人が承諾した場合であっても，名義人自身が作成しない限り責任を負うことができないような場合には，作成者は，（許諾を受けて）文書を実際に表出した者ということになり，名義人と作成者の人格の齟齬が生じることから，有形偽造となります。

　判例も，交通事件原票中の供述書につき，その文書の性質上，作成名義人以外の者がこれを作成することは法令上許されないものであって，他人の名義で作成した場合は，あらかじめその他人の承諾を得ていたとしても，私文書偽造罪が成立するとしています[16]。要は，文書の内容もさることながら，「本人がサインすることに意味があるものかどうか」が重要といえます。

　そう考えると，作成者とは，「基本的に物理的に作成した者であるが，法的に有効な作成権限を与えて作成させた者を含む，実質的に文書を作成したといえる者」ともいえるでしょう。

16）最決昭和56・4・8刑集35・3・57

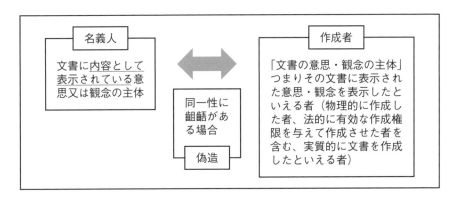

　本件事例についてですが、預金払戻請求書を物理的に作成したのは甲であることが明らかですから（信用金庫店内の記載台で記入した事実が信用金庫係員の供述から認められ、おそらく防犯カメラ画像等も存在するでしょう。）、作成者はまず甲との一応の推認が働きます。しかし、Ｖ田〇男から甲に対して法的に有効な承諾があった場合は、Ｖ田〇男が作成者となる可能性が出てきます。この点、ＮがＶ田に電話で確認をしたところ、他人に預金を払い戻すよう依頼した事実はこの数日間なかったとのことですから、法的に有効な承諾があったとは考えづらく、作成者は原則どおり甲である可能性が高いといえます。

　他方、運転免許証のコピーについては、作成者が誰かは未だ本件事例に表れておらず、今後の捜査を待つことになりそうです。

　以上の検討からすれば、預金払戻請求書については、名義人は「Ｖ田〇男」、作成者は通常の場合には甲と考えられますので、その同一性に齟齬が存在し、「偽造」の事実を認定してよいことになります。

　運転免許証のコピーについても、基本的に同様であり、偽造された可能性が高い（写真・番号と名義に齟齬がある以上、少なくとも内容的には虚偽のものと認

められる）わけですが，偽造の実行行為（作成）をいつ誰が行ったのか未解明である（甲以外の人物が作成して甲に持たせた可能性がある）以上，甲について行使を認めても，偽造を認めてよいかは今後の捜査次第ということです。

6 変造

　他人が押印し又は署名した権利，義務又は事実証明に関する文書又は図画を変造した者も，偽造と同様に処罰されます（法159条2項）。

　偽造と変造の違いは，権限のない者が他人名義の文書を新たに作り出す場合が偽造であるのに対し，他人名義の既存文書の非本質的部分に権限なく改変を加え，証明力に変更を生じさせる場合が変造である，などと説明されています。要は，ゼロから作るのか，それとも既存文書に手を加えるかどうかの違いということになり，明確な線引きが可能であるようにも思われます。しかし，通帳の金額等を大幅に変更した場合は変造ではなく偽造であるとの見解も有力であり，改変部分が非本質的部分かどうかが実際の判断の中心となっています。もっとも，偽造罪も変造罪も刑は同一ですから，客観的事実が明らかである限り，その法的なあてはめにあまりナーバスになる必要はないともいえます。

　なお，本件事例は，変造ではなく偽造が問題となる事例です。

7 公文書偽造

　法155条では，「行使の目的で，公務所若しくは公務員の印章若しくは署名を使用して公務所若しくは公務員の作成すべき文書若しくは図画を偽造」等の行為に及んだ者に対し，1年以上10年以下の懲役という，法159条（私文書）の場合より重い刑罰が科されています。

　公文書とは，公務所・公務員が，職務に関し，所定の形式に従って作成すべき文書をいいます。公務所は官公庁その他公務員が職務を行う場所であり（法7条2項），公務員とは国又は地方公共団体の職員その他法令により公務に従

事する議員，委員その他の職員をいいます（法7条1項）。

一般人の公文書に対する信用を保護することが目的なので，真正な公文書であるとの外観を備えていれば，職務権限内に属しない事柄に関する場合でも公文書に該当します[17]。期限切れの運転免許証，無効な文書でも同様です[18]。

また，法156条は，公務員が職務に関し虚偽内容の文書等を作成した場合（無形偽造）も処罰の対象としており，私文書とは異なる手厚い保護を加えていることについて，既に1及び4で述べたとおりです。

本件事例においては，運転免許証が公文書に該当します。そのコピーについても要保護性が認められること及びこれを甲が偽造したといえるかはまだ不明であることは，既に4及び5で述べたとおりです。

8 その他の犯罪について

本件事例では，その他の犯罪として，詐欺未遂，窃盗・盗品罪の成立が一応問題となり得ます。

詐欺未遂については，甲がV田○男でなく，かつ，V田の依頼・承諾がないのにV田本人であると偽って預金の払戻請求を行ったことにつき成立する可能性があります。信用金庫職員は，不審を感じて警察に通報していることから，錯誤及びそれに基づく処分行為は認められませんが，欺罔行為は認められるので，「未遂」は認めてもよさそうです。

窃盗・盗品罪については，甲が所持していたV田○男の通帳・印鑑を甲がどのようにして入手したかにより，成立の可能性が出てきます。本件の経緯，背景等を明らかにし，事案の本質に見合った処理をするため，継続的に捜査すべきでしょう。

---

17) 最判昭和28・2・20刑集7・2・426
18) 最決昭和52・4・25刑集31・3・169

9 おわりに

　以上のとおり，本件事例では，甲がＶ田○男名義の預金払戻請求書を作成し，同人名義の通帳・印鑑とともに窓口に提出して20万円の払戻請求を行ったとの点につき，有印私文書偽造・同行使・詐欺未遂が成立し，これらの罪は，牽連犯（法54条後段）となる可能性があります。Ｎが甲につき，これら事実での逮捕状請求をすることは可能でしょう。さらに，運転免許証コピーを示した点につき，偽造有印公文書行使の事実を付け加えることも考えられます。

　その上で，Ｖ田が承諾を与えていない事実は，偽造の成否を左右する重要なポイントですから，早期にＶ田供述等により証拠化することが重要です（加えて，本件では甲がＶ田の名前を通称として使用していたかのような弁解がありますので，この点も甲の供述聴取と裏付け捜査等によって解明する必要があります。）。さらに，本件と密接に関連する窃盗罪又は盗品罪，有印公文書偽造罪等の成否判断を意識し，預金通帳・印鑑の入手経緯，運転免許証コピーの作成の有無につき，Ｖ田からの聴取や通帳・印鑑が保管されていたＶ田方周辺の捜査，甲方の捜索や甲の取調べ等により明らかにする必要があるでしょう。

　文書偽造罪は，「偽造」の概念が案外ややこしく，敬遠する向きもあるかもしれません。特に名義人と作成者を特定するくだりは，それぞれに難しい場合もあり，「同一性を偽った」と自信をもって言えるかどうかについては，論理をよく整理して考える必要があります。

　ただ，文書偽造罪の適用を考えるケースでは，通常，文書そのもの，つまりもっとも重要な客観的証拠が手元にあることがほとんどでしょう。その意味では，犯人の検挙，事案解明の糸口として，比較的確実性の高い事案ともいえ，条文の適用に習熟しておくことには大きなメリットがあります。その上で，既に見たように，特に有印私文書偽造罪の法定刑はそれほど重いものとはなっていないことから，更に窃盗罪や詐欺罪に当たるのではないかといった視点を持ち，事案の真相・中核的部分にアプローチする意識を持つことが重要と思われます。

公務に対する犯罪
～身代わり出頭「兄貴は関係ない！」～

　平成30年7月5日午前11時頃，M警察署地域課に勤務するO巡査部長が制服を着用して交番勤務に就いていると，一人の男がやって来て，「実は昨晩，H交差点で交通事故を起こし，怖くなってそのまま逃げてしまいました。」，「自分の名前は甲といいます。」などと述べた。OがM警察署交通課に電話で確認したところ，確かに前日4日午後11時頃，H交差点で乗用車が自転車と接触し，自転車に乗っていたVに傷害を負わせて逃走したひき逃げ事件が発生しているとのことであり，担当官からは，「別件で手が離せない。甲に直接M警察署に来てもらいたいが，その間に甲が翻意する可能性もあるかもしれない。昼過ぎにはそちらの交番に行けると思うので，それまでの間に甲から事情を聞いておいてもらえないか。できれば簡単な内容でよいので自首調書又は供述調書も作成してもらいたい。」旨の依頼を受けた。

　そこで，Oは，甲を交番内の椅子に座らせ，供述拒否（自由）権等を告げて事情を聞き始めた。

　甲は，自身の写真と名前の入った真正と思われる運転免許証を呈示し，人定事項について淀みなく供述した。また，H交差点で乗用車を運転していた経緯についてOが尋ねたのに対しても，「友人と居酒屋で食事をした帰りで，同乗者はいなかった。ビールを2杯ほど引っ掛けており，H交差点に進入した直後，何かにぶつかったような気がしたが，アルコールが検出されるかもしれないと思い，怖くなって逃げた。」などと一応，具体的に供述した。

　その一方で，甲は何かを隠しているような態度であり，Oとしても甲の供述が真実かどうかの判断がつきかねたため，Oは，自首調書ではなく簡

単な内容の供述調書の作成を開始することとし，交番内に備え付けの供述調書用紙を用いて，手書きで甲の供述内容を記載し始めた。

　Oは，甲に質問をしながら供述調書を作成していったが，案の定，衝突状況や逃走経路について質問が及ぶと，甲は，「はっきりしない。」，「どうだったかな。」などと曖昧な返答になった。

　Oは，甲がH交差点に至るまでの経路については具体的に供述しているのに対し，事故後の状況について記憶がない旨述べていることに不審を覚え，角度を変えて聞いてみるなどしたが，甲は同様の供述態度であった。さらに，事故当時運転していたという車両については，甲の先輩である乙名義の車両であると述べ，現在その車両がどこにあるかについては，しばらく考えた後，「たぶん乙さんに返したと思う。」などと述べたことから，Oは，乙が事故につき何か知っているのではないかと考え，「では乙さんに確認する必要がありますね。」と告げた。すると，甲は，急に顔色を変えて，「それは困る。乙さんに迷惑をかけたくない。」，「俺の事件だと言っているじゃないか。乙さんは関係ない。」などと言い始めた。

　Oは，甲の態度の変わり方等から，乙も事故に関わっている可能性や，甲が乙をかばっている可能性を感じ，「正直に述べていますか。」，「供述を拒む権利はありますが，嘘をついてよいということとは違いますよ。」などと言ったところ，甲は，いきなりその場に立ち上がり，Oが机の上に置いていた作成途中の供述調書を摑んで二つに破り，Oに向かって投げつけた。しかし，破られた調書片はOに当たる前に空気抵抗を受けて床上に落下した。

　Oは，甲に対しその場にとどまるように伝え，M警察署に対し応援要請をするとともに，併せて乙に関する事実確認を要請した。かねて乙のことを知っている捜査員が，乙の所属する暴力団の組事務所に急行し，逃走しようとしていた乙に声を掛けて事情を聴いた結果，甲の兄貴分に当たる乙は，前日4日午後11時頃，H交差点で自己の運転する乗用車が自転車と接触し，自転車に乗っていたVに傷害を負わせたが，当時飲酒しており，前科に照らして服役することになることを恐れ，そのまま逃走した事実を

認めた。

　甲の罪責につき，どのように考えたらよいか。

　また，仮に，甲が供述調書を破いたのが甲が署名を終えて供述調書として完成した後であったら結論は変わり得るか。甲が交番を訪れたのが，乙が既に逮捕・勾留されている状態の下であったらどうか。

〈目　次〉
1　はじめに
2　公務員
3　職務
4　執行するに当たり
5　暴行・脅迫
6　主観面
7　公用文書等毀棄罪
8　証拠隠滅罪・証拠偽造罪
9　犯人隠避罪
10　おわりに

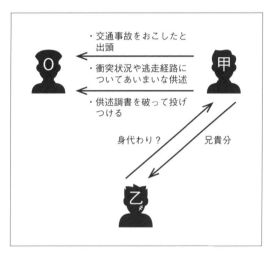

1　はじめに

　公務に対する犯罪は，「国家の作用に対する罪」ともいわれます。国家の作用とは，立法，行政，司法の各作用をいい，刑法上，第2編の第5章以下に，「公務の執行を妨害する罪」（第5章），「逃走の罪」（第6章），「犯人蔵匿及び証拠隠滅の罪」（第7章），同じく第2編の第20章と第21章にそれぞれ「偽証の罪」「虚偽告訴の罪」が規定されています。これらは国家の作用を外側から侵害する罪といわれ，他方，内側から侵害する罪として，第25章の「汚職の罪」があります。

警察官や公務員は勤務中、これらの罪に接する機会があり得ます。特に公務執行妨害罪などは、その成否について瞬時に判断し、検挙や現行犯逮捕等の対応をすることが必要な場合もあるでしょう。そこで、本問では、これらの罪のうち主なものについて考えていきたいと思います。

本件事例に関していえば、甲がOの作成していた調書を摑んで二つに破り、Oに向かって破いた調書を投げつけた点について、公務執行妨害罪の成否が、また、そもそも調書を破く行為について公用文書毀棄罪や証拠隠滅罪の成否が問題となります。さらに、乙の身代わりとして出頭し、Oに対して嘘の内容を供述し調書を作成させようとした行為について、犯人隠避罪や証拠偽造罪の成否が問題となるでしょう。

まずは、公務執行妨害罪の要件について詳しく見ることとします。

2 公務員

法95条1項は、「公務員が職務を執行するに当たり、これに対して暴行又は脅迫を加えた者は」3年以下の懲役若しくは禁錮又は50万円以下の罰金に処するとしており、①「公務員」、②「職務」、③「執行するに当たり」、④「暴行又は脅迫」の各文言の意義が問題となります。

まず、「公務員」については、法7条1項が、「国又は地方公共団体の職員その他法令により公務に従事する議員、委員その他の職員をいう。」との定義規定を設けていますので、これに照らして考えることになります。

「法令により」の「法令」とは、法律・命令のことですが、ここでは行政庁内部の通達、訓令の類も含むとするのが判例です[1]。

「公務に従事する」とは、法令に根拠をおいて公務を行うことであり[2]、具体的な職務権限や職名が全て法令に規定される必要はありません。そして、従事すべき「公務」とは、国又は地方公共団体の事務をいい、必ずしも公権力の

---

[1] 最判昭和25・2・28刑集4・2・268
[2] 最判昭和25・10・20刑集4・10・2115

行使その他の権力関係に基づくものであることを要しません。例えば鉄道，通信，土木，医療，教育に関する事業のように，私的な事業としても広く行われている事業であっても，国や地方公共団体の事務として行われていれば，「公務」となります（したがって，このような事案につき公務執行妨害罪が成立する場合は，威力業務妨害罪も成立することが多いという関係にあります。）。

「議員」は，国又は地方公共団体の意思決定機関である合議体の構成員をいい，「委員」は，国又は地方公共団体において任命，委嘱，選挙等により一定の事務を委任，嘱託される非常勤の者，「その他の職員」は，議員，委員のほか，国又は地方公共団体の機関として公務に従事する全ての者をいいます。公務員が刑法上の主体又は客体となる場面では，公務員の品位の保持や公の作用の円滑適正な実施が保護法益として念頭に置かれていますから，ある程度精神的，頭脳的な判断を伴う職務に従事することが必要となり，単に機械的，肉体的な労務に従事する者はここに含まれないとされます[3]。判例上，民営化される前の郵便集配員について，古くは刑法上の「公務員」に当たらないとされていましたが[4]，その後，民事訴訟法・郵便法等に基づく精神的労務に属する事務をもあわせて担当しているとして，「公務員」に当たるとされました[5]。

本件事例において，O巡査部長は地方公共団体の職員（地方公務員）として公務執行妨害罪の客体たる「公務員」に該当することに問題はないでしょう。

3 職　　務

公務執行妨害罪にいう「職務」は，広く公務員が取り扱う事務の全てが含まれると考えられています（「2　公務員」で述べたとおり，単純な機械的・肉体的労務に従事する者は刑法上の「公務員」には当たらないとされますので，その意味でこれら労務は「職務」でないことになります。）。先にも少し述べましたが，法233条以下に業務妨害罪が規定されていますので，民間の業務と実質的に異な

3）最決昭和30・12・3刑集9・13・2596
4）大判大正8・4・2刑録25・375
5）最判昭和35・3・1刑集14・3・209

らないものについて「職務」から除外すべきとの考えもありますが，法文の解釈として，権力的な公務に限らず，非権力的な公務であっても，公務の一切が公務執行妨害罪により保護される[6]というべきでしょう。

むしろ重要なのは，明文規定にはありませんが，「職務」は適法なものに限られる[7]と解されていることです。

職務の適法性は，㋐「抽象的職務権限」，㋑「具体的職務権限」，㋒「重要な方式の履践」という3つの要件から判断するとされます。ただ，㋐の一般的・抽象的職務権限がなければ職務行為には該当しないといえます。むしろここで重要なのは，㋑当該公務員がその職務を行う具体的職務権限を有することと，㋒職務行為の有効要件である法律上の重要な条件・方式を履践していることであると思われます。手続に形式上の瑕疵があったようなケースにおいて，㋒の要件が特に問題となり得ます。

判例上は，収税官吏がたまたま検査章を携帯していなかったとしても検査行為を「公務の執行」でないということはできないとしたもの[8]や，地方議会議長の議事運営措置が会議規則に違反する等，法令上の適法要件を完全には満たしていなかったとしても，職務の執行にあたるとしたもの[9]などがあります。ただし，警察官の職務執行手続の適法性については，逮捕状を呈示せずに逮捕したケースや，被疑事実の要旨を告げずに逮捕状の緊急執行をしたケース等において，いずれも逮捕行為を違法として公務としての要保護性を否定した裁判例[10]もあるので，留意が必要です。

結局のところ，公務執行妨害罪の成立を認めて保護しなければならないような公務（職務）に当たるかどうか，という観点から判断することになると思われます。

---

6) 最判昭和53・6・29刑集32・4・816，最決昭和59・5・8刑集38・7・2621
7) 大判昭和7・3・24刑集11・296
8) 最判昭和27・3・28刑集6・3・546
9) 最大判昭和42・5・24刑集21・4・505
10) 大阪高判昭和32・7・22高刑集10・6・521，東京高判昭和34・4・30高刑集12・5・486等

職務の適法性については，その判断基準をどこに置くかについても見解の対立があります。すなわち，当該公務員が適法な職務執行と信じて行為した限り適法とする立場（主観説），裁判所が法令解釈により客観的に判断すべきとする立場（客観説），行為時における一般人の判断によるべきとする立場（折衷説）などです。前記のとおり，公務執行妨害罪は当該公務員の個人的法益ではなく公務を保護するものですから，基本的には客観説が妥当です。ただし，その判断の前提となる事情は事後ではなく行為時点に求めるべきです。判例も，事後的に裁判所が無罪の判断をした者に対する現行犯逮捕行為の適法性が争われた事案において，公務執行妨害罪が成立するには公務員の職務行為が適法であることを要するが，その適否は事後的に準客観的な立場から判断されるべきでなく，行為当時の状況にもとづいて客観的，合理的に判断されるべきである，としています[11]。

【職務の適法性の要件】
　㋐「抽象的職務権限」
　　法令により限定された当該公務員の行い得る職務の範囲内か
　㋑「具体的職務権限」
　　現実に当該職務を執行する権限・そのための前提事実があるか
　㋒「重要な方式の履践」
　　当該職務執行にとって重要な方式を履践しているか

【適法性の判断基準】
　<u>行為時の状況を前提</u>として一定の職務執行が認められている場合には，その要件が具備されている限り職務執行は適法。

本件事例において，Oの甲からの事情聴取・供述調書作成行為が地方公務員たる警察官の取り扱う事務に該当することに争いはないでしょう。そして，職務の適法性について，前記㋐「抽象的職務権限」，㋑「具体的職務権限」，㋒「重要な方式の履践」に照らして考えた場合，㋐抽象的職務権限は既に見たように警察官の職務権限に含まれるとして，㋑具体的職務権限が一応問題となり得ま

---

11) 最決昭和41・4・14判時449・64

す。すなわち，交通事件の本来の担当ではない地域課警察官が被疑者（参考人）の取調べを実施し，供述調書を作成しようとしている点です。しかし，この点も，これら職務を交通課警察官でなければ実施できないとした規定はなく，交番勤務時において通常想定される事件の受理や捜査に関しても，地域課警察官の具体的職務権限内にあると解し得ます。さらに，㋒重要な方式の履践に関しても，Oは，あいまいな供述をする甲に対し供述の矛盾点の追及をしているものの，暴行や脅迫を用いるなどの違法な取調べをした事実はなく，特段の問題はないものと解されます（かつ，これらの判断は，行為時における事情を前提として，客観的に問題ないものといえるでしょう。）。

4 執行するに当たり

　公務執行妨害罪の暴行・脅迫は，公務員が職務を「執行するに当たり」なされたものであることが必要です。いくら当該公務員が職務権限を有していても，休暇・休憩中であったりすれば，保護すべき職務とはならないからです。公務執行妨害罪は，公務員を特別扱いするものではなく，公務員によって執行される公務そのものを保護するものです[12]。公務の円滑な執行自体を保護する趣旨ですから，ある意味当然ともいえます。そこで問題となるのは，職務執行の直前直後や，公務員の移動中に暴行・脅迫が加えられたようなケースです。

　判例は，当初，「職務の執行というのは，漫然と抽象的・包括的に捉えられるべきものではなく，具体的・個別的に特定されていることを要する」とし，当該職務の執行と時間的に接着しこれと切り離し得ない一体的関係にあるとみることができる範囲内の職務行為に限って保護されるとの立場をとった上，国鉄（当時）の駅助役が点呼を執行した後，事務引継ぎを受けるために会議室を出ようとしたところで暴行被害に遭った事案につき，公務執行妨害罪は成立しないとしました[13]。

　しかし，その後の判例は，「職務には，ひろく公務員が取り扱う各種各様の

---

12) 最判昭和28・10・2刑集7・10・1883
13) 最判昭和45・12・22刑集24・13・1812

事務のすべてが含まれる」,「職務の成立によっては，その内容，職務執行の過程を個別的に分断して部分的にそれぞれの開始，終了を論ずることが不自然かつ不可能であって，ある程度継続した一連の職務として把握することが相当と考えられるものがあり，そのように解しても当該職務執行行為の具体性・個別性を失うものではない」などとして，日本電信電話公社（当時）の電報局長らの決裁，文書作成が被告人らへの応対のため中断されていた際の暴行についても，公務執行妨害罪の成立を認めました[14]。さらに，国鉄（当時）の気動車運転士が乗務の引継ぎ・交替を行った後に終業点呼を受けるため駅ホームを歩行していた際の暴行についても公務執行妨害罪が成立するとし[15]，また，県議会において委員会の議事を整理し，秩序を保持する職責を有する委員長が休憩宣言をした後に暴行された事案についても，休憩宣言により職務の執行を終えたものではなく，その後も職責に基づいて委員会の秩序を保持し，紛議に対処するための職務を現に執行していたとして，公務執行妨害罪の成立を認めています[16]。

すなわち，「執行するに当たり」とは，時間や場所により形式的に判断されるべきではなく，職務・職責の具体的内容に照らして実質的に判断されるということであり，要は保護するに値する公務が存在するか，という視点で判断することができるものと思われます。

本件事例においては，Oは，甲から事情を聞き供述調書を録取する職務を執行していた途中，甲によって供述調書を破られ投げつけられたものであり，休暇・休憩中であったような事実もなく，「執行するに当たり」との要件に欠けるところはないでしょう。

5 暴行・脅迫

公務執行妨害罪における暴行については，公務員の身体に対し直接であると

---

[14] 最判昭和53・6・29（注6と同）
[15] 最決昭和54・1・10刑集33・1・1
[16] 最決平成元・3・10刑集43・3・188

間接であるとを問わず不法な攻撃を加えることをいう[17]ものとされています。すなわち，(第8問（傷害・暴行）でも触れた)「広義の暴行」のことであり，狭義の暴行と違って間接暴行をも含むことについては，暴行・脅迫が公務員の身体に対して加えられた場合だけでなく，当該公務員の指揮に従いその手足となりその職務の執行に密接不可分の関係において関与する補助者に対してなされた場合も含まれるとした判例[18]からも明らかです。

そのため，例えば逮捕の現場で証拠物として適法に差し押さえた上，整理のためにそこに置いてあった覚せい剤注射液入りのアンプルを足で踏み付けて損壊した行為も，同職務に当たっていた警察官に対するものと評価することは可能です[19]。しかし，下級審のものではありますが，パトカーの車内に置いてあった警察官作成中の点数切符をやにわに摑み取り，これを引き裂いた行為について，公務員に対する暴行とはいえないとした裁判例もある[20]ので，留意が必要です。すなわち，不法な攻撃たる暴行がどこに向けられたものか，特に，間接のものであるとした場合に公務員の身体に向けられたと評価できるか，という視点はなお必要と思われます。

脅迫についても，人を畏怖させるに足る害悪の告知のすべてを含み，その内容，性質，告知の方法は問いません。

暴行・脅迫の程度については，現実に職務執行妨害の結果が発生したことを必要とするものではなく，妨害となるべきものであれば足ります。公務員の身体に対して投石を行った場合，たとえ命中しなかったとしても，相手の行動の自由を阻害すべき性質のものですから，たとえ1回の投石行為でも，直ちに公務執行妨害罪が成立するものとされています[21]。

本件事例においては，公務執行妨害罪における暴行・脅迫として評価し得る甲の行為としては，「いきなりその場に立ち上がり，Oが机の上に置いていた作成途中の供述調書を摑んで二つに破り，Oに向かって投げつけた」という行

---

17) 最判昭和37・1・23刑集16・1・11
18) 最判昭和41・3・24刑集20・3・129
19) 最決昭和34・8・27刑集13・10・2769
20) 秋田地判平成9・9・2判時1635・158
21) 最判昭和33・9・30刑集12・13・3151

為が考えられます。

　暴行には間接暴行も含まれること，Ｏの職務に対する影響の大きさ等を考えると，甲の行為を公務執行妨害罪の暴行と評価することも可能でしょう。ただし，破かれた調書片はＯに当たる前に空気抵抗を受けて床上に落下したとの事実関係もあり，甲の行為が間接にせよＯの身体に向けられたものと評価できるのか判然としないこと，前記下級審裁判例の同種事案において公務執行妨害罪の成立が否定されていること等に照らすと，暴行と評価できないとの立場も十分あり得るものと思われます。

6 主観面

　公務執行妨害罪の故意としては，公務員が職務執行中であることの認識，これに対して暴行・脅迫を加えることの認識がいずれも必要です。

　適法性の錯誤のケース，すなわち公務員による職務執行が適法であるにもかかわらず，行為者がこれを違法な職務であると誤信して暴行・脅迫を加えたような場合も，問題となり得ます。このような場合には違法性の錯誤（法律の錯誤）に過ぎず故意を阻却しないとする立場，事実の錯誤に該当し故意を阻却するという立場，その中間的立場などがあります。適法性の錯誤には様々な類型が含まれ得ることを踏まえると，錯誤の対象が適法性を基礎付ける事実の場合（例えば，通常逮捕手続において，そもそも逮捕状が出ていないと誤信したような場合）と適法性の評価に関する場合（例えば，逮捕状が出ているのに自己に身に覚えがない以上は，逮捕手続も違法であると誤信したような場合）とを分けて考え，前者のみ事実の錯誤として故意を阻却するとの立場が妥当と思われます。

　本件事例においては，Ｏは制服を着用して交番で勤務していることは客観的に明らかであり，甲もこれを認識した上でＯに対し事件に関する供述をしていた際の犯行ですから，甲の行為が暴行・脅迫に該当すると解した場合には，主観面においても特に欠けるところはなさそうです。

7 公用文書等毀棄罪

　法258条は,「公務所の用に供する文書又は電磁的記録を毀棄した者は」3月以上7年以下の懲役に処するとします。刑法第40章の「毀棄及び隠匿の罪」に規定されており,財産犯のうち,領得罪ではなく,財物の財産的価値を消滅させたり利用を妨げたりする行為を処罰しているものです。

　公用文書等毀棄罪は,財産損壊罪の性格とともに,公務を妨害する罪の性格を持つものであることから,器物損壊罪等と比べて重い刑が定められています。

　法258条の「文書」とは,（第13問（文書偽造）で検討したとおり）文字又はこれに代わるべき符号を用いて,永続すべき状態において物体の上に人の意思又は観念を表示したもの[22]をいいます。「電磁的記録」とは,電子的方式,磁気的方式その他人の知覚によっては認識することができない方式で作られる記録であって,電子計算機による情報処理の用に供されるものをいいます（法7条の2）。

　「公務所の用に供する」とは,現に公務所において使用に供され,又は使用の目的をもって保管されている文書・電磁的記録を総称します[23]。作成者が公務員である場合や,作成の目的が公務所のためである場合に限られず,そのため,公文書偽造罪（法155条）の「公文書」とは少し異なります。

　署名押印を欠く,あるいは本文の一部が未完成であるなどの文書であっても,文書としての意味・内容を備えるものであれば,公用文書等毀棄罪の客体たり得ると解されています。したがって,供述者・作成者の署名捺印のされていない読み聞かせ終了後の弁解録取書[24]や,本文の記載は一部未完了であったが文書としての意味,内容を備えるに至った弁解録取書[25],違法な取調べのもとであっても既に文書としての意味,内容を備えるに至った作成中の供述録取書[26]等もこれに含まれます。

---

22) 大判明治43・9・30刑録16・1572
23) 最判昭和38・12・24刑集17・12・2485
24) 最決昭和32・1・29刑集11・1・325
25) 最判昭和52・7・14刑集31・4・713
26) 最判昭和57・6・24刑集36・5・646

「毀棄した」とは，文書等の効用を害することをいいます[27]。弁解録取書を両手で丸めてしわくちゃにし，床の上に投げ捨てる行為も該当します[28]。

本件事例においては，甲は，Oが机の上に置いていた作成途中の供述調書を摑んで二つに破り，Oに向かって投げつけており，その供述調書が一定内容の記載を含んでいるものであれば，署名の有無に関わらず，「公務所の用に供する文書」といえ，それを破る行為は，「毀棄」に該当します。

したがって，甲の行為が公用文書等毀棄罪に該当する可能性は極めて高いといえます。

8 証拠隠滅罪・証拠偽造罪

法104条は，「他人の刑事事件に関する証拠を隠滅し，偽造し，若しくは変造し，又は偽造若しくは変造の証拠を使用した者」を3年以下の懲役又は30万円以下の罰金に処するとします。

「他人」とは自己以外の者をいい，自己の刑事事件に関する証拠は本罪の客体になりません。他人の刑事事件に関する証拠が，同時に自己の刑事事件に関する証拠でもある場合について，判例は，行為者の意思に関わらず本罪の客体になると解していますが[29]，専ら他人のためにする意思で行われた場合に限って本罪の客体になるとの見解等も有力です。なお，自己の刑事事件に関する証拠を，他人を教唆して隠滅させた場合，本罪の教唆犯が成立するかについては，これを肯定するのが判例です[30]。

「刑事事件」には公訴提起前の被疑事件，捜査開始前の事件についても含まれます[31]。

「証拠」は，捜査機関・裁判機関が，刑罰権の有無を判断するに当たり関係

---

27) 大判昭和9・12・22刑集13・1789
28) 最決昭和32・1・29（注24と同）
29) 大判昭和7・12・10刑集11・1817，大判昭和12・11・9刑集16・1545
30) 最決昭和40・9・16刑集19・6・679
31) 大判昭和10・9・28刑集14・997

があると認められる一切の資料をいいます[32]。人的証拠も含まれ，捜査段階の参考人を隠匿すれば証拠隠滅罪になります[33]。また，証拠能力・証拠価値の有無や程度を問わないとされています。

行為としては，「隠滅」，「偽造」，「変造」，「使用」が該当します。主観面において，他人の利益を図る意図や，司法作用を妨害する積極的意思の存在までは不要とされています。

本件事例においては，甲がOの作成していた供述調書を破いた行為が証拠隠滅罪に該当する可能性がありますが，客観的には自己の刑事事件に関する証拠に過ぎないと評価される可能性があります（しかも，甲は乙のために出頭して虚偽の供述をしていながら，その内容を録取した書面を自ら破いており，他人のためにする意思を要求する有力説に立った場合は，乙のためにする意思にも疑問が生じます。）。完成前の供述調書であった場合は，「証拠」として保護に値するかという問題もあります。

さかのぼって，甲は，乙の身代わりとなるため，Oのいる交番に出頭し，事実に反する供述をしていますので，この点をとらえ，証拠偽造罪と評価することはできないでしょうか。

証言や供述が「証拠」に含まれるかについては，争いがあります。人証が証拠に含まれることについては，既に述べましたが，証言や供述については，否定的な立場の裁判例が多いです[34]。少なくとも，宣誓した証人の偽証については偽証罪のみが成立し，本罪は成立しないとされており[35]，このことも否定的な裁判例が多い理由の一つであるとされています。ただ，参考人が内容虚偽の上申書を作成して捜査機関に提出すれば証拠偽造罪が成立するとした裁判例もあり[36]，結局，これらを統一的に理解するとすれば，証拠偽造罪等で保護される証拠は物理的存在としての証拠方法（証拠物，証拠書類，証人等）に限定され，証言や供述は未だそれに至らない無形の証拠方法にとどまると解するのが一つ

---

32) 大判昭和10・9・28（注31と同）
33) 最決昭和36・8・17刑集15・7・1293
34) 千葉地判平成7・6・2判時1535・144等
35) 最決昭和28・10・19刑集7・10・1945
36) 東京高判昭和40・3・29高刑集18・2・126等

の考え方だといえるでしょう。

本件事例においても，裁判例の立場に立てば，甲が乙のために虚偽供述をしたこと自体をとらえて証拠偽造罪とすることについては，消極と解することになります。

9 犯人隠避罪

法103条は，「罰金以上の刑に当たる罪を犯した者又は拘禁中に逃走した者を蔵匿し，又は隠避させた者は」，3年以上の懲役又は30万円以下の罰金に処するとします。

「罰金以上の刑に当たる罪」とは，法定刑に罰金以上の刑を含む罪をいいます。逆に言えば，法定刑に拘留又は科料だけが規定されている侮辱罪（法231条）や軽犯罪法違反など一部の犯罪以外，多くの犯罪は該当することになります。

「罪を犯した者」については，司法作用を妨害する者を処罰するとの立法趣旨に照らし，犯罪の嫌疑によって捜査中の者を含みます[37]が，真犯人については，捜査開始後に限らず，捜査開始前であっても本罪の客体となります[38]。

「蔵匿」は，官憲の逮捕・発見を免れるべき場所を提供して犯人をかくまうことをいい[39]，「隠避」は，蔵匿以外の方法により官憲の逮捕・発見を妨げる一切の行為をいいます[40]。

犯人の身代わりとして捜査機関に出頭し，自ら犯人である旨の虚偽の供述をする行為については，犯人の検挙の前後を問わず，隠避に当たるとされています[41]。

本件事例においても，甲が乙の代わりに交番に出頭し，乙が起こした事故に

---

37) 最判昭和24・8・9刑集3・9・1440
38) 最判昭和28・10・2刑集7・10・1879
39) 大判昭和5・9・18刑集9・668
40) 大判昭和5・9・18（注39と同）
41) 大判大正4・8・24刑録21・1244（犯人検挙前の事案），最決平成元・5・1刑集43・5・405（犯人が逮捕勾留されていた事案）

ついて自らの起こしたものであると虚偽の内容を告げた行為について、乙の逮捕勾留・検挙の前後を問わず、犯人隠避罪が成立すると思われます。

10 おわりに

　結局、本件事例においては、甲につき、公用文書等毀棄罪と犯人隠避罪が成立するものと解されます。この成否は、甲が供述調書を破いたのが甲が署名を終えて供述調書として完成した前後を問わず、また、仮に甲が交番を訪れたのが乙が既に逮捕・勾留されている状態の下であったとしても変わらないことになります。

　他方、公務執行妨害罪や証拠隠滅罪については、その成否につき、評価が分かれるところになるでしょう。なお、偽証罪（法169条）は、法律により宣誓した証人が虚偽の陳述をした場合に成立する犯罪ですので、本件事例においては不成立となります。

　現場の第一線で活動する警察官にとって特に重要なのは、公務執行妨害罪の成否を瞬時に判断できることと思われます。逮捕要件を満たし、その必要があれば、直ちに逮捕しなければならない場面も想定されます。

　他方、被疑者の人定事項や居住状況を把握しており、直ちに逮捕するまでの必要性が高いとまでいえない場合には、裁判所において、罪証隠滅のおそれがそれほどないとして、勾留の理由が欠けるとの判断をするケースも散見される類型の犯罪であることにも留意が必要です。公務執行妨害罪の成否は、結局のところ、「公務執行にどれだけの影響（又は危険）が生じたか」という部分で決まることも多く、その意味では、警察官や公務員は、自らの執行する職務の内容や意味について、常に自覚的であることが重要ともいえそうです。

　他方、後半部分で触れた証拠隠滅罪や犯人隠避罪等は、偽証罪等と併せ、刑事司法作用に危険を及ぼす犯罪であり、裁判員裁判等により国民が広く手続に参加するようになった現在の刑事司法制度の下では、以前よりも重要性が増したともいえます。こちらも確かな理解と厳格な適用が求められるところです。

贈 収 賄
～接待と高級自転車と引換えに～

　M警察署のN警部補は，平成30年10月1日，次のような内容の匿名の手紙を受け取った。

　「私は，X市役所に勤務する者です。この4月からX市学校教育部保健体育課長になった甲は，以前X市経済振興部観光課長補佐だったとき，建設業者の乙と癒着関係にありました。具体的には，乙の負担で高級クラブに行ったり，高い自転車を貰ったりしており，見返りに何か利益を図っているはずです。そのような薄汚れた人間がいまだに市の要職に就いているのは，X市の恥ですので，ぜひ調べてみてください。私の所属や名前は明かせませんが，観光課の人間や，甲の周囲にいた人間はみんな知っているはずですので，よろしくお願いします。」

　そこで，Nが関係口座の照会や，甲の周辺者に対する聞き込み等の捜査を開始したところ，甲は大学卒業後にX市に採用されたが，同じ中学校を卒業した乙と最近も親しくしていることが分かった。乙は，X市に隣接するY市の建設会社Zを経営しており，甲と乙が一緒に料亭・高級クラブに出入りする姿や，ゴルフをしている姿が度々目撃されていた。また，甲が1台10万円以上する高級自転車に乗っていることも判明した。甲及び乙の利用する金融機関の口座に取り立てて不自然な動きは認められなかったが，平成29年1月，X市が観光振興目的でX市役所に隣接する土地に劇場体験型施設「Xくんシアター」を建設する工事の事業者を決める際に行った入札において，Z社は，最低制限価格に極めて近い金額で落札し，事業者として選定され，相応の収益を上げていた。そのため，乙は，甲から最低制限価格や工事予定価格を聞いたのではないかと疑われた。

　Nは次に，甲の乗っている高級自転車について調べたところ，当該自転

車は外国製で，日本国内で販売を取り扱う業者が限られていたことから，販売経路を解明することができ，平成29年５月に，Ｚ社が法人名義で購入し，甲の名前で防犯登録されていることが判明した。

　甲の職歴については，平成27年４月から29年３月まで経済振興部観光課長補佐，同年４月から30年３月まで学校教育部保健体育課長補佐，同年４月から同課長になっていることが判明した。

　なお，Ｘ市の職務分掌規程によると，工事予定価格の算出は建設部技術管理課の，入札業務は財務部契約課の職務とそれぞれ定められている。

　Ｎは，甲及び乙に対し任意で事情を聴くことを考えているが，甲の弁解として，以下のものが想定された。

「工事予定価格や最低制限価格に関する職務は自分の職務，権限ではない。」
「自転車は無関係の職務に異動後に受け取ったものである。」
「自転車を受け取ったのは栄転祝いであり，友人からの社交儀礼にすぎない。」
「そもそも乙から物や利益を受け取っていない。」
「自転車を受け取ったが，価格情報の漏洩などの不正な行為はしていない。」
「事実は間違いないが，自転車はサドルを交換するなど部品を付け替えてしまった。」

　そこで，これらの弁解を想定しつつ，甲乙の罪責について，どのように考えたらよいか。

〈目　次〉
1　はじめに
2　「公務員が」
3　「その職務に関し」
4　「賄賂を」
5　「収受し，又はその要求若しくは約束をした」
6　請　託
7　職務上の不正
8　事前収賄・事後収賄
9　第三者供賄・あっせん収賄
10　贈　賄
11　没収・追徴
12　おわりに

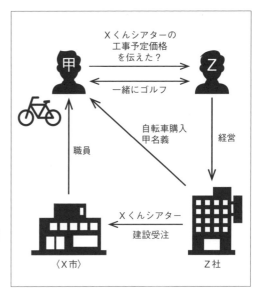

1　はじめに

　本問は贈収賄罪を扱います。公務，国家の作用に対する犯罪としては，第14問において公務執行妨害罪を扱いましたが，それらは外部の者が公務を侵害する犯罪であったのに対し，公務員自身が内部から公務，国家の作用を侵害する類型の犯罪も存在し，それが刑法第25章に汚職の罪として規定されています。汚職の罪は，古くは瀆職の罪ともいい（職務を冒瀆するという意味と思われます），法193条以下の職権濫用罪と，法197条以下の賄賂罪から成ります。

　賄賂の罪は，様々な類型があり，一度に理解するのは困難に思われるかもしれません。しかし，いずれも，法197条1項前段の単純収賄罪を基本とし，それに請託があれば同条同項後段の受託収賄罪が，職務上の不正があれば法197条の3第1・2項の加重収賄罪が成立してそれぞれ刑が加重される関係にあります。また，それだけでは捕捉し切れない類型の行為を処罰するため，法197条2項の事前収賄罪と法197条の3第3項の事後収賄罪，法197条の2の第三

者供賄罪と法197条の4のあっせん収賄罪がそれぞれ設けられており、これらは時間的（タテ）及び人的（ヨコ）に処罰範囲を広げるためのバリエーションとして理解できます。ちなみに、この辺りは順次法改正により条文が付け加わったため、条文の並びや数字に統一感が乏しいのはやむを得ないところです。

いずれにせよ、まずは法197条1項前段が「公務員が、その職務に関し、賄賂を収受し、又はその要求若しくは約束をしたときは、5年以下の懲役に処する」としているのに基づき、①「公務員が」、②「その職務に関し」、③「賄賂を」、④「収受し、又はその要求若しくは約束をした」の各文言について検討を加え、その後加重類型（及び処罰拡大類型）につき更に検討していきたいと思います。

2 「公務員が」

公務員の定義については、公務執行妨害罪の回でも扱ったように、法7条1項により、「国又は地方公共団体の職員その他法令により公務に従事する議員、委員その他の職員」と定義されます。収賄罪は、公務、国家の作用を内側から侵害する犯罪ですから、主体は公務員に限定され、身分犯です。ただし、公務員でない者も、身分者としての公務員に加功することにより法益侵害が可能ですから、共犯となり得ます（法65条1項）。

X市役所職員の甲が公務員に該当することは言うまでもありません。

3 「その職務に関し」

賄賂罪が成立するには、利益と職務が関連するものである必要があります（職務関連性）。ここでいう「職務」とは、公務員がその地位に伴い公務として取り扱うべき一切の職務をいいます[1]。

---

1) 最判昭和28・10・27刑集7・10・1971

「職務」には不正な職務も含まれます。例えば，外国人登録原票等を偽造してやる行為[2]，委員会の審査結果を正式通知前に知らせてやる行為[3]などです。違法な行為であるから職務に関連しないということにはなりません。

公務員の職務である以上，通常は法令による定めがあります。そして，現に具体的に担当する職務に関して賄賂が収受されれば，当然に職務の公正とそれに対する国民の信頼が害されるともいえます（賄賂罪の保護法益は，後でも触れます。）。

問題は，具体的に担当していない職務について，賄賂がやり取りされた場合です。判例は，このような場合でも，法197条にいう「職務」とは，「当該公務員の一般的な職務権限に属するものであれば足りる」として，賄賂罪の成立を認めます[4]。また，「法令上管掌するその職務のみならず，その職務に密接な関係を有するいわば準職務行為又は事実上所管する職務行為に関して賄賂を収受すれば刑法197条の罪は成立する」として，いわゆる職務関連行為についても「職務」に含まれるとします[5]。なお，不作為につき職務関連性を認めるためには，何らかの行政措置を採るべき作為義務が存在する場合でなければならない旨の主張に対し，そのように解すべき根拠はない，とした判例もあります[6]。

同様の問題は，公務員の転職（異動）の場合にも生じ得ます。公務員が，一般的職務権限を異にする職務に転職（異動）したけれども，転職後に転職前の職務につき，あるいは，転職前に転職後の職務につき，利益を収受等する場合があるからです。

就職や退職のケースであれば，事前収賄，あるいは事後収賄の成否の問題となりますが，転職（異動）の場合も専ら事前・事後収賄の成否のみを問題にすればよいのか，という議論です。この点につき，判例はかつて，転職前後の職務権限を比較し，一般的職務権限を同じにする限度で通常の贈収賄罪の成立を認めていました[7]。

---

2) 最決昭和31・7・12刑集10・7・1058
3) 最決昭和59・5・30刑集38・7・2682
4) 最判昭和37・5・29刑集16・5・528，最決平成17・3・11刑集59・2・1
5) 最決昭和31・7・12（注2と同），最決昭和59・5・30（注3と同）
6) 最決平成14・10・22刑集56・8・690

しかし,その後「いやしくも収受の当時において公務員である以上は」収賄罪は成立するとし[8],相手方の公務員が「一般的職務権限を異にする他の職務に転じた後に前の職務に関して賄賂を供与した場合であっても」供与当時受供与者が公務員である以上贈賄罪が成立し得る,などとしています[9]。

これらの判例の立場に対しては,「職務に関し」の範囲があいまいであり,結局,賄賂罪の成立範囲があいまいになるとの批判もあり得るところです。確かにそうかもしれませんが,なぜ収賄罪が処罰されるのか,根本に立ち返って考える必要があります。収賄罪の保護法益が何か,という議論です。

収賄罪の保護法益について,まず考えられるのは,職務の公正・純粋性です。公務員の職務が賄賂によって不正に歪められ,純粋性が失われることを防がなければならないという考え方です。

現行刑法は,197条の3第1・2項で職務の不正を要件として加重収賄罪を定めています。

しかし,既に述べたとおり,職務の不正を要件としない単純収賄罪（法197条1項前段）,受託収賄罪（同項後段）も処罰の対象となっています。すなわち,職務の公正・純粋性以前に,職務の不可買収性も保護法益とされているということです。判例も,職務の公正（純粋性）と不可買収性の両方を保護法益と考えているものとされており,「賄賂罪は,公務員の職務の公正とこれに対する社会一般の信頼を保護法益とするものであるから,賄賂と対価関係に立つ行為は,法令上公務員の一般的職務権限に属する行為であれば足り,公務員が具体的事情の下においてその行為を適法に行うことができたかどうかは,問うところではない。」と明言しています[10]。信頼保護説とも呼ばれています。

つまり,「職務に関し」といえるかどうかは,「職務の公正とこれに対する社会一般の信頼が害されるおそれがあるか」を念頭に,一般的職務権限に属するか,あるいは職務関連行為に該当するかを判断すればよいということです。

---

7) 大判大正4・7・10刑録21・1011等
8) 最決昭和28・4・25刑集7・4・881
9) 最決昭和58・3・25刑集37・2・170
10) 最大判平成7・2・22刑集49・2・1

そして，仮に転職（異動）により一般的職務権限を異にする他の職に転じた場合でも，利益の収受等の時点で公務員である以上は，職務の公正に対する社会一般の信頼は害されますから，事前・事後収賄ではなく，通常の収賄罪が問題となるということになります。

　本件事例では，仮に甲が乙から利益を受け取っていたとして，それが甲の「職務に関し」といえるかが問題となり，「工事予定価格や最低制限価格に関する職務は自分の職務，権限ではない。」との弁解も予想されるところです。

　確かに，甲の職歴を見てみると，平成27年4月から29年3月までが経済振興部観光課長補佐で，同年4月から30年3月までが学校教育部保健体育課長補佐で，同年4月から同課長，というものであり，乙側の利益提供動機に関連すると思われる工事予定価格等の算出業務や入札業務は，X市の職務分掌規程上，他の部課の職務とされており，甲の具体的担当業務とはいえません。

　しかし，平成29年1月，X市がX市役所に隣接する土地に劇場体験型施設「Xくんシアター」を建設する工事の事業者を決める際に行った入札業務は，その当時経済振興部観光課長補佐という立場にあった甲からすれば，当該施設の建設がX市の観光振興目的で行われていることから，その事業者を決めるための入札業務も甲にとって重要ないし密接関連業務であったと思われ，甲の少なくとも一般的職務権限に属する（あるいは少なくとも職務関連行為に該当する）といえ，「職務に関し」との要件は満たされるでしょう。

　また，本件高級自転車の購入は平成29年5月と，甲が学校教育部保健体育課長補佐に転じた後になされており，「自転車は無関係の職務に異動後に受け取ったものである。」との弁解も予想されるところですが，既に述べたように，およそ甲が職を転じた平成29年4月以降も公務員である以上，転職の前後を問わず，一般的職務権限に属する行為について利益が供与等されれば「職務に関し」といえるでしょう。

4 「賄 賂 を」

「賄賂」とは、職務行為と対価関係にある利益をいいます。賄賂は職務行為に対するものであれば足り、個々の職務行為と賄賂との間に対価的関係のあることを必要とするものではありません[11]。

有形無形を問わず人の需要、欲望を満たす一切の利益を包含します[12]。そのため、芸妓の演芸や異性間の情交[13]、上場時にはその価格が公開価格を上回ると見込まれる株式を公開価格で取得できる利益[14]等はいずれも賄賂たり得ます。

職務行為の対価として支払われたものと職務外の行為に対する謝礼とが不可分的に提供された場合は、その全体が賄賂となります[15]。

問題は、中元や歳暮に代表される社交儀礼のケースです。社交儀礼の形をとっていても、公務員の職務に関し授受される以上賄賂に当たり得ますが[16]、公立学校教員である被告人が学級担任着任時等に父兄から贈答用小切手を受領した事例につき、慣行的社交儀礼として行われたものではないかとも考えられる余地がある、として職務行為の対価的給付としての賄賂性を否定した判例もあり[17]、注意が必要です。

結局のところ、「職務に関し」についての認定と同様、職務の公正とこれに対する社会一般の信頼が害されるおそれがあるか（すなわち一般社会通念）を念頭に、職務と対価性を有するかについて、利益約束・給付の状況や利益の内容・価額、両当事者の立場・関係等の間接事実をもとに個別の事案ごとに判断するしかないものと思われます。

本件事例では、甲と乙が一緒に料亭・高級クラブに出入りする姿や、ゴルフ

---

11) 最決昭和33・9・30刑集12・13・3180
12) 大判明治43・12・19刑録16・2239
13) 最判昭和36・1・13刑集15・1・113
14) 最決昭和63・7・18刑集42・6・861
15) 最判昭和23・10・23刑集2・11・1386、最決平成21・3・16刑集63・3・81
16) 大判昭和4・12・4刑集8・609
17) 最判昭和50・4・24判時774・119

をしている姿が度々目撃されていること，更に，乙が経営するＺ社名義で購入した高級自転車（１台10万円以上）を甲が自らの名前で防犯登録して乗っていることから，甲が乙から飲食・遊興・遊戯の利益提供を受けていることが疑われるとともに，自転車の贈与又は利用の利益提供を受けているものと思われますので，これらはいずれも賄賂たり得ます（もちろん，甲が相応の負担をしていれば話は別であり，いずれにしても料亭や高級クラブ，ゴルフ場への支払状況等については捜査が必要です。）。

　甲から「自転車を受け取ったのは栄転祝いであり，友人からの社交儀礼にすぎない。」との弁解も予想されるところであり，甲と乙それぞれの供述を聴取する前の段階において，これら利益供与等の客観的状況が不明であるため，速断はできませんが，一般社会通念からすれば，１台10万円以上の自転車を贈与又は個人的に利用させるというのは社交儀礼の範囲内とは考えにくいのではないかと思われます。

5　「収受し，又はその要求若しくは約束をした」

　「収受」は供された賄賂を受け取り，あるいはその利益を得ることをいいます。返還するつもりで一時的に保管した場合はこれに当たりませんが，単なる弁解であることも多いので留意が必要です。

　「要求」は賄賂の供与を求めることです。相手が応じる必要はありませんし[18]，相手が認識する必要すらありません[19]。

　「約束」は賄賂の供与・収受につき贈賄者と収賄者が合意することです。

　要求，約束，収受が一連の行為としてなされた場合，包括的に１個の賄賂罪となります[20]。

　これらは客観的な実行行為ですが，主観面においても，「公務員が」，「その

18）　大判昭和９・11・26刑集13・1608
19）　大判昭和11・10・９刑集15・1281
20）　大判昭和10・10・23刑集14・1052

職務に関し」,「賄賂を」収受等することの各認識が必要であり,特に公務員は通常,自らの立場や職務内容を自覚した上で職務に従事しているはずであることからすれば,供与される利益が賄賂,すなわち職務に対する対価的関係にあることについての認識・認容の有無がその中核となるものと思われます。

　本件事例では,少なくとも自転車に関しては収受まで認めてよいように思われます。主観面に関し,予想される甲の弁解「そもそも乙から物や利益を受け取っていない。」についても,単なる受領事実の否認の場合もありますが,よくよく聞いてみると,自己の職務の対価的給付であるとの認識がないとの主張であるケースもあり,そうなると,結局,既に検討した「職務に関し」あるいは「賄賂」の認定の問題に帰着することも多いです。

　いずれにしても,主観面を認定する上でも,間接事実,すなわち時系列に沿って,供与者と受供与者とのやり取りや利益の移転状況,受供与者側の勤務状況やその時々の勤務内容等を詳細かつ具体的に明らかにすることが必要となるでしょう。

6 請託

　単純収賄罪の成立要件に加え,「請託を受けた」ときは,加重類型たる受託収賄罪（法197条1項後段）が成立します。具体的には,法定刑が単純収賄罪の5年以下の懲役から,7年以下の懲役に加重されています。

　刑が加重されるのは,請託の存在により,職務と利益との対価関係が一層明確となり,職務の公正に対する信頼の侵害がより大きいものになるから,などと説明されます。

　「請託」とは,公務員に対して一定の職務行為を行うことを依頼することであって,その依頼が不正な職務行為の依頼であると,正当な職務行為の依頼であるとに関係なく,受託収賄罪は成立します[21]。請託は賄賂の供与前になされ

21）最判昭和27・7・22刑集6・7・927

る必要はなく，黙示のものであってもよいとされますが，一定の職務行為をすることの依頼が必要であり，世話になった謝礼と将来好意ある取扱いを受けたい，といった趣旨では足りません[22]。

本件事例では，現時点で請託を明確に認定すべき前提事実は明らかになっていないようです。しかし，時系列に沿って考えれば，乙の経営するZ社が最低制限価格に極めて近い金額で落札し，それと比較的近い時期に甲への高級自転車の供与がなされていることからすれば，乙から甲に対し，最低制限価格又はその前提となる価額に関する情報の提供依頼があったとしても不自然ではなく，そのような観点から捜査がなされるべきでしょう。

7 職務上の不正

収賄罪，受託収賄罪等の要件に加え，「不正な行為をし，又は相当の行為をしなかった」ときは，更に刑が加重され，その法定刑は1年以上の有期懲役となります（法197条の3第1項）。

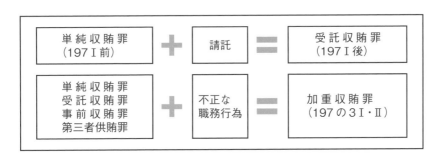

具体的には，「公務員が前2条の罪を犯し，よって」とあるので，公務員が，収賄罪，受託収賄罪，第三者供賄罪を犯した後，あるいは公務員となろうとする者が事前収賄罪を犯し公務員となった後に，不正な行為をし，又は相当な行為をしなかった場合と，公務員がその職務上不正行為をしたことあるいは相当な行為をしなかったことに関し，賄賂を収受，要求，約束又は第三者にこれ

---

[22] 最判昭和30・3・17刑集9・3・477

を供与させ，若しくはその供与の要求若しくは約束をした場合に成立します。

　刑の加重の根拠は，最初に説明したとおり，不正な職務の存在により，単なる信頼（あるいは不可買収性）を侵害するにとどまらず，もはや職務の公正そのものが害されているため，国家の作用を内部から侵害する程度がより大きいといえるからです。

　「不正な行為をし，又は相当の行為をしな」いこととは，職務に反する一切の作為，不作為をいいます[23]。ただし，加重収賄罪の前提となる収賄罪等はいずれも「職務に関し」というのが要件となっていますから，不正行為も職務行為であることが当然に必要です。

　不正な職務行為が他の犯罪を構成することも必須の要件ではありませんが，仮に他の犯罪に該当する場合には，収賄が先行するケースでは当該不正な職務行為たる犯罪（例えば公文書偽造罪）と加重収賄罪とは観念的競合となり[24]，収賄が後になるケースでは，当該不正な職務行為たる犯罪（例えば業務上横領）と加重収賄罪とは併合罪となります[25]。

　本件事例では，現時点で不正な職務行為を明確に認定すべき前提事実がいまだ判然としないのは，請託の場合と同様です。しかし，請託のところでも述べたように，時系列に沿って考えれば，乙の経営するＺ社が最低制限価格に極めて近い金額で落札していることからすれば，甲から乙に対し，最低制限価格又はその前提となる価額に関する情報の漏洩があったとの疑いも存在し，そのような観点から捜査がなされるべきでしょう。もしそうであった場合は，甲の行為は，官製談合防止法（入札談合等関与行為の排除及び防止並びに職員による入札等の公正を害すべき行為の処罰に関する法律）8条違反，あるいは公契約関係競売等妨害罪（法96条の6第1項）にも該当する可能性があります。

　甲からは，「自転車を受け取ったが，価格情報の漏洩などの不正な行為はしていない。」との弁解も予想されるところですが，既に述べたところから明ら

---

23) 大判大正6・10・23刑録23・1120
24) 最決昭和31・7・12（注2と同）
25) 最決昭和32・12・5刑集11・13・3157

かなとおり，刑法は単純収賄罪や受託収賄罪の成否に当たっては不正な職務行為を要件としておらず，当該弁解は，加重収賄罪（枉法収賄罪）が成立しないという主張に過ぎず，仮に不正な職務行為が立証できない場合であっても，単純収賄罪や受託収賄罪の成否には影響しません。

8　事前収賄・事後収賄

　公務員になろうとする者が，その担当すべき職務に関し，請託を受けて，賄賂を収受し，又はその要求若しくは約束をしたときは，公務員となった場合において，5年以下の懲役に処されます（法197条2項，事前収賄罪）。

　公務員であった者が，その在職中に請託を受けて職務上不正な行為をしたこと又は相当の行為をしなかったことに関し，賄賂を収受し，又はその要求若しくは約束をしたときは，5年以下の懲役に処されます（法197条の3第3項，事後収賄罪）。

　収賄罪は公務員による身分犯ですが，現実には就職前や退職後に賄賂の収受等を行うケースが存在し，これらも職務上の公正及びそれに対する社会一般の信頼を侵害することがあります。

　そこで，職務関連性や実行行為（賄賂の収受等）に加え，事前収賄罪においては請託の存在と公務員への就任を要件として，事後収賄罪においては請託の存在と不正な職務行為の存在を要件として，それぞれ処罰の対象とされています。

　いずれも請託の存在が要求されるのは，職務と利益等との対価関係が明確な場合に処罰を限定するためであり，事後収賄罪において，不正な職務行為の存在が要件となるのも，同趣旨と解されます。また，事前収賄罪において公務員への就任が要件となるのは，そうでなければ法益侵害が生じないからです。

　市長が，任期満了の前に，現に市長としての一般的職務権限に属する事項に関し，再選された場合に担当すべき具体的職務の執行につき請託を受けて賄賂を収受した場合は，事前収賄罪ではなく，受託収賄罪が成立するものとされま

す[26]。

　また、防衛庁職員であった被告人が、在職中に請託を受けて職務上不正な行為を行い、退職後に顧問料として金員を受領したという事案につき、被告人に顧問としての実態が全くなかったとはいえないとしても、同金員と不正な行為との間に対価関係があるというべきとして、事後収賄罪の成立を認めた判例も存在します[27]。

　本件事例では、甲はＸ市職員として部署を転じていますが、これは転職（異動）のケースであり、就職・退職すなわち事前収賄・事後収賄の問題とは異なることについて、既に述べたとおりです。

9　第三者供賄・あっせん収賄

　公務員が、その職務に関し、請託を受けて、第三者に賄賂を供与させ、又はその供与の要求若しくは約束をしたときは、5年以下の懲役に処されます（法197条の2、第三者供賄罪）。

　公務員が自ら賄賂を収受するのではなく、第三者に対して受け取らせる場合があるため、請託の存在を要件とし、処罰対象としたものです。

　「第三者」は公務員以外の者をいいます。法人（地方公共団体）への賄賂の供与を第三者供賄罪とした判例があります[28]。

　公務員が請託を受け、他の公務員に職務上不正な行為をさせるように、又は相当の行為をさせないようにあっせんをすること又はしたことの報酬として、賄賂を収受し、又はその要求若しくは約束をしたときは、5年以下の懲役に処されます（法197条の4、あっせん収賄罪）。

　公務員によるいわゆる口利き行為のうち悪質な類型を処罰しようとするもの

---

26) 最決昭和61・6・27刑集40・4・369
27) 最決平成21・3・16（注15と同）
28) 最判昭和29・8・20刑集8・8・1256

であり，主体は公務員に限られます。したがって，あっせんを受ける「他の公務員」の職務の公正とそれに対する社会一般の信頼が第一次的な保護法益ですが，あっせんをする公務員自身の職務の公正とそれに対する社会一般の信頼も保護法益に含まれるものと解されます。

処罰範囲を限定するため，請託の存在と，職務上不正な行為に向けたあっせんが要件とされています。「あっせん」は，贈賄者と他の公務員との間に立ち，他の公務員に対し，職務上不正な行為等をなすよう働き掛け，仲介の労をとることです。私人としての行為はあっせん収賄罪にはなりませんが，公務員としての立場であっせん行為を行えばあっせん収賄罪が成立します[29]。

公正取引委員会が調査中の事件を告発しないように働き掛ける行為についても，あっせん収賄罪たり得ます[30]。

なお，あっせんを受ける他の公務員の行為が職務上不正な行為と言えない場合には，本罪は成立しません。ただし，国会議員や地方公共団体の議会の議員若しくは長等があっせんを行った場合は，あっせん利得処罰法（公職にある者等のあっせん行為による利得等の処罰に関する法律）違反が問題となります。

10 贈　　賄

法197条から法197条の4までに規定する賄賂を供与し，又はその申込み若しくは約束をした者は，3年以下の懲役又は250万円以下の罰金に処されます（法198条，贈賄罪）。

法定刑が収賄罪より軽い理由として，収賄者より弱い立場にあるから，などと言われますが，保護法益（職務の公正等）との関係で，収賄者を介する間接的関係にあるから，というべきでしょう。

既に述べた収賄罪の各類型に対応する必要的共犯であり，収賄を誘発するこ

---

29) 最決昭和43・10・15刑集22・10・901
30) 最決平成15・1・14刑集57・1・1

とに処罰の根拠があります。

「申込み」は、賄賂を受領するように促すことをいい、拒絶されても申込みたり得ます[31]。

本件事例においては、甲に成立し得る収賄罪に対応し、乙に贈賄の疑いがあります。

11 没収・追徴

犯人又は情を知った第三者が収受した賄賂は、没収されます。その全部又は一部を没収することができないときは、その価額を追徴するものとされています（法197条の5）。すなわち、賄賂は、必要的没収・追徴の対象とされているということです。

そのため、賄賂を特定し、収受されたものといえるのか、現所有者が誰なのか、価額はいくらなのか等に関する捜査は、賄賂罪において不可欠のものといえます。

没収の対象は、金銭、動産、不動産等の有体物です。金銭については、特定性が維持されている場合には没収の対象となりますが、それ以外の場合は、追徴の対象となります[32]。ゴルフクラブ会員権も没収ではなく追徴の対象です[33]。

没収の対象者は、「犯人又は情を知った第三者」です。第三者には、自然人以外に法人や団体も含まれます。法人が情を知っているかは、法人の代表者が情を知っているかによります[34]。

第三者から没収する場合には、第三者に弁解、防御の機会を与えなければなりません[35]。

具体的には、刑事事件における第三者所有物の没収手続に関する応急措置法

---

31) 大判昭和3・10・29刑集7・709
32) 最大判昭和23・6・30刑集2・7・777
33) 最決昭和55・12・22刑集34・7・747
34) 最判昭和29・8・20刑集8・8・1256
35) 最大判昭和37・11・28刑集16・11・1593

によることになります。

没収不能の場合は追徴しなければなりません。不能の場合とは，費消，譲渡，滅失等により事後的に没収できなくなった場合と，有体物でない等のためそもそも没収できない場合とが考えられます。

追徴額の算定は，賄賂の授受当時の価額によります[36]。

共犯者が共同して収受した賄賂の追徴に当たっては，裁判所の裁量により一部額の追徴，あるいは一部の者についてのみ追徴を科すことも許され，均分追徴も是認されます[37]。

本件事例では，まず，賄賂が何かという問題があります。飲食費，遊興費，遊戯費であれば，いずれも没収はできず，当時の価額をもとに追徴することになるでしょう。

自転車については，所有権の主体を特定する必要があります。法人であるＺ社が購入している以上は，Ｚ社に所有権があり，使用利益だけが甲に供与されたという考え方もあるでしょうが，**防犯登録が甲名義でなされていること**からすれば，甲が専ら使用するものとして，Ｚ社が購入後に甲に贈与された（甲に所有権が移転した）ものとして自転車そのものを賄賂と見てよいようにも思われます。

もし所有権がＺ社に残っている場合は，Ｚ社が「犯人又は情を知った第三者」といえるかが問題となり，肯定する余地もあるように思われます。

甲所有と見た場合は，更に「事実は間違いないが，自転車はサドルを交換するなど部品を付け替えてしまった。」との弁解も予想されるところであり，事後的に賄賂とそうでないものが結合した（賄賂とは別物になった）という主張のようです。しかし，動産の付合に関する民法の規定（民法243条）は，損傷しなければ分離することができなくなったかどうかを基準にしていることを参考に考えると，自転車の部品であれば，通常そこまでには至らないようにも思われます。そこで，交換前のサドルがどうなっているかについても捜査し，甲

---

36) 最大判昭和43・9・25刑集22・9・871
37) 最決平成16・11・8刑集58・8・905

が処分する前であれば，こちらも押収して没収に備え，処分しているのであれば，当該部分についての追徴も考えられるかもしれません（もっとも，交換後のサドルもいずれにせよ甲所有であり，賄賂罪における必要的没収・追徴は不法な利益を受供与者のもとに残すべきではないとの趣旨の規定ですから，一部を交換したとはいっても自転車本体になお賄賂との同一性があり，全体を没収するとの考え方もあるでしょう。）。

12 おわりに

　結論としては，本件事例につき，甲に対し加重収賄罪（法197条の3第1項），公契約関係競売等妨害罪（法96条の6第1項），官製談合防止法8条違反が，乙に対し贈賄罪（法198条）が成立する可能性があります（もちろん，甲の各弁解についてもよく聴取し，その真偽につき，しっかりとした裏付捜査が求められます。）。

　賄賂罪は，通常賄賂のやり取りや請託・話し合いが密室で行われ，収賄者・贈賄者双方の供述証拠の占めるウェイトが大きいなど，捜査の難しい類型の犯罪と言われます。

　しかし，広く国民・市民のために奉仕すべき公務員が私利私欲のために一部の者の便宜を図ることは許されません。国民・市民の公務員の職務の公正に対する信頼と期待はとても大きいものがありますから，事件の端緒があれば，丁寧な捜査が求められます。関係者の供述を得ることはもちろんのことですが，金融機関の取引状況に関する捜査はもちろん，最近は，電話やメール等の通信履歴や，車や電車による移動履歴・防犯カメラの映像等も残りますから，これらの客観証拠についても，積極的に分析することにより，事件の全体像に迫ることができるでしょう。

過 失 犯
~部活動中の事故,責任は顧問？
それともコーチ？~

　M警察署のN警部補は,平成30年11月4日午後1時頃,「告訴状を提出したい。」との申出でB弁護士を伴い来署したA（46歳・男性）に応対した。B弁護士は,「私から説明させてください。」と言い,以下のとおり述べた。

　「こちらのAさんから委任を受けた弁護士のBと申します。委任状は告訴状と一緒に提出します。今日お伺いしたのは,Aさんの息子さんのVさんが,学校の部活で事故に遭われ,重大な傷害を負ったということで,警察の捜査をお願いするためです。Vさんは,先月15日午後4時頃,通学する中学校のグラウンドで,サッカー部の練習中,別の方向からボールを追いかけてきた軟式野球部の生徒と衝突し,頭から転倒してしまいました。相手の生徒は膝の擦り傷で済んだそうですが,Vさんは救急車で病院に運ばれ,脳挫傷,急性硬膜下血腫と診断され,緊急手術となり,医師からは,少なくとも1か月は入院,重い障害が残る可能性が高いと言われています。Vさんが集中治療室から一般病室に移ってから,知り合いの紹介で私のところに来たAさんから相談を受けました。その際に,私からAさんに,できる範囲でいろいろ情報を集めてみるようお願いしました。その結果ですが,事故当時は,サッカー部顧問の甲とコーチの乙が指導に当たっていたそうです。Vさんのお見舞いに来た他の生徒たちの話では,どうもその時間帯は,グラウンドはもともと軟式野球部の練習用に割り当てられており,サッカー部は体育館で筋力トレーニングをする予定だったようです。

　しかし,試合直前であったため,乙コーチがグラウンドで実戦に似た形式の練習をしたいと言い出し,無理に軟式野球部が練習をしていたグラウンドの隅のスペースを使っていたようなのです。Vさんの中学校では,グラウンドが広くないことを理由に,曜日と時間帯によってグラウンドを使

用できる部は一つだけと決められており，その決まりが守られていれば，このような痛ましい事故は生じなかったと思います。

　Aさんから正式に受任した後，私の方でも甲先生と乙コーチに話を聞きに行きました。甲先生は，『自分は事故当時グラウンドにいたことはいたが，名前だけの顧問であり，サッカーについての指導は全部乙コーチに任せていた。』と言い，乙コーチは，『グラウンドを一つの部だけで使うというのは誰も守っていなかった。陸上部は，いつも端の方でランニングやトレーニングをしていたし，ハンドボール部や軟式野球部だって，うちがグラウンドを使っているときに隅の方で筋トレや素振りをしていた。だから，うちだけが悪いわけではない。事故は痛ましいことで，申し訳ないという気持ちもあるが，球技において，選手同士がぶつかるのは日常茶飯事である。相手の軟式野球部の生徒は，打ち上げられたフライのボールを見失ったらしく，急に向きを変えてV君にぶつかっていったと聞いている。そうであれば，相手の生徒が最大の原因であり，V君も周囲に注意を払わなかったのは残念だ。法律的な問題は，当事者同士でよく話し合って解決してほしい。』などと弁解していました。詳細は，この告訴状にも書いてあります。」

　続いて，Aが，以下のとおり補足した。
「甲と乙の言い分はB先生から説明してもらったとおりです。私はそれを聞いて許せない気持ちになり，告訴をお願いしました。甲と乙の下では，2年前にもサッカー部の生徒が，Vほどではなかったそうですが，大怪我をしているとも聞いています。PTAの間では，今回の件は絶対に見過ごせない重大な事故，いや事件であり，自分たちの立場ばかりを優先させて，生徒の安全を守ろうとしない甲と乙の責任を厳しく問うべきだという署名が多数集まっています。何とか，警察の力で，甲と乙を処罰できるようにしてください。」

　甲と乙の刑責について，どのように考えたらよいか。過失を認める場合，それぞれの注意義務の内容についてはどうか。

第16問　過失犯　235

〈目　次〉
1　はじめに
2　「過失」（「必要な注意を怠り」）
3　予見可能性・予見義務
4　「により」（「によって」）
5　「人を傷害した（死亡させた）」
　（「人を死傷させた」）
6　結果回避義務
7　管理・監督
8　業　務　上
9　おわりに

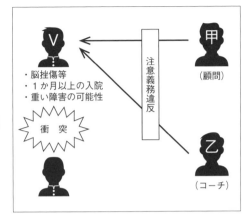

1　はじめに

　本問は，過失犯を扱います。刑法は，38条1項で，「罪を犯す意思がない行為は，罰しない。ただし，法律に特別に規定がある場合は，この限りでない。」と規定しており，故意犯の処罰を原則としつつ，法律による例外を認めており，これが過失犯処罰の根拠となります。

　具体的には，第2編第28章として「過失傷害の罪」という章をもうけ，法209条1項において「過失により人を傷害した者は，30万円以下の罰金又は科料に処する。」（過失傷害罪。2項は親告罪規定），法210条において「過失により人を死亡させた者は，50万円以下の罰金に処する。」（過失致死罪），法211条において「業務上必要な注意を怠り，よって人を死傷させた者は，5年以下の懲役若しくは禁錮又は100万円以下の罰金に処する。重大な過失により人を死傷させた者も，同様とする。」（業務上過失致死傷罪），との各規定を置いています。

　また，法116条（失火罪），法117条2項（過失激発物破裂罪），法117条の2後段（重失火罪・重過失激発物破裂罪），法122条（過失建造物等侵害罪），法129条（過失往来危険罪）の各規定も過失犯処罰を定めています。さらに，刑法以外でも，例えば自動車運転死傷処罰法（自動車の運転により人を死傷させる行為

等の処罰に関する法律）5条は，「自動車の運転上必要な注意を怠り，よって人を死傷させた者は，7年以下の懲役若しくは禁錮又は100万円以下の罰金に処する。ただし，その傷害が軽いときは，情状により，その刑を免除することができる。」（過失運転致死傷罪）と定めています。

　これらの条文の基本構造はそれほど違いません。もともと，自動車を運転し過失により他人に死傷結果を生じさせた場合について，法211条の業務上過失致死傷罪で処罰がされていた時期が長くあり，その後刑法内に自動車運転過失致死傷罪が規定され（旧法211条2項），現在は上記のとおり，刑法の外の自動車運転死傷処罰法により処罰されています。

　ご承知のとおり，交通事故の件数は大変多く，判例の蓄積も相当数ありますので，過失犯の検討に当たっては，これら判例の分析も重要となります。以下では，交通事故に関する判例についても適宜参考にしつつ，刑法第2編第28章の罪を中心に検討することとし，まずは法209条1項の「過失」，「により」，「人を傷害した」の各要件から見ていきます。

2　「過失」（「必要な注意を怠り」）

　「過失」とは，法209条1項・210条と，その業務類型を加重した法211条との条文の文言を比較したとき，法211条では「必要な注意を怠ること」との文言に置き換わっていることから，注意義務違反を指すことが分かります。

　判例は，過失すなわち注意義務違反の内容として，結果の予見可能性，予見義務，結果の回避可能性，回避義務を挙げます[1]。

　かつて，過失の内容に関しては，旧過失論と新過失論との間で争いがありました。旧過失論というのは，責任（主観レベル）においてのみ故意犯と過失犯とを区別しようとするもので，主観面の要素，すなわち予見可能性が過失の最も重要な部分であると考えていました。

---

1) 最決昭和42・5・25刑集21・4・584等

これに対し、新過失論は、予見可能性の判断はあいまいであり、過失犯の成否をより客観的に判断すべきとの問題意識から、故意犯と過失犯とは違法性（したがって違法類型としての構成要件も）の段階から区別されるとするものです。

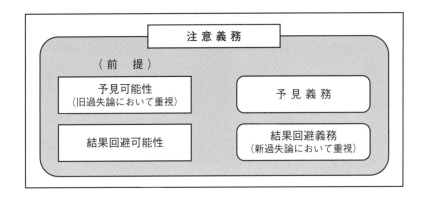

判例の立場は、旧過失論からも説明は可能とされますが、新過失論とより親和的です。

違法要素（・構成要件要素）として過失をとらえるのであれば、結果回避義務に違反する行為（落ち度のある行為）が過失の本質であると考えられます。その場合、予見可能性は、結果回避義務を導くための前提（2次的）要素と位置付けられるでしょう。

他方、旧過失論も、近時は予見可能性のみを検討すればよいとは考えておらず、予見に基づき構成要件該当事実を回避すべき結果回避義務をも検討する判例の立場を否定する見解は少なくなっているようです。

そうなると、いずれの立場からも、予見可能性、結果回避義務のいずれも必要かつ重要であることが分かります。実務における過失の事実構成の方法も、「〜（となることが予見できた）のであるから、〜すべき（業務上の）注意義務があるのにこれを怠り、（漫然）〜した」などという記載によることが多いです。ここでは、「過失」のうち特にこの二つの要件が重要であることを指摘した上で、他の要件とともにこの二つの要件を検討することにしたいと思います。

3 予見可能性・予見義務

いずれの立場からも，過失犯の成立を認めるに当たり，予見可能性が必要とされます。予見可能性は主観面の検討が主なものであり，より客観的要件の後に検討すべきとも考えられますが，過失犯の特殊性に鑑み，先に検討することとします。

では，予見可能性の対象について，どのように考えたらよいでしょうか。

まず，結果について，過失致死罪においては死亡結果についてまで必要であるというのが通説です。判例は，結果的加重犯の加重結果について過失を不要と解したとされ有名な，いわゆる坂東三津五郎事件でも傷害の点の予見可能性があれば足りるとした原判決を是認しています[2]が，責任主義の観点から強い批判もあるところです。

客体については，具体的客体に対する予見可能性までは必要ありません。判例も，運転者の知らない間に荷台に乗った可能性のある人が死傷したという事案において，およそ人の死傷を伴う事故発生の認識可能性があれば，自車後部荷台に人が乗っている事実の認識がなかったとしても過失が認められるとしています[3]。故意犯における錯誤論において，抽象的法定符合説（通説・判例）を採る立場からは当然だと支持されていますが，故意の錯誤論において抽象的法定符合説を採ることと，過失において具体的客体につき予見可能性を要求しないこととは別であるとの議論もあるところです。

因果関係に対する予見可能性はどうでしょうか。因果関係についても，少なくとも基本的部分について予見が必要であるというのが通説ですが，判例は具体的な因果経過の予見可能性がなくとも，別の因果経過の予見可能性が認められれば過失責任を肯定できるとします[4]。

最も問題になるのは，予見可能性の程度としてどの程度のものが要求される

---

2) 最決昭和55・4・18刑集34・3・149
3) 最決平成元・3・14刑集43・3・262
4) 最決平成12・12・20刑集54・9・1095

かです。特に旧過失論からは，結果発生の高度の予見可能性を要求すべきとされます。予見可能性を中心に考える以上，ここのところで絞りをかけなければ過失犯の範囲が広がりすぎてしまうからです。他方，新過失論を更に進めた新・新過失論という立場は，危惧感説とも呼ばれており，過失犯の成立を認めるためには，具体的な予見可能性は必要ではなく，一般人が危惧感を抱く程度のものであれば足りるとします。裁判例では，危惧感説が採られたものもありますが[5]，その後は具体的予見可能性を要求しているとされるものが多いです[6]。とはいえ，これら裁判例の評価としては，実質において危惧感説とそう変わらない，と評するものも多いです。

他方，明らかに具体的予見可能性を要求しているものもあります[7]。判例上は，ホテル等の大規模火災事件において，「旅館・ホテルにおいては，火災発生の危険を常にはらんでいる」などとして，管理・監督者には宿泊客の死傷の危険の及ぶおそれのあることを容易に予見できた，などとするものが複数あります[8]。

これらを統一的に理解するとすれば，発生の原因（リスク要因の存在）すら予見困難なものは予見可能性が否定されますが，発生の原因（リスク要因の存在）は分かっており，仮にそれが発生確率の低いものであっても発生すれば死傷の結果につながるようなものであれば，予見可能性を肯定してもよいように思われます。つまり，リスク要因の存否と結果が発生した場合のその大きさを関連付けて考えるというものであり，その意味で大規模火災事案においては，不特定多数の客等が火の不始末を犯す可能性が存在し，もしそうなれば重大な結果が生じますから，相応の防火対策が求められることになり，予見可能性が肯定されやすいのではないかと思われます。

---

5) 徳島地判昭和48・11・28判時721・7
6) 札幌高判昭和51・3・18高刑集29・1・78（北大電気メス事件控訴審判決），福岡高判昭和57・9・6高刑集35・2・85（水俣病事件控訴審判決）等
7) 大阪高判昭和51・5・25刑月8・4＝5・253
8) 最決平成2・11・16刑集44・8・744（川治プリンスホテル事件），最決平成2・11・29刑集44・8・871（千日デパート事件），最判平成3・11・14刑集45・8・221（大洋デパート事件），最決平成5・11・25刑集47・9・242（ホテルニュージャパン事件）等

とは言っても，個別事案において裁判所から相当程度具体的な予見可能性を要求された場合に，これを否定できるだけの理論的根拠にも乏しいところです。

その意味で，実務上重要なのは，契機の存在です。契機というのは，当該過失が問題とされる行為以前の，結果の発生について認識し得るような事実関係のことです。例えば，類似の事故が直前にも起きていたとか，誰かが危険を感じて改善の申入れをしていた，といったことです。契機の存在は，予見可能性の不可欠の要件ではありませんが，予見不可能という主張に対し，契機の存在とそれに対する認識を立証することにより，具体的予見可能性を認めやすくなります。捜査上は，予見可能性を立証する間接事実として，契機が存在しないか，具体的に明らかにすることが極めて重要といえます。

本件事例において，まず予見可能性の点を検討すると，甲及び乙は，中学校サッカー部の顧問とコーチという立場にあり，その練習や試合の際に，所属する生徒にプレー中の事故による傷害結果が発生する可能性があることは予見し得るといってよいでしょう。そして，客体について，Vはサッカー部に所属する生徒ですから，個別具体的に部員の中の特にVに障害結果が生じるとまでの予見可能性は通説からは必要ありません。因果関係についても，生徒同士の衝突による事故は想定可能というべきであり，本件事例のケースはサッカー部員同士の事故ではなかったとはいえ，同じグラウンドでプレーしている生徒同士という限りにおいて，少なくとも基本的部分について予見が可能というべきでしょう。

問題は，予見可能性がどの程度あったといえるかです。甲については，名ばかりの顧問として具体的指導をコーチの乙に任せていた旨主張しているようです。その意味するところとしては，自らの関与が極めて小さい（稀薄である）旨，及び乙を信頼しており，乙が不適切な指導をするとは思っていなかった旨の主張と思われます。

このうち，信頼の原則については，「6　結果回避義務」のところで詳述しますが，具体的予見可能性まで必要とする立場に立てば，甲につき予見可能性を否定することもあり得るでしょう。ただし，事故当時甲がVと同じグラウン

ドにいたのは事実のようですから，甲が何のためにその場にいたのか，過去の練習時に甲はどのように関わっていたのか，生徒に指導することはなかったのか，などの点につき，サッカー部の他の生徒からの聴取等により明らかにすべきでしょう。また，甲と乙の関係についても，乙の具体的立場（契約内容），甲と乙の間の上下関係や指揮命令関係の有無，甲が練習に直接指導関与することが本当になかったのか等について明らかにする必要があるでしょう。

　その上で，中学校内において，校則・指導マニュアルの存否の確認や，学校長その他教職員からの聴取等により，甲がサッカー部顧問として部活動中の事故回避のためにどのような責任を負っていたのかや事故発生時にはどのような対応が求められていたのか等を，その立場に基づく形式面のみならず実質面においても明らかにすべきでしょう。さらに，契機の存在の観点から，Aの供述する2年前のサッカー部での事故について，事故の具体的態様・結果，判明している原因・経過，その際甲はどのような立場でこれら事故の具体的内容につき認識し得たか等につき，明らかにする必要があるでしょう。もし，2年前も甲が顧問として事故の存在を認識しており，なお特段の対策もとらないままだったとすれば，今回のVの事故と態様が大きく異ならない限り，甲の予見可能性を認める方向に働く事実といえます。

　乙についても，基本的に考え方は同じです。乙は，サッカー部コーチとして練習内容や練習場所を決定する立場にあったようであり，自らも選手同士の衝突が稀ではない旨述べていることからすれば，具体的予見可能性まで認めてよさそうです。しかし，他方，グラウンドの共同使用が常態化していた旨や，野球部の生徒の特殊な動きが原因であった旨を主張しているようです。これらも基本的には「6　結果回避義務」のところで検討すべき事項のように思われますが，予見可能性の問題として捉えるとすれば，因果関係に関する予見可能性を問題としているようにも窺われます。自らの判断としてのグラウンドの共同使用は問題と考えておらず，予想できなかった野球部の生徒の動きが事故の主原因としているからです。

　しかし，既に述べたとおり，**通説・判例によれば，因果関係については，基本的部分ないし別の経過について予見可能性があれば足りる**のですから，乙に

ついても，およそ衝突による事故の可能性について，予見可能性を否定することは困難でしょう。また，甲と同様，契機の存在という観点から，2年前の事故について知り得，かつその後の対策につき責任ある立場にあったのであれば，より予見可能性は肯定しやすくなります。

4 「により」（「によって」）

「により」（「によって」）とあるのは，過失（注意義務違反）と結果発生との間に因果関係が必要という意味です。因果関係については，**第7問**（殺人・傷害致死）でも取り上げましたが，要は結果と行為との間に条件関係が認められることを前提に，結果の発生につき実行行為の危険が現実化したかどうか（あるいは相当因果関係が認められるかどうか）といった点を判断することになります（条件的因果関係）。着目点は，行為それ自体の危険性・結果発生への具体性，介在事情の異常性（予見可能性），介在事情の結果に対する寄与度等です。過失犯においても，基本的にこれらの判断プロセスは同じです。

加えて，過失犯において重要なのは，結果回避可能性の問題です。行為者の行為が公訴事実に書かれた注意義務（予見義務・結果回避義務）違反に当たるという前提に立った上で，行為者がその注意義務を仮に守っていたとしても，結果の発生を回避できなかったという（合理的な疑いを容れる余地がある）場合には，過失犯の成立は否定されるというものであり，判例上も認められています[9]。これは，上記条件的因果関係とはまた別の，法的因果関係（の一部）との理解が有力です。結果発生との関係で捜査機関の構成した注意義務が，裁判所の認識するところと異なったわけですから，過失犯の成立が否定されるのは当然と言えば当然のことであり，注意義務の内容を構成するに当たっては，それを遵守すれば結果の回避が可能であったと証拠上立証できるような事実構成が必要となります。誰から見て結果回避が可能であったかについては，「**6 結果回避義務**」のところで詳しく述べます。

---

9) 最判平成15・1・24判時1806・157等

本件事例において，まず条件的因果関係については，甲及び乙の行為とＶの致傷結果との間の因果関係を考えることになります。ここで甲及び乙の行為とは６で検討する結果回避義務（注意義務）の内容次第ではありますが，グラウンドを共同使用すべきでないのにサッカー部の練習場所として使ったことがまずは考えられるところです。となると，グラウンドで練習しなければ野球部生徒との衝突は起こらなかったといえますし，共同使用を回避すべき学校内の規則も衝突等の事故回避がその目的と思われますから，共同使用を強行した危険が事故という形で現実化した（相当因果関係がある）といってよいでしょう。

次に，結果回避可能性については，グラウンドの使用に関する学校内のルールを守っていれば本件事故は起きなかったといえる（共同使用を避け，別の場所にいたら事故が起きた可能性はありません。）ので，これも認めてよいでしょう。ただし，注意義務の内容を練習場所における監視義務などとした場合は，監視をしていても生徒同士の衝突という一瞬の出来事を阻止することは困難であった，などとして結果回避可能性が否定されることもあるので，注意が必要です。

5 「人を傷害した（死亡させた）」（「人を死傷させた」）

客体に対する実行行為・結果発生についての要件です。

「人」は，行為者以外の自然人のことです。法204条の傷害罪にいう「人の身体」と同じであると考えられます。

「傷害した」についても，法204条と同じであり，近時の判例によれば，「被害者の健康状態を不良に変更し，その生活機能の障害を惹起した」ことをいいます[10]（第８問（傷害・暴行）参照）。

「死亡させた」も，法205条と同じであり，他人の生命を自然の死期に先立って断絶させたことをいいます。結局のところ，過失致死罪と傷害致死・殺人罪との間には少なくとも客体及び結果の面における差異はなく，死亡させることにつき故意があれば殺人罪，暴行又は傷害の故意があれば傷害致死罪であると

---

10) 最決平成24・1・30刑集66・1・36

ころ，暴行・傷害の故意もなければ（「業務上」又は「重」又は）過失致死罪の成否のみが問題となります（**第7問**（殺人・傷害致死）参照）。

本件事例において，Vが傷害を負った事実は認められるようです（もちろん，捜査に当たっては，その診断の証拠化，これまでの治療内容や今後の見通しについても具体的に明らかにする必要があります。）。

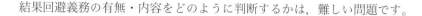

6 結果回避義務

結果回避義務の有無・内容をどのように判断するかは，難しい問題です。

まず，過失（特に結果回避義務）の内容をどのように構成すべきかに関し，段階的過失の問題があります。実際の事案では，過失が単一であることが明白な事案はむしろ少なく，時間的経過に沿って，複数の過失（結果回避義務）が想定し得る事案の方が多いからです。この点，直近過失説と，過失併存説とが主張されており，前者は結果発生に最も近い（結果に直結する最後の）過失のみが過失犯を構成するとするものです。過失犯の事実構成に当たってはまことに傾聴すべき見解ですが，現実には，前記のとおり，過失が単一であることばかりではなく，特に直近過失が軽微であるのに対し，先行過失が重大であるという場合もあります。そのため，過失併存説は，結果と因果関係を有する限り，複数の過失であってもいずれも過失犯を構成し得ると考えます。そこで，実務では，結果発生から時間的経過を遡って検討し，直近過失に最も着目しつつ，それより重大で結果発生に影響を与えた先行過失が存在する場合には，直近過失に代えてそちらを採用し，あるいは直近過失とともに過失の内容として取り込むということが行われています。

また，特に難しいのは，過失の判断の標準の問題（誰から見て予見及び結果回避が可能であったかという問題）でしょう。一般人の能力を標準とする客観説，行為者の能力を標準とする主観説，違法レベルでは一般人を，責任レベルでは行為者を基準とする折衷説などが主張されています。裁判例は客観説に立っているといわれることも多いです[11]。たしかに，純粋な主観説に立つと，能力の

高い者が損をし、不注意な者が得をすることにもなりかねず、公平の見地からも一般人を基準に含めるべきです。ただ、裁判所が純粋な客観説に立っているかといえば、必ずしも明らかではありません。そもそも一般人を標準にするといっても、行為者の立場を離れて議論することはあり得ず、行為者の能力に照らして法が不可能を強いることもできませんから、結局、行為当時の行為者の立場に立った一般人を標準としつつも、知的能力・身体的能力・知識などについては行為者を基準に考えざるを得ないものと思われます。

　結果回避義務を認めるかどうかについて、許された危険という問題もあります。もし、予見可能性の判断に際し高度の予見可能性を要求しない場合には、過失犯の処罰範囲が広がってしまい、およそ危険性を含む行為を多くの人が避けるようになるなど、経済活動にも影響が生じかねません。そこで、(特に新過失論からは、)結果惹起の一定の危険性がある行為であっても、危険にさらされる側の者や社会全体が許容しているなど、利便性その他の法益擁護のために必要であることを理由に許容される (過失犯の成立を認めない)、という「許された危険」という法理が主張されるようになりました。ただ、過失犯の成立範囲を極端に狭める方向で濫用されるおそれもあり、少なくとも、一定の危険性を含む行為が類型的におよそ許されているというのは不相当です。限定を付すため、行政取締法規 (例えば、自動車の運転であれば、道路交通法など) を守っていれば注意義務違反 (結果回避義務違反) はない、などとする考えもあります。しかし、それだけで危険性を含む行為についていつも結果回避義務が免除されるというのも乱暴であり、やはり具体的場面ごとに考えるしかないでしょう。実務・判例上も、正面から採用されてはいないものと思われます。

　むしろ、判例上時折認められているものとして、信頼の原則があります。行為者がある行為をなすに当たり、被害者あるいは第三者が適切な行動をすることを信頼することが相当な場合には、たとえ当該被害者や第三者の不適切な行動により結果が発生しても、過失責任を負わないとするものであり、複数の判例が存在します[12]。解釈として、予見可能性の問題とする見解、注意義務 (結果回避義務) の問題とする見解等があります (前記結果回避可能性の問題として

---

11) 東京地判平成13・3・28判時1763・17 (薬害エイズ帝京大ルート判決) 等
12) 最判昭和41・6・14刑集20・5・449、最判昭和42・10・13刑集21・8・1097等

も見ることができます。）が，いずれにしても過失犯の成立を限定する議論であり，捜査に当たっては留意を要するところです。最近では，医療過誤事件において，過失責任を認めている判例がありますが[13]，他の医療スタッフの不適切な行為が存在したとしても，結局はそれぞれの立場に応じた注意義務違反（結果回避義務違反）を認定しているところです。

　ここまで見て，結果回避義務の有無についての判断は，かなり難しいことが分かります。最終的には責任，あるいは構成要件該当性の問題というより，違法性の問題として扱うべきようにも思われます（個別具体的場面における社会的相当性を根拠に違法性レベルで処罰の対象から除外することがあり得る，との考えです。）。判例等でも，行為者個人がどうであったか，という以上に社会通念，すなわち一般人であればどのように行動することが求められ，そこからの逸脱の程度が結果発生にどのように影響したか，ということが問題となるからです[14]。その意味でも，実務の考え方は，旧過失論よりは新過失論に親和的と評価することが可能でしょう。

　本件事例についてみると，まず，結果回避義務の内容（過失の事実構成）を考える必要があります。「4　因果関係」のところで少し述べたとおり，考えられるのは，グラウンドの共同使用の避止義務，練習場所における監視義務・事故防止義務などでしょう。このうち直近過失は練習場所における監視義務又は事故防止義務ですが，結果回避可能性の点に問題がある上，そもそもそのような義務を顧問やコーチにすべからく課すことができるか，疑問を呈する見解があり得ます（一般的な管理監督義務はあるとしても，対象は幼児ではなく中学生ですから，衝突しないかと全ての生徒の動きを常に把握したりコントロールしたりするのは困難かもしれません。）。

　となると，Bが指摘しているとおり，グラウンドの共同使用の避止義務というのは因果関係の点において明確である上，規則が存在するという点でより重大な過失といえる可能性もあります。ただし，これにも問題はあります。乙の

---

[13] 最決平成17・11・15刑集59・9・1558（埼玉医科大病院事件），最決平成19・3・26刑集61・2・131（横浜市大病院事件）等
[14] 最判昭和24・3・17刑集3・3・311

主張する通り，グラウンドの共同使用が常態化していたのではないかという点です。もしそうであれば，規則の方が空文化しており，グラウンドを共同使用しながら事故が発生していないという状況の方が日常化していたとも考えられますので，逆にいえば，甲・乙に共同使用を避止すべき義務を課すことができるか，問題となるからです。

　この点，グラウンドの共同使用を禁止する規則の制定・周知・遵守の各状況（グラウンドの日常の使用状況），違反した場合の措置の有無・内容，グラウンドの広さ・形状，各部活動における生徒数や具体的使用状況等を踏まえたその内容の合理性等は十分明らかにしなければなりません。また，前提として，学校教育における部活動の位置付けや，各教員・コーチの役割，規則との関係も明らかにすべきです。

　さらに，もしAが述べている2年前の事故というのが，当該規則に関係して生じたということであれば，事故を踏まえた検討・改善の有無等は重要なポイントとなるでしょう。その上で，甲・乙それぞれの立場に照らし，練習場所を決定する権限を実質的に誰が持っていたのか，乙が決めるのであれば甲がそれに容喙（口を差し挟む）ようなシステムになっていたのか（乙が甲に対し練習場所の報告をし，甲の了解を必ず得るような制度になっていたか）どうかも重要です。もしそうでなければ，甲の結果回避義務（過失）が否定されることも考えられます（ただし，本件事例では，甲が練習場所にいたようですから，甲も共同使用事実を認識していたことを前提に，結果回避義務を課すことは十分あり得ます。）。

　いずれにしても，規則違反があったからといって，それが直ちに過失傷害罪の刑事責任を意味するわけではなく，甲と乙，それぞれの立場において，一般人であればどうすべきであったかを考え，規則違反があったとしても，なお事故発生に無理からぬ事情があるのであれば，過失が否定されることもあるということです（ここがまさに社会通念に基づく判断ということになりますので，客観的で慎重な検討が求められます。）。

7 管理・監督

　管理・監督上の過失という問題もあります。管理過失とは，結果発生を防止するため人的・物的な安全体制を確立・設置したり適切に管理したりすべき立場の者が，その義務を怠り結果発生を防止しなかったことにつき過失責任が問題とされる場合であり，監督過失とは，直接の行為者が結果を発生させたとしても，監督すべき立場にある者が適切な監督や指導を怠ったために直接の行為者（被監督者）が結果を発生させたとして，監督者の過失責任が問題とされる場合です。企業や国，地方公共団体などの組織において，末端の行為者のみならず，上位の責任ある立場の者の過失も問われるべきという観点によるものであり，社会の処罰感情にかなうとともに，結果発生防止のために権限を有する者こそが自覚と責任を負うべきとの考えにも沿うものといえます。

　まず，前提として，過失の共同正犯が認められるかという問題があり，肯定した判例もありますが[15]，故意犯と異なり共同実行の意思というのは想定しづらく，責任主義の見地からも，行為者ごとに個別の過失の有無・内容を検討すれば足りるという見解が有力です。

　そうなると，管理・監督過失の検討は，個別の過失の検討として慎重にしなければなりません。とはいえ，既に予見可能性や結果回避義務の検討において，その立場に応じて行ってきたところですから，甲と乙に過失責任を認める場合は，それこそがそれぞれの監督・管理過失になります。

　ここまでの検討からすれば，甲よりは乙の方に，より過失責任を認めやすいといえますが，それが社会の処罰感情にかなうものかどうかは難しいところです。管理・監督責任といっても，それは刑事責任を追及する前提の議論であり，民事責任や道義責任とは区別して考える必要があります。

---

15) 最判昭和28・1・23刑集7・1・30

8 業務上

　一定の業務に従事する者は，通常人に比し特別な注意義務があります[16]。

　法211条前段の業務上過失致死傷罪における「業務」とは，人が社会生活上の地位に基づき反復継続して行う行為であって，他人の生命身体等に危害を加えるおそれがあるものをいいます[17]。また，人の生命・身体の危険を防止することを義務内容とする業務も含まれます[18]。社会生活上の地位に基づくとは，個人的な生活，家庭生活における行為（炊事，育児など）を除外するための要件であり，したがって，娯楽のための行為でもよく[19]，無免許の場合や違法な行為も含まれます[20]。

　反復継続性についても，現実に反復継続されていなくとも，反復継続の意思さえあれば1回限りの行為でもよいとされます。

　他人の生命身体等に危害を加えるおそれがあるとは，類型的に判断されることになり，自転車の走行は，通常の場合，業務ではなく，重過失致死傷罪の問題となります（後述）。他方，自動車運転による過失致死傷事案が，かつて業務上過失致死傷罪の成否の問題として取り上げられてきたことは「はじめに」で述べたとおりです。現在は，自動車運転死傷処罰法5条の過失運転致死傷罪の成否の問題となりますが，そこでの過失の考え方は，既に述べてきたところと基本的に同じです。

　法211条後段の重過失致死傷罪における「重大な過失」とは，過失の程度が重いこと，すなわち，注意義務違反の程度が著しいことをいいます。発生した結果が重大であることや結果の発生すべき可能性が高いことまでは要件とならないというのが裁判例です[21]。この裁判例は自転車運転による事故を重過失致

---

16) 最判昭和26・6・7刑集5・7・1236
17) 最判昭和33・4・18刑集12・6・1090
18) 最決昭和60・10・21刑集39・6・362
19) 最判昭和33・4・18（注17と同）
20) 最決昭和32・4・11刑集11・4・1360
21) 東京高判昭和57・8・10刑月14・7＝8・603

傷罪と評価したものであり，その他，闘犬の管理が不十分であった事案[22]や，路上でゴルフクラブの素振りをして通行人に当てた事案等で重過失が認定されています。

　本件事例においては，もし甲や乙に過失が認められる場合，教員やコーチの立場からの部活指導は社会生活上の地位に基づき，反復継続性もあり，指導内容がスポーツについてのものですから，類型的に生徒の身体に危険が生じるおそれも認めてよいのではないかと思われます。その点では，「業務上」過失傷害罪の問題としてよいものと思われます。

9　おわりに

　結論については，既に述べてきたとおりであり，本件事例に表れた事情だけではどちらともいえない，というのが正直なところです。それゆえ，警察としても捜査のしがいがある事案ともいえ，各要件において指摘した事項，とりわけ規則の証拠化や，グラウンドの見分といった地道な客観証拠の収集，更には教員・生徒・保護者等への聴取等は重要となります。

　事故原因究明や，責任の明確化の見地から，警察に対する社会の期待も大きいと思われます。警察が動くとなると様々な憶測等も呼ぶところであって，学校現場への配慮も必要ですし，時間や手間もかかるところですが，社会通念に基づく判断ゆえ，傷害の重さや，当事者，あるいは保護者・市民の処罰感情等も広く考慮の対象とし，捜査機関としての責任を果たすことが求められるところです。

---

[22]　札幌高判昭和58・9・13刑月15・9・468等

共 犯 1
〜理不尽店長へ怒りの鉄拳だったはずが……〜

　M警察署のＮ警部補は，平成30年12月２日午前１時頃，管内の飲食店Ｘで強盗致傷事件発生，との連絡を受け，Ｘ店に急行したところ，Ｘ店の事務室から被害者Ｖ（26歳，男性）が病院に救急搬送されるところであり，その際のＶの申立てから，犯人はＸ店でアルバイト店員をしている甲と乙の両名であるとの情報をつかんだ。

　そこで，Ｎは甲（22歳，男性）方に向かい，甲方のインターホンを押したところ，玄関で応対した甲は，ちょうど大きな荷物を抱えて家から出ようとしている様子であったが，Ｎの姿を見て観念した様子であり，Ｎから供述拒否権を告げられてもなお，以下のとおり申し立てた。

　「確かに私が乙と一緒にＶに対して暴力を振るったことは間違いありません。Ｖは，私がアルバイトをしている飲食店Ｘの店長で，Ｘ店を経営する会社の正社員です。私たちアルバイト店員は，Ｖの下で勤務していましたが，Ｖは日頃から私たちへの指導が厳しく，私たちの些細なミスでも怒鳴ったりしていました。元相撲部員だそうで，『気合いの張り手だ。』などと言いながら，私たちの顔面を平手打ちすることもあり，アルバイト店員のほぼ全員から嫌われていたと思います。

　今夜の勤務の際も，私と一緒にシフトに入っていた乙が食器を割ってしまい，私も乙と一緒に謝ったのですが，Ｖは許してくれず，張り手をしてきました。おまけに，『食器代の３倍の金額をペナルティーとしてお前らのバイト代から差し引く。』などと言い出し，私たちは困ってしまいました。それで，店が閉まった後，片付けをしながら乙と話をしているうちに，乙が『もう我慢できない。これまでの張り手の分を返そう。こっちが何でも従うと思ったら大間違いだということを教えてやろう。』などと言い出

し，事務室にいたＶに対し，乙と私で殴ったり蹴ったりしてしまったのです。」と述べた。

　Ｎが甲に対し，「強盗致傷事件という連絡を受けているが。」と尋ねると，甲は，「強盗と言われてしまうと……。殴ったり蹴ったりしたのは事実ですが，それは乙から仕返しを誘われたためで，Ｖがぐったりした後，別のバイト仲間の丙に唆され，魔が差したというか……。」などと言い淀んだ。

　Ｎが「何かＶからとったものがあるのか。どこにあるのか。」と聞くと，甲は，「Ｖの腕時計と財布を，丙が持っています。」と答えた。

　Ｎは，甲に対し，Ｍ警察署への同行を求めると，甲は素直にこれに応じた。

　Ｍ警察署の取調室では，既に乙（21歳，男性）がＯ巡査部長からの聴取に応じており，その供述内容は，以下のとおりであった。

　「甲と一緒にＶを殴ったりしましたが，私はＶから金目の物をとったりはしていません。今夜のアルバイト勤務中，私が店の食器を割ってしまい，Ｖから顔を平手で叩かれ，『何度目だと思ってるんだ。これまでの分もあるから，とりあえず，今日割った食器代の３倍をバイト代から差し引く。』などと言われてしまいました。甲も，以前何度も食器を割ったりしていたので，Ｖから同じようなことを言われていました。店が閉まる時間くらいになって，甲が私の近くに来て，『あいつ，俺たちバイトの生活を何だと思ってるんだ。食器代の話を撤回させよう。ついでに，しばらく仕事に出てこられないようにしてやろう。』とＶを痛めつけることを持ち掛けてきたのです。

　食器代の話は正直どうかとは思いましたが，私もそのときはＶに対する不満が溜まっていたので，怒りにまかせて甲の話に乗ってしまい，他のバイト仲間が帰ったのを見計らって，事務室に一人でいたＶに対し，甲と二人で殴ったり蹴ったりしてしまったのです。Ｖは元相撲部員で，身体も大きかったので，二人がかりで必死になって殴ったり蹴ったりしていたら，そのうち大人しくなりました。私はＶの様子を見て，もういいだろうと思ったのですが，甲が『食器の話をする雰囲気じゃねえな。こうなったら，

腕時計と財布を取り上げよう。』と言ってきたので，私は『そんなことしたら，強盗になっちゃいますよ。』と言って断りました。そして，『もう気が済んだから，帰ります。』と言って帰ってきたのです。甲がその後どうしたかは，知りません。」

　Nは，丙からも事情を聴く必要があり，P巡査部長に丙（24歳，男性）からの聴取を依頼したところ，丙の供述は，おおむね以下のとおりであった。

　「Vの腕時計と財布を預かっているので，警察に提出します。私は今夜の勤務シフトには入っておらず，家でテレビを見ていたら，甲の携帯から電話が入りました。甲は，『ちょっと手伝ってほしいことがあるから，X店に急いで来てくれ。』と言っていました。私の家はX店から歩いて5分くらいであり，バイトの手伝いかと思って行ってみると，事務室でVがぐったりしており，横に甲が立っていました。私はびっくりして甲に尋ねると，甲は，『あんまりVが生意気だったから，痛めつけてやった。罰として腕時計と財布を取り上げるから，手伝ってくれ。』と頼まれました。私も，普段からVに対してはいろいろと不満もあったので，甲が見張りをしている間，Vの腕時計を外したり，ズボンのポケットに入っていた財布を取り上げたりするのを手伝ったのです。」

　その後，Vについては，生命に別条はなかったものの，病院での診断の結果，顔面・両腕部・両下肢打撲で全治約3週間の傷害を負っていることが判明した。

　甲，乙，丙の刑責について，どのように考えたらよいか。
　仮に，丙がVが死んでいるものと思った上で，腕時計と財布を取るのを手伝っていたらどうか。

〈目　次〉
1　はじめに
2　共犯の処罰根拠
3　「共同して」
4　「犯罪を実行した」
5　「すべて正犯とする」
6　共犯からの離脱
7　承継的共同正犯
8　おわりに

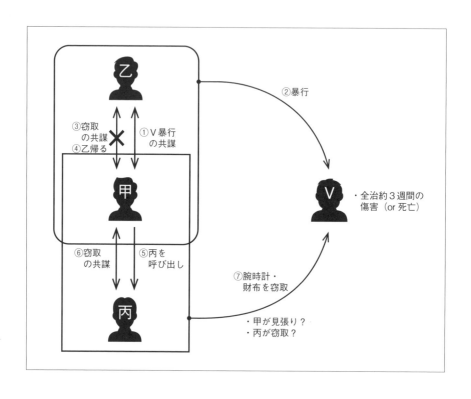

1 はじめに

　本問は，共犯の問題を扱います。
　実務上，複数の者が犯罪に及ぶ共犯事件は結構発生し，各供述の信用性評価や事実認定，罪証隠滅などについても特有の問題が生じます。前提として，それぞれの者がどのような根拠でいかなる罪責を負うのか，正しく理解し，事案に当てはめられることが必要不可欠といえます。

　共犯とは，複数の者が犯罪に関わることを言います。そんなこと当たり前じゃないか，と言われそうですが，似て非なるものに，同時犯があります。これは，単独正犯が偶然その場に居合わせたにすぎない（つまり意思の連絡が認められない）ケースであり，それぞれの者は単独正犯ですから，それぞれが自己の行為の結果のみに責任を負います（ただし，刑法上，傷害については207条の特例が置かれています。）。これに対し，共犯は，何らかの形で意思の連絡が認められる場合です。複数の者が意思の連絡の下（後で触れるように，この連絡は現場における黙示の連絡まで含みます。）犯罪に関与すれば，それだけ結果発生の危険が高まるにもかかわらず，個々の者が自己の行為の結果についてしか責任を負わないということであれば，不合理な結論になるからです（例えば，暴力団が組全体で対立する組の組員を拳銃で殺害することを話し合い，現に複数の者が現場に赴いて射殺したような場合に，死の結果をもたらした銃弾を当てた一人のみが殺人既遂の責任を負うというのは不合理です。）。

　近代刑法は，責任主義（「責任なければ刑罰なし」，つまり行為者を非難できる場合のみ，責任を認めるとする主義）を採用し，その中核は，主観的責任の原則（責任能力や故意・過失を要件として行為者を主観的に非難できる場合のみ責任を認めるとする原則）と個人責任の原則（個人はその犯した犯罪についてのみ責任を負い，他人が犯した犯罪についてまで責任を問われる事は無いとする原則）であるとされます。刑法は，第1編第11章を「共犯」とし，法60条で共同正犯，法61条で教唆犯，法62条で幇助犯を定めていますが，これらの規定は，個人責任の原則を修正した処罰拡張規定であると理解できるわけです。

このうち，実務上最も多くの場面で適用される法60条は，「二人以上共同して犯罪を実行した者は，すべて正犯とする。」と規定しており，「共同して」，「犯罪を実行した」，「すべて正犯とする」とはそれぞれどのような意味かが問題となりますが，それぞれの文言を検討する前提として，まずは共犯の処罰根拠をもう少し考えてみたいと思います。

2　共犯の処罰根拠

先に述べたとおり，共犯の各規定は，自己の行為の結果のみならず，他人の行為の結果についてまで責任を負うとしているわけですから，個人責任の原則の修正であるともいえますが，だからといって，他人の行為の結果についても処罰する以上は，責任主義と真っ向から対立するものであってはなりません。要は，「なぜ他人の行為についてまで責任を問われるか」（共犯の処罰根拠）について，合理的に説明できる必要があります。

共犯の処罰根拠に関しては，かつて，共犯者を犯罪に引き入れた点を重視する責任共犯論，違法共犯論なども主張されてきましたが，現在の判例・通説は，因果共犯論（惹起説ともいいます。）に立っているとされています。

これは，刑法が法益侵害又はその危険（以下「結果」といいます。）を発生させたことを処罰するものである以上，共犯も，結果を発生させたことが処罰根拠であるというものです。共同正犯は，結果を共同で発生させる類型であり，教唆犯と幇助犯は，正犯（実行行為者）を通じて結果を発生させる類型です。

共犯が結果を発生させる（結果に対し因果性を及ぼす）には，物理的に因果性を及ぼす方法と，心理的に因果性を及ぼす方法とが考えられます。物理的因果性というのは，力を貸したり，道具を貸したり，文字通り物理的に犯行を促進していないかという観点からの因果性です。心理的因果性というのは，唆したり励ましたり勇気付けたりといった，主観面に働き掛け犯行を促進したのではないかという観点からの因果性です。

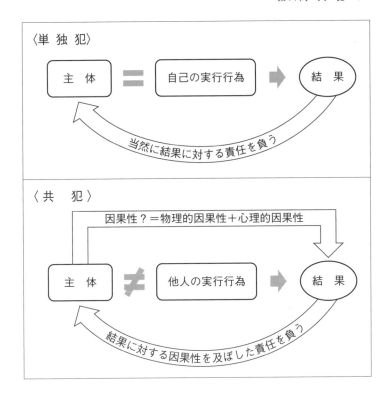

　共犯の類型ごとにこれを見ると，教唆犯は，正犯に犯意を生じさせて犯罪を実行させ，結果を発生させますから，心理的因果性を及ぼすものといえます。幇助犯は，犯行に必要な道具を貸したり，犯行が容易になるような手伝いをしたりするので，主に物理的因果性を及ぼしますが，正犯の立場からすれば，そのような行為を通じ，併せて心理的因果性も及んでいるともいえます。共同正犯でも，意思を通じる点において心理的因果性を及ぼしあい，また，実行を共にする点において物理的因果性を及ぼしあうものといえます（ただし，共謀共同正犯は，実行行為に及ばない点で，物理的因果性は乏しく，自己の犯罪を実現したといえる程度に心理的因果性が強いものかという観点で評価することになります。詳しくは第18問（共犯2）を参照して下さい。）。

　このように考えてくると，共犯が他人の行為の結果についてまで責任を負うことはある意味当然ともいえるでしょう。単独正犯との違いは，そう大きくないものと理解できます。

3 「共同して」

　ここからは、実務上大半を占める共同正犯の規定（法60条）の成立要件とその効果について検討していきます。

　共同正犯が成立するためには、①共同実行の意思と、②共同実行の事実が必要です。このうち、②共同実行の事実については、「犯罪を実行した」との文言から明らかであり、詳しくは「**4　犯罪を実行した**」で触れます。①共同実行の意思については、共同実行の事実が客観的要件であるから、主観的要件として当然に必要であるなどと説明されることもあります。しかし、既に述べた同時犯と違い、他人の行為の結果にまで責任を問われることからすれば、共同実行の事実にとどまらない不可欠の要件として、「共同して」の文言に読み込むことが可能でしょう。

　共同実行の意思とは、二人以上の者が、共同してある特定の犯罪を行おうとする意思をいいます。実行共犯者間における意思の連絡が「共同実行の意思」であり、共謀共同正犯における意思の連絡は「共謀」であって、この二つは内容においても異なる、との見解もあります。しかし、実務上は、その区別にあまり実益はなく、共同実行の意思と共謀とはほぼ同じものを指すと考えて差し支えないでしょう。共同実行の意思は、共同正犯の効果として「すべて正犯とする」とされ、他人（共犯者）の行為についてまで責任を負うことになることから、共同正犯と狭義の共犯との境界に着目し、正犯意思、すなわち犯罪を実行しようとする意思、あるいは互いに相手の行為を利用し合い、補充し合ってその犯罪を実現しようとする意思、などとして説明されることもあります。

　共謀（共同実行の意思連絡）は、必ずしも明示的にされる必要はなく、暗黙のうちにされるものでも構いません[1]（いわゆる黙示の共謀）。

　また、必ずしも事前に成立している必要はなく、行為の現場で即時的に成立するものでも構いません[2]（いわゆる現場共謀）。そのため、偶然的な事情によって生じたのでもよいし、また、それを形成するために事前に打合せが行われた

1）大判大正15・12・23刑集5・584、最判昭和23・11・30裁判集刑5・525等
2）最判昭和23・12・14刑集2・13・1751、最決昭和32・10・18刑集11・10・2675等

ことなども必要ではありません。

　このことから，共謀は必ずしも共謀者全員が同一の場所に会して成立させる必要はなく，数人の間で，そのうちのある者を介して順次にこれを行って成立させるものでも構いません[3]（いわゆる順次共謀）。

　また，共謀を認めるに当たり，共謀者全員が犯行の細部にわたり認識を共有している必要もありません。例えば，強盗における凶器所持・使用の有無[4]，詐欺における具体的欺罔文言[5]等です。

　これに対し，共同行為者中のある者だけに共同実行の意思があり，他の者にはそれが欠けているという場合（いわゆる片面的共同正犯）については，これを共同正犯とすることに肯定的な立場もありますが，通説・判例は，これを否定します[6]。単に一部の行為者の側からの一方的な利用関係しかみられない状況の下では，意思の連絡は認められず，共同正犯は成立し得ないものと解されます。

　本件事例において，甲・乙・丙の話は大枠において一致するものの，細かな点では差異があり，罪責にも影響が生じ得ますので，慎重な検討が必要ですが，とりあえず，大枠において甲が実行に終始加担したのに対し，乙は途中で帰り，逆に丙は途中から参加したということは認めてよさそうです。そうなると，一連の実行全てに関与しているのは甲ですから，甲の罪責から検討すると分かりやすいでしょう（少なくとも甲は自分の実行した行為に関する責任は問われることになります。）。

　甲の実行行為は，客観面だけでみると，強盗致傷，あるいは傷害と窃盗になり得ます。その区別は，金品を奪う意思がいつ生じたのかという点にかかっており，乙に対し食器代の話を撤回させようと提案している点等は（二項）強盗の犯意を有していた可能性を示します。他方，暴行（傷害）後に犯意が生じたのであれば，強盗は成立しません（財物奪取に向けられた暴行という要件を欠き

---

[3] 大判昭和7・10・11刑集11・1452，最大判昭和33・5・28刑集12・8・1718等
[4] 最判昭和23・12・16刑集2・13・1816
[5] 最判昭和26・9・28刑集5・10・1987
[6] 大判大正11・2・25刑集1・79

ます。)から,傷害と窃盗になります。

　次に,乙,丙が共犯(共同正犯)として責任を負うかを考える必要があります。そこで問題となるのは,甲と乙,甲と丙との間にどのような意思の連絡が認められるかです。このうち,甲と乙との話し合いの内容として,現時点の供述を前提とすれば,少なくとも暴行(傷害)の共謀はなされたものと考えてよさそうです。基本犯について意思の合致があれば,結果的加重犯である傷害の共同実行の意思も認められます。

　問題は,強盗(あるいは窃盗)についてまで共同実行の意思を認めてよいかです。この点は,事実認定に関する問題であり,乙についても強盗となる可能性もあるという前提で捜査をする必要がありますが,現時点で明らかになっている事実を前提とすれば,金品を奪う前に立ち去ったことや,強盗になるのはまずい旨甲に告げているようですから,消極になる可能性の方が高いかもしれません。

　他方,甲と丙との間は,強盗又は窃盗又は占有離脱物横領の共同実行の意思が問題となります。こちらも,丙の主観面(故意)についてどのような事実認定をするかによります。
　強盗については暴行・脅迫を共同実行していないこと,占有離脱物横領については甲はVが死んだものとは考えていないようであることなどが問題となり,いずれも後述します。

4 「犯罪を実行した」

　共同正犯が成立するためのもう一つの要件が共同実行の事実であり,共同実行の意思(共謀)に基づき,共謀者の全部又は一部が犯罪の実行行為を行ったことを要します[7]。判例上,夜間,共犯者が被害者にピストルを突き付けて脅迫した際,その傍らに佇立している行為について,被害者を畏怖させるのに役立つ行為であるとして強盗罪の共同正犯を認定したもの[8]などがあり,実行

---

7) 最大判昭和33・5・28(注3と同)

行為は分担したものでも良いと解されます。

　ここで、法60条にいう「犯罪を実行した」の「犯罪」とは何を指すのか、問題となります。行為共同説は、（前法律的な）行為の共同があれば共犯の成立を認めるのに対し、犯罪共同説は、特定の犯罪の共同がなければならないとします。

　そして、共犯は同じ罪名でなければ成立しないのか（罪名従属性の問題。例えば、傷害の実行行為を共同して被害者を死に至らせた場合に、一部の者が殺意まで有していたケースをどう考えるべきか）に関して、犯罪共同説は更に、同一の罪名についてのみ共犯の成立を認める完全犯罪共同説と、構成要件の重なり合う限度で共犯の成立を認める部分的犯罪共同説とに分かれ、完全犯罪共同説は実務上の結論面等から説得的でない（上記事例では、少なくとも被害者の死の結果を全ての共犯者が負うべき）とされます（他方、行為共同説の立場からは、共犯者間で罪名の一致は当然に必要ないことになります。）。

　「2　共犯の処罰根拠」で述べた因果共犯論（判例・通説）の立場から、行為共同説の方が整合性があると主張されることもありますが、判例は、暴行・傷害の共謀の下、共犯者の一人が殺意をもって被害者を刺殺した事案において、殺意のなかった者らについては、殺人罪の共同正犯と傷害致死罪の共同正犯の構成要件が重なり合う限度で軽い傷害致死罪の共同正犯が成立するとしていました[9]。その後更に、殺意をもって被害者を放置し死亡させた者に不作為の殺人罪の成立を認め、殺意のなかった被害者の遺族である加害者との間では保護責任者遺棄致死罪の限度で共同正犯となるとして、部分的犯罪共同説に立つことを明らかにしたものとされています[10]。

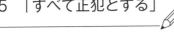

5　「すべて正犯とする」

　共同実行の意思と共同実行の事実が認められ、共同正犯が成立すると、その

---

8)　最判昭和23・6・22刑集2・7・711
9)　最決昭和54・4・13刑集33・3・179
10)　最決平成17・7・4刑集59・6・403

効果として，正犯，つまり単独で構成要件を実現した者と同じ扱いを受けることになります。すなわち，共同正犯の成立する範囲内において，他の共同正犯者の行った全ての行為について責任を負うことになります（一部行為全部責任の原則）。結果的加重犯の場合は，基本となる犯罪について共謀があれば，重い結果が発生したとしても，共謀者全員が結果的加重犯の共同正犯となります[11]。

本件事例において，まず甲と乙については，Ｖに対する暴行（傷害）の共同実行の事実を認めることができます。Ｖの傷害がいつ誰の暴行により生じたか，一応問題となり得る（公判段階等で「自分のあずかり知らないところで生じた傷害である」旨の弁解が出る可能性がある）ところですが，共に暴行する意思の下，共に暴行を加え，その間に生じた傷害と思われることから，通常は甲と乙の両方に帰責でき，あとは情状面においてどちらがどのような暴行を行ったのかが考慮されます。

他方，金品奪取について甲と乙の共同実行の事実はありません（乙は共同実行には及んでいません。）。したがって，金品奪取につき共同実行の意思が認められなければ，乙には帰責できません。共同実行の意思を認めたとして，乙が途中で帰っている点に「共犯からの離脱」を認めるかについては，後述します。

甲と丙の間では，Ｖに対する暴行（傷害）の共同実行の事実を認めることはできません（事前に暴行の共謀を認めるのも難しいようです。）。丙が途中参加したことをもって傷害あるいは強盗致傷の責任を負うかについては，「承継的共同正犯」の問題となり，後述します。

他方，金品奪取については甲と丙の共同実行の事実を認めてよいでしょう。よく読むと，金品をＶから取り上げる行為自体は丙が担当し，甲は見張りを行っただけの（つまり構成要件に該当する行為そのものは行っていない）ようにも思われますが，Ｖから金品を取り上げるという共同実行の意思の下，同じ時間場所において，犯行を完遂するために重要な行為をそれぞれ行っていますから，結果発生に向けた現実的危険ある行為をいずれも行ったものといえ，甲丙共に実行共同正犯といえるでしょう（被害者を二人がかりで刺殺することを企て，

11）最判昭和22・11・5刑集1・1，最判昭和24・7・12刑集3・8・1237

一人が背後から羽交い絞めにし、もう一人が正面から刺突したという場合、羽交い絞めにした方について殺人の実行行為を行っていないという結論は不合理です。）。

　もっとも、丙においてVが死亡しているものと誤認し、金品を奪取していた場合はどうでしょうか。丙の実行行為は占有離脱物横領に過ぎず、他方、甲の実行行為は強盗又は窃盗になりますから、「共同して犯罪を実行した」といえるか問題となりますが、既に述べた通り、通説・判例である部分的犯罪共同説からは、構成要件の重なり合う範囲で共犯が成立しますから、占有離脱物横領の共同正犯となり、更に甲には強盗又は窃盗が成立することになります。

6　共犯からの離脱

　共犯者の一部が、共謀に加わりながら（つまり共同実行の意思の合意がいったんは認められつつも）なおその後共同実行の各段階で犯行を取りやめた場合、残った者たちが生じさせた結果について責任を負うかが問題となります。共犯からの離脱、あるいは共犯関係の解消を認めるかどうかという問題です。

　この点につき、従来の判例・裁判例は、実行の着手の前後で区別して判断をしていると理解されてきました。すなわち、実行の着手前であれば、共犯関係からの離脱を表明し、これを他の共犯者が了承すれば、離脱が認められるとされます[12]。これに対し、実行の着手後は、離脱を認めることには慎重であるべきであり、例えば被害者に対する暴行の実行行為開始後、共犯者に対して帰る旨を告げて帰宅した場合でも、共犯者においてなお被害者に制裁を加えるおそれが消滅していなかったことを指摘し、「被告人において格別これを防止する措置を講ずることなく、成り行きに任せて現場を去ったに過ぎないのであるから」当初の共犯関係が解消したということはできず、その後の共犯者の暴行も共謀に基づくものであるとして被害者死亡すなわち傷害致死の責任を負うとしています[13]。裏を返せば、結果発生の危険を消滅させるための措置をとった、あるいはとろうと真剣に努力したと認められれば、離脱（共犯関係の解消）が

---

12) 東京高判昭和25・9・14高刑集3・3・407
13) 最決平成元・6・26刑集43・6・567

認められる余地もあるということです[14]。

このような，実行の着手前後で区別した上で判断するという考え方に対しては，果たしてそのように割り切れるものかどうか，疑問も呈されてきました。現に，判例上も，住居侵入強盗の共謀を遂げた後，共犯者が被害者の住居に侵入し，強盗の実行行為に着手する前に，住居の外にいた被告人らが犯行の発覚を恐れて逃げ出したという事案において，「被告人が離脱したのは強盗行為に着手する前であり，たとえ被告人も見張り役の上記（筆者注：犯行をやめた方がよい，先に帰る旨の）電話内容を認識した上で離脱し，残された共犯者らが被告人の離脱をその後知るに至ったという事情があったとしても，当初の共謀関係が解消したということはできず，その後の共犯者らの強盗も当初の共謀に基づいて行われたものと認めるのが相当である」としたものがあります[15]。

通説・判例である因果共犯論からは，共犯の処罰根拠は結果との因果性にあることから，結果について責任を問われるかどうかは，離脱により因果性が消滅したか，処罰に値しないほどに減少したと認められるかどうかにより判断すべきでしょう。もちろん，従来の判例・裁判例の考え方にも相応の理由があります。実行の着手前であれば，物理的因果性は通常の場合消滅し（ただし，一緒に用意した道具等が犯行に使用された場合は別途考える必要があります。），心理的因果性のみが問題となることから，共犯者間の連絡・合意のみで離脱・解消は認められやすいといえます。これに対し，実行の着手後であれば，物理的・心理的因果性を与えた上での因果の流れが開始しているのが通常ですから，結果に向かっているそれら因果の流れを切断しない限り，離脱・解消は認められないということになります。しかし，実行の着手前であっても，例えば共謀共同正犯における首謀者的立場の者は，単に離脱を表明するだけでは足りず，他の者に対する影響力を除去する必要があると考えられますが，それは心理的因果性が残存している可能性が高いという側面から説明可能です。いずれにしても，最終的には，結果に対する因果性の有無により判断せざるを得ない，ということを念頭に置く必要があるでしょう。

---

14) 名古屋高判平成14・8・29判時1831・158
15) 最決平成21・6・30刑集63・5・475

本件事例において，乙が途中で現場を離れているので，甲の生じさせた金品奪取の結果の責任を負うかが問題となります。そもそも乙について，当初の共謀内容が金品奪取の点にまで認められない場合は，暴行（傷害）の責任しか問い得ません。

　他方，当初の共謀内容が強盗にまで及んでいたと考える場合，まさに離脱の問題となります。そうすると，乙が結果発生に対し自己の因果性を切断したといえるかですが，この場合は強盗すなわち暴行脅迫を手段とした金品奪取という手口であり，暴行の実行には着手している以上，乙が帰ることを甲は承諾したとみられるとはいえ，因果性が物理的にも心理的にも切断されたとはいえないでしょう（Ｖが甲乙両名の暴行により反抗を抑圧された状態に至っており，その後の金品奪取行為が容易になった関係が認められます。他方，乙において，甲がＶから金品を強取する可能性が高い状況を認識しつつ，結果発生を防止する手立てはとられていません。）。したがって，離脱は認め難いとの結論となるでしょう。

7　承継的共同正犯

　離脱とは逆に，途中参加，すなわち共犯者（先行者）が犯罪の実行行為の一部を行った後，これを認識した上で先行者の行為に関与した者（後行者）がどの範囲で責任を負うか，ということも問題となり得ます。承継的共犯の問題です（なお，共謀が先行者の実行行為開始前に既に成立しており，後行者の実行行為への参加が単に遅れただけという事案であれば，共同正犯が成立することは明らかであり，一応留意が必要でしょう。）。

　古い判例においては，夫が強盗目的で被害者を殺害した後に，事情を打ち明けられた妻がろうそくで現場を照らして金員奪取を容易にしたという事案において，妻に強盗殺人罪の幇助犯を認めたものがあり[16]，後行者についても先行者と同じ責任を負うものとする積極説が判例の立場ではないかともいわれてきました。しかし，その後判例は，傷害罪の実行行為に後行者が途中から加わっ

16）大判昭和13・11・18刑集17・839

たという事案において，被告人は，共謀加担前にA（共犯者）らが既に生じさせていた傷害結果については，被告人の共謀及びそれに基づく行為がこれと因果関係を有することはないから，傷害罪の共同正犯としての責任を負うことはなく，共謀加担後の傷害を引き起こすに足りる暴行によってC（被害者）らの傷害の発生に寄与したことについてのみ，傷害罪の共同正犯としての責任を負うと解するのが相当である旨述べて[17]，因果性の問題として捉えています。このような考え方によれば，傷害罪については，先行者が被害者にある傷害を負わせた後になって，実行行為に加わった後行者がその傷害について時間を遡って因果性を与えるということは考えられませんので，後行者は自らが実行行為に加わった後に生じた傷害についてのみ責任を負うことになるでしょう。殺人，傷害致死罪等についても，被害者が死亡した後に参加した後行者が被害者の死の結果について責任を負うことはないものと解されます。

　これに対し，強盗，恐喝，詐欺のように暴行・脅迫・欺罔を手段として金品を取得するような類型の犯罪については，先行者が暴行・脅迫・欺罔を行った後に金品の受け取りにのみ参加したような後行者についても，先行者の行為を自らの行為の手段として利用し，金品の取得（被害者の意思に反する移転）という結果発生に因果を与えたものといえますから，強盗，恐喝，詐欺等の共同正犯の責任を認めることは可能と考えられます。

　本件事例において，丙が暴行には参加せず，金品奪取のみに参加している点，暴行（傷害）・強盗（致傷）の責任を負わないかが問題となります。まず，現在の判例の立場からは，Vに傷害が生じたことについて，後から参加した丙が遡って因果性を及ぼすことはあり得ませんから，傷害や強盗致傷の責任を丙が負うことはありません（事前の共謀が認められる場合はもちろん違う結論になります。）。

　では，強盗についてはどうでしょうか。たしかに丙には暴行の実行行為はありませんが，ぐったりしているVに対して，そのような状況を作り出した甲と意思を通じて金品を強取することを企て，甲と共に強取行為に及んだのだとすれば，甲の行為を自己の行為として利用した関係が認められ，全体として強盗の責任を問うことは可能と解されます。この場合，甲については，強盗致傷が

---

[17] 最決平成24・11・6刑集66・11・1281

成立します（ただし，甲の暴行が金品強取に向けて行われたことが条件であり，そうでなければ，丙において金品奪取のために甲と共に利用する暴行は存在しない（甲乙による腹いせ目的の単なる暴行しかありません）ので，丙にも窃盗（又は占有離脱物横領）が認められるのみです。）。

8 おわりに

　本件事例に対する結論としては，既に述べてきたとおりであり，共犯事件では，共謀（共同実行の意思連絡）の成立時期や内容についての事実認定次第，というのが正直なところです。

　今回は，実務上取り扱う事件の大半を占める共同正犯について，処罰根拠（因果共犯論）を中心に見てきました。**第18問**（共犯2）では共謀共同正犯や教唆犯，幇助犯も取り上げますが，共同正犯が問題となるケースが多いのは，集団で結果を発生させた場合，まずは全員が事前に共謀し，それにより結果を発生させたのではないかとの疑いが生じるからです。

　捜査機関として，共犯者間に具体的共謀が存在しないか，また，その共謀は早い段階から生じていたのではないか，との視点は極めて重要です。さらに，本件事例においてもそうですが，共犯者間では，責任を相互に押し付けあったり，あるいはかばい合ったりという現象が得てして見られます。

　そのため，個々の具体的行為を時系列に沿って詳細かつ客観的に確定し，それぞれの行為に表れた個々の意思を推認すること，各人の供述を丁寧に録取した上，食い違う点やその理由について慎重な検討を加えることは不可欠です。

　加えて，近時は，携帯電話，メール，SNS等により意思を通じて複数の者が犯行に及ぶというケースも増えており，共同実行の意思連絡（共謀）に関する客観証拠も収集し得ることがあるので，粘り強い捜査が必要です。

第18問

共　犯　2
〜コンビニ強盗の実行犯以外の刑責は？〜

　M警察署管内では，平成31年1月7日と8日の深夜から明け方にかけて，それぞれ2件ずつのコンビニエンスストア強盗が連続的に発生し，N警部補らは，捜査に着手した。

　被害店舗からの聴取や防犯カメラ映像の分析によれば，犯人はニット帽を目深に被った若い男であり，店員に対して包丁を示してレジ内の現金やカウンター内の商品（キャラクターグッズ）などを奪って立ち去ったとのことであり，うち1店舗では店員が示された包丁を払いのけようとして指にかすり傷を負っていた。

　さらに，各被害店舗近隣の防犯カメラ画像の解析の結果，犯人は近くに停車していた白色不審車両の助手席に飛び乗り逃走したと思われることも判明した。

　Nは，同月10日午前1時頃，当直勤務に就いていたところ，「近所でコンビニ強盗を何件かやってしまいました。」と申し立て，着替え・洗面用具一式を抱えて出頭した乙（20歳，男性）に対応した。

　乙は，防犯カメラに映っていた人物に容貌が酷似しており，供述拒否権を告げられてもなお以下のとおり申し立てた。

　「私は仕事をしておらず，親と折り合いが悪かったため，約1か月前から先輩の甲さんの家に居候させてもらっています。とはいえ，収入もないままいつまでも甲さんの面倒になるわけにもいかず，自分一人の考えで，コンビニ強盗をやりました。甲さんの家に戻った後，うまくいったと思っていましたが，テレビのニュースで捜査が始まっていると知り，怖くなって出頭しました。」

Nは、甲が管内に事務所を構える暴力団の組員であることを知っており、前記の捜査経過も踏まえ、「本当に一人でやったのか。」と聞いたところ、乙は、当初は一人でやったと言い張っていたものの、「車や包丁はどうしたのか。」などと聞かれると、「実は、友人の丙に手伝ってもらいました。丙は、車で送り迎えをしてくれましたが、事件の中身は知りません。包丁は、私が甲さんのところから勝手に持ち出したものです。」と述べた。

　そこで、乙の供述をもとに、乙の地元の不良仲間で先輩に当たる丙（22歳、男性）を特定し、夜が明けるのを待って丙の自宅において任意聴取したところ、丙は、以下のとおり述べた。

　「たしかに、事件のあった二日間、私が乙を車で送ってやったのは事実です。乙は、甲から、強盗をやるよう指示されたと言っていました。私は、強盗には関わっておらず、車で送っただけですから、強盗と言われるのは抵抗がありますが、知っていることは正直にお話しします。」

　Nは、丙にM警察署への同行を求め、署員のOに丙からの詳細な聴取を依頼するなどし、事案の解明を進めたところ、乙は、両日共に、日付が変わる頃、ニット帽とメガネで変装し、刃体の長さ15センチメートルの包丁を甲方の台所から持ち出し、手提げ袋に入れて、迎えに来た丙の車の助手席に乗って甲方を出発、丙はコンビニエンスストアの数十メートル手前で車を止めて車内で待機し、その間、乙だけが車を降りて店内に入り、レジに人がいなければカウンター内から現金やキャラクターグッズを盗もうとするが、大抵はレジに人がいるため、包丁を突き付けて現金やキャラクターグッズを手提げ袋に入れさせていた。

　その後、丙は乙が車に戻ると直ちに車を発進させ、次の店に向けて運転し、乙は車内で包丁以外の手提げ袋の中身を別の紙袋に移すなどしていた。以上の点は、乙、丙の供述のみならず、防犯カメラ画像等からも裏付けられた。

　また、丙は、乙から聞いた話として、甲が最初に被害コンビニエンスストアチェーンで実施中のキャンペーン景品であるキャラクターグッズの人気に目を付け、乙に対し、「かき集めてこい。」、「やり方は自分で考えろ。

俺は組でご法度だから，一緒には行けない。」などと伝えていたようだと述べた。

　乙も，当初は甲からの指示を否定していたが，その後，丙と概ね同様の指示内容を供述した。

　乙は，一連の犯行動機として，甲も組への上納金の支払等で苦労しており，甲から生活費や食費を払えるときに払うよう求められていたためであり，奪ったキャラクターグッズの転売は未了であったが，奪った現金については半分を甲に渡し，残った半分の更に半分を丙に手間賃として渡したと述べた。

　甲，乙，丙の刑責について，どのように考えたらよいか。

〈目　次〉
1　はじめに
2　教　唆　犯
3　共謀共同正犯
4　幇　助　犯
5　正犯と従犯の区別
6　共謀の射程論
7　お わ り に

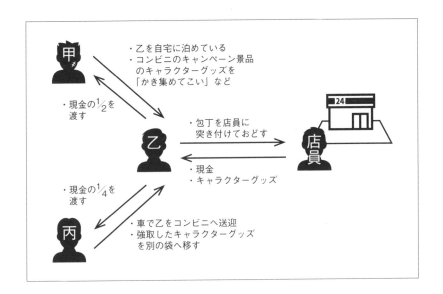

1　はじめに

　本問では，第17問（共犯１）に引き続き，共犯の問題を扱います。
　第17問は，共犯の処罰根拠や，共同正犯の成立要件，共犯からの離脱の問題や承継的共同正犯の問題を考えましたが，今回は，従犯と呼ばれる教唆犯及び幇助犯，そして正犯として扱われる共謀共同正犯の問題などを扱い，最後に正犯と従犯はいかにして区別されるかという問題を扱います。

第17問でも述べたように，実務上圧倒的に多いのは共同正犯であり，教唆犯や幇助犯はそれほど多くはありません。ただ，教唆犯や幇助犯は，共同正犯より罪責が軽いとされることから，被疑者・被告人の側から「従犯にとどまる。」との主張がしばしばなされるところです。そのため，それぞれの成立要件や，判断に必要となる間接事実等については，正確に理解をしておく必要があります。

以下，教唆犯，共謀共同正犯，幇助犯の各成立要件について見ていくとともに，正犯と従犯の区別がどのようになされるかを考えていきます。

2 教唆犯

法61条1項は，「人を教唆して犯罪を実行させた者には，正犯の刑を科する。」としています。

「人を教唆」するとは，他人を唆して犯罪を実行する決意を生じさせること，すなわち人に特定の犯罪を実行する決意を生じさせる意思（教唆の故意）に基づき，特定の犯罪を実行する決意を生じさせるに足りる行為をすることをいいます。

手段，方法は問いません。指示，指揮，命令，嘱託，誘導，慫慂たるを問わないとされ[1]，他にも，甘言，懇願，忠告，利益提供，威嚇，脅迫，欺罔等が考えられます。

特定の犯罪とは，漠然とした特定しない犯罪を惹起させるような行為では足りない，という程度の意味です。逆に，日時・場所・対象・方法などを特定する必要はありません。

「犯罪を実行させた」とありますから，「教唆→正犯による決意→その意思に基づく実行行為→結果発生」という各要素とそれぞれの間の因果関係が必要です。また，これに対応し，主観面において，つまり教唆犯の故意として，自己

---

1) 最判昭和26・12・6刑集5・13・2485

の教唆行為によって，正犯者が特定の犯罪に及ぶことを決意し，かつ，実行行為を行って結果を発生させることを認識・認容する必要があります。

　教唆犯及び幇助犯，すなわち狭義の従犯においては，従属性についての議論が活発にされてきました。この中には，共犯の処罰には正犯が実行に着手したことが必要かという問題（実行従属性の問題），共犯が成立するには正犯の行為がどのような犯罪成立要素を具備する必要があるかという問題（要素従属性の問題），共犯は正犯と同じ罪名であるべきかという問題（罪名従属性の問題）などが含まれています。このうち，罪名従属性の問題について，現在の判例が部分的犯罪共同説に立つことは，**第17問**（共犯1）で述べましたので，残る実行従属性の問題と，要素従属性の問題を簡単に述べておきます。

　まず，実行従属性の問題については，かつて正犯とは独立の共犯行為自体の犯罪性だけで従犯（共犯）の処罰が可能という共犯独立性説も主張されたことがありましたが，現在は，教唆犯，幇助犯の成立のためには正犯の実行行為を要するというのが通説・判例[2]であり，前記のとおり，法61条の「実行させた」との文言からも自然な解釈といえるでしょう。

　次に，要素従属性の問題ですが，正犯の行為が構成要件に該当すれば足りるとする立場（最小従属性説），構成要件に該当し，違法であることを要するが有責であることまでは必要ないとする立場（制限従属性説），構成要件に該当するだけでなく，違法かつ有責であることが必要との立場（極端従属性説）などがあります。法61条が「犯罪を実行させた」との文言を用いており，「犯罪」とは通常，構成要件・違法性・有責性のいずれも備えるものと解されることから，かつては極端従属性説が有力であり，判例も同様とみられた時期もありました[3]が，その後，12歳の養女に窃盗をさせた事案において間接正犯を認めるに当たり，意思を抑圧されている同女を利用したとの理由付けを示した[4]ことから，制限従属性説に変わったのではないかと指摘され（極端従属性説なら，責任のない刑事未成年を利用する場合，理由付けは必要ないことになります。），

2）大判大正4・2・16刑録21・107
3）大判大正8・6・20刑録25・786，大判昭和9・11・26刑集13・1598
4）最決昭和58・9・21刑集37・7・1070

更に，母親が是非弁別能力のある12歳の長男に強盗をさせた事案において，強盗の共同正犯を認めた[5]ことから，判例は極端従属性説に立たないことが明らかになりました。

そのため，現在は，制限従属性説か，最小従属性説のいずれかが有力であり，法61条の「犯罪」についても，それぞれの立場から，構成要件に該当する違法な行為，あるいは，構成要件に該当する行為と解されています。制限従属性説と最小従属性説のいずれが妥当かについては，「違法は連帯的に，責任は個別的に」との原則からすれば，制限従属性説が妥当なようにも思われますが，共同正犯が成立する場合における過剰防衛の成否について，共同正犯者の各人につきそれぞれその要件を満たすかどうかを検討して決するべきであって，共同正犯者の一人について過剰防衛が成立したとしても，その結果当然に他の共同正犯者についても過剰防衛が成立することになるものではない，とした判例[6]などは，いわば「違法も個別的に」と考えているようにも思われることから，最近は最小従属性説も有力になっているところです。

なお，未遂の教唆が処罰されるか，という問題もあります。例えば，金庫の中身が空であることを知りながら，金庫破りを唆すような場合に処罰すべきか，という問題です。実務上それほど多くはありませんが，共犯の処罰根拠等を考える上で重要ですので，ここで触れておきます。結論としては，処罰できないというのが通説です。先の金庫の例では，実行犯は窃盗未遂として処罰されるでしょうから，教唆者が処罰されないのは不当な感じもしますが，前回から述べている，「結果発生に対して因果性を及ぼしたかどうか」という共犯の処罰根拠を考えれば，結果を発生させるつもりなく，そのような内容を唆したというだけでは処罰不能と解されます。このことは，前記の教唆犯の故意として，正犯者が実行行為及び結果を発生させることを認識・認容することまで必要であるところ，その一部が欠けているという観点からも説明可能です（ややトートロジーの感もありますが。）。

話を戻して，教唆犯が成立すると，その効果として，「正犯の刑を科する」

---

5) 最決平成13・10・25刑集55・6・519
6) 最決平成4・6・5刑集46・4・245

ものとされます。すなわち，正犯と同じ法定刑が適用されることになるわけですが，法64条が「拘留又は科料のみに処すべき罪の教唆者及び従犯は，特別の規定がなければ，罰しない」としていることなどから，刑法は教唆犯を正犯と比べて軽い犯罪と見ていることは明白であるとされています。実務上も，教唆犯は法62条の幇助犯と並び狭義の共犯として正犯より軽い関与形態であると考えられています。

本件事例において，まず，一連の実行行為に及んでいるのは乙であり，乙の罪責を最初に検討する必要があります。乙の行為は，強盗に当たりますが，店員に対して包丁を示すに至っておらず，その隙を見てレジから金品を盗むにとどまっているようであれば，窃盗となります。他方，店員に怪我を負わせた事案では，強盗致傷となります。さらに，刃体の長さ15センチメートルもの包丁を強盗の犯行に使うため持ち歩いている点については，銃刀法違反も成立します。

問題は，甲の罪責の評価です。乙は，甲からの指示を受けて犯行に及んでいることから，教唆犯となる可能性があります。さらに，それを超えて（共謀）共同正犯にならないかという疑問が生じますが，次の項で検討します。

3 共謀共同正犯

共謀共同正犯論とは，複数の者が犯罪の実行を共謀し，そのうちの一部の者が実行行為を行った場合に，共謀には加わったが実行行為を直接分担しなかった者について，共同正犯の成立を認めるべきではないかという問題をいいます。

仮に共謀共同正犯を認めなかった場合，共謀のみに加わった者については，教唆犯又は間接正犯による処罰が考えられるところです。このうち，教唆犯については，「2 教唆犯」で述べたとおり，法61条により正犯の刑を科されることにはなりますが，法64条等から，従犯は正犯よりも軽いものと考えられており，特に実行行為者より立場が上の者が指示のみを出して自らは保身のため現場には行かないようなケースにおいて，適切な処罰をなし得ないと批判さ

れます。また，間接正犯という考え方もありますが，間接正犯は，情を知らない，あるいは意思を抑圧されたり錯誤に陥ったりしている第三者の行為を自己の犯罪実現のための道具として利用した場合，その利用した者を正犯として扱うものであり[7]，利用される者の行為は道具として評価される必要がありますから，あらかじめ共謀を遂げた犯罪の実行の是非につき判断可能な実行行為者と共に犯行を行うようなケースについては，適用困難な場合がほとんどです。

　そこで，判例は，このような処罰の必要に照らし，戦前から共謀共同正犯の成立を認めてきたとされています[8]。戦後になっても，共謀共同正犯の成立要件について，「共謀共同正犯が成立するには，二人以上の者が，特定の犯罪を行うため，共同意思の下に一体となつて互に他人の行為を利用し，各自の意思を実行に移すことを内容とする謀議をなし，よつて犯罪を実行した事実が認められなければならない。」と判示しました（いわゆる練馬事件）[9]。

　比較的最近では，暴力団組長である被告人がスワットと称する配下組員による拳銃所持の共謀共同正犯となるかについて，「被告人は，スワットらに対して拳銃等を携行して警護するように直接指示を下さなくても，スワットらが自発的に被告人を警護するために本件拳銃等を所持していることを確定的に認識しながら，それを当然のこととして受け入れて認容していたものであり，そのことをスワットらも承知していた」，「前記の事実関係によれば，被告人とスワットらとの間に拳銃等の所持につき黙示的に意思の連絡があったといえる。そして，スワットらは被告人の警護のために本件拳銃等を所持しながら終始被告人の近辺にいて被告人と行動を共にしていたものであり，彼らを指揮命令する権限を有する被告人の地位と彼らによって警護を受けるという被告人の立場を併せ考えれば，実質的には，正に被告人がスワットらに本件拳銃等を所持させていたと評し得る」として，共謀共同正犯の成立を認めた判例があります（いわゆるスワット事件）[10]。

　このうち，後の二つの判例の関係が問題となりそうです。共謀共同正犯の成

---

7) 最決平成9・10・30刑集51・9・816参照
8) 大判昭和11・5・28刑集15・715
9) 最大判昭和33・5・28刑集12・8・1718
10) 最決平成15・5・1刑集57・5・507

立要件として，謀議が必要かどうかについて，異なる判断を示しているようにも思われるからです。この点，事実関係の違いについても正しく理解する必要があります。練馬事件においては，現場に行っていない者の罪責が問題となっているのに対し，スワット事件では，実行犯と一緒に行動していた（つまり現場に一緒にいた）者の罪責が問題となっています。現場にすら行っていない者については，基本的に謀議が必要ですが，現場に一緒にいた者については，明示の謀議がなくとも，その他の事実関係によっては共謀共同正犯となり得る場合があることをスワット事件判決は示したものといえるでしょう。

学説においては，かつて共謀共同正犯を否定する見解も有力でしたが，現在あまり多くは主張されていません。ただ，どのようにしてその理論を説明するかについては，様々な見解があり，法60条に「共同して実行した」と書かれていることとの関係で，実行行為の概念を拡大したり，あるいは実行行為の概念は維持しつつ，実行行為に準じる重要な役割を果たしたものが共同正犯であると解したりする見解が主張されています。いずれにせよ実務的には，前回から述べている共犯の処罰根拠としての結果に対する因果的寄与が最低限の要件であり，後は正犯としての処罰が相当か，従犯としての処罰が相当かという問題に収束するものと思われます。正犯と従犯の区別については，この後に「5　正犯と従犯の区別」で詳しく述べます。

共謀共同正犯を肯定することによって，実行行為を行っていない者も正犯として処罰され得るとすれば，その反面，実行行為を行いながらも，正犯ではなく従犯として処罰される場合があるかも問題となり得ます。「故意ある幇助的道具」あるいは「実行行為を行う従犯」などという問題です（なお，間接正犯における道具は故意や責任に欠け不可罰と解されます。）。古い判例では，これを肯定したと思われるものがあり[11]，裁判例でも，実行行為を行ったことを認めつつ，「正犯意思」を欠く，などとして幇助を認定しているものが複数存在します[12]。やはり5で述べるとおり，正犯と従犯の区別は様々な間接事実を踏まえての総合的判断になりますから，実行行為を行った者について，従犯と評価

---

11) 最判昭和25・7・6刑集4・7・1178
12) 横浜地川崎支判昭和51・11・25判時842・127，福岡地判昭和59・8・30判時1152・182等

する余地をおよそ排除する必要はないように思われます。

　では、個別の事例において、共謀共同正犯の罪責を問うために、どのような事実に注目すればよいでしょうか。判例の示した要件に照らせば、共謀共同正犯が成立するには、二人以上の者が、特定の犯罪を行うため、共同意思の下に一体となって互いに他人の行為を利用し、各自の意思を実行に移すことを内容とする謀議をなし、よって犯罪を実行した事実が認められなければならないとされており、現場に一緒にいる共犯者間では黙示の共謀も認められる場合もありますが、そうでなければ、基本的に事前の共謀を証拠により認定する必要があるでしょう。

　そうなると、最初に目が行くのは、共謀に関する供述とその内容です。もっとも、判例上、ハイジャック事件について、被告人の謀議への関与が争点となったものの、謀議につき供述した直接証拠である供述調書について、公訴事実において謀議したとされる日にはアリバイが成立することからその信用性が否定され、客観的な間接事実により、他の日に謀議がなされたことを認定したものがあることに留意が必要です[13]。

　そうすると、間接事実による認定が重要となりますが、そのような判例として、「被告人は、タイ国からの大麻密輸入を計画したAからその実行担当者になつて欲しい旨頼まれるや、大麻を入手したい欲求にかられ、執行猶予中の身であることを理由にこれを断つたものの、知人のBに対し事情を明かして協力を求め、同人を自己の身代りとしてAに引き合わせるとともに、密輸入した大麻の一部をもらい受ける約束のもとにその資金の一部（金20万円）をAに提供したというのであるから、これらの行為を通じ被告人が右A及びBらと本件大麻密輸入の謀議を遂げたと認めた原判断は、正当である」というものがあります[14]。ここでは、やり取り（犯行に至る経緯）、果たした役割（実行行為者の紹介・橋渡し）、動機（利得約束）、犯行用具（資金）を提供等の間接事実を重視していることが分かります。先に述べたいわゆるスワット事件においても、被告人の組織内での地位、スワットとの関係、本件以前の警備態様、本件拳銃等所持に

---

13) 最判昭和58・12・13刑集37・10・1581
14) 最決昭和57・7・16刑集36・6・695

至る経緯，逮捕時の状況，被告人及びスワットらの認識を検討しています。

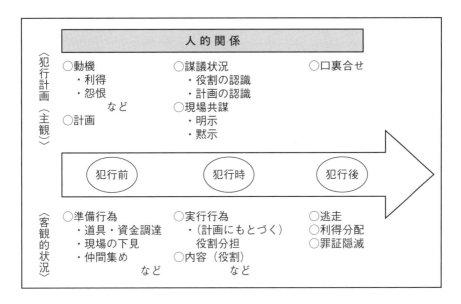

　まとめると，中核はやり取りと，共犯者相互の認識です。しかし，これらは主観面に着目することになり，確定しにくい面もあります。そこで，まずは人的関係を明らかにし，それから犯行そのものを中心に見た各自の役割を考えることになります。その上で，時系列を遡り，犯行に至る経緯（動機・計画），犯行までの行為状況（準備等），更に，時系列を下り，犯行後の状況（逃走状況，利得分配状況，罪証隠滅状況）等をもとに共謀の有無と関与程度を考えていくことになります。

　本件事例においては，甲が共謀共同正犯になるかが問題となります。
　乙及び丙の供述から，甲と乙が事前に犯行を話し合っている事実が認められそうであり，話し合いの内容として，甲は，実行行為者である乙に対し，そのターゲット等について具体的な指示を行っているようです。その上で間接事実を見ると，まず人的関係として，甲は乙の先輩である上，１か月前から自宅に乙を居候させてやっており，食費や生活費の面倒も見ていたようです。甲が乙より発言力の強い立場にあったといえるでしょう。

　次に，時系列に沿って事実関係を見ると，甲は乙の生活費等の工面の上，上

納金の支払にも苦労していたようであり，金銭を必要とする状況があったこと，乙は甲方にあった包丁等を犯行に使用し，犯行時も甲方から出発して甲方に戻っていること，犯行後は甲が利得の半分を得ていたようであることなどの事情から，甲と乙の事前謀議の事実を推認できそうであり，甲は自分のために乙の実行行為を利用して犯行を実現したといえそうです。となると，甲については，教唆犯を超えて共謀共同正犯となる可能性が高そうです。それでもなお，正犯ではなく従犯にとどまるのではないかという点については，「5　正犯と従犯の区別」で詳しく述べます。

4　幇助犯

　法62条1項は，「正犯を幇助した者は，従犯とする。」としています。そして，法63条は，「従犯の刑は，正犯の刑を減軽する。」としていますから，実務上，正犯か従犯かは，よく争われるところです。

　「幇助」の意義については，実行行為以外の行為で正犯の実行行為を容易にさせることであるとされたり，人を教唆して犯罪を実行させた教唆犯（法61条1項）と同様，自ら実行行為を分担していない点において共同正犯と区別されるとされることもありますが[15]，実行行為を担当していたとしても幇助と評価されることがあり得ることは「3　共謀共同正犯」で述べたとおりです。そのため，「幇助」とは，正犯に物理的あるいは心理的な援助や支援を与えることにより，その実行行為の遂行を容易に（促進）し，構成要件該当事実の発生を容易に（促進）すること，などと考えるべきでしょう。幇助行為の手段，方法，態様についても制限はなく，道具や場所を与えるなどの物理的・有形的な援助のみならず，犯罪についての情報提供や，激励，助言のような心理的・無形的援助・支援などが幅広く含まれます。そして，教唆の場合と同様に，「幇助行為→正犯による実行行為の促進→結果発生の促進」という因果関係が必要です。

　裁判例では，宝石商をピストルで殺害する強盗殺人の計画において，音が外

---

[15]　最判昭和24・10・1刑集3・10・1629

に漏れないよう地下室の目張りをしたが，その後計画が変更になり移動中の車の中で殺害がなされたという事案において，「被告人の地下室における目張り等の行為が実行犯の現実の強盗殺人の実行行為を幇助したといい得るには，被告人の目張り等の行為が，それ自体，実行犯を精神的に力づけ，その強盗殺人の意図を維持ないし強化することに役立ったことを要する」，「そもそも被告人の目張り等の行為が実行犯に認識された事実すらこれを認めるに足りる証拠もなく，したがって，被告人の目張り等の行為がそれ自体実行犯を精神的に力づけ，その強盗殺人の意図を維持ないし強化することに役立ったことを認めることはできない」として，別の車で実行犯の車に追従した行為は幇助としたものの，実行犯に認識されておらず，結果発生を容易にしたともいえない地下室の目張り行為は幇助行為に当たらないとしたものがあります[16]。

　主観面においては，やはり自己の行為が正犯の実行行為を容易にすることの認識・予見だけでなく，結果発生を容易にすることについての認識・予見が必要とされます。判例上，インターネット上で提供したソフトが著作権侵害に利用されたという事案において，幇助犯が成立するためには，一般的可能性を超える具体的な侵害利用状況とその認識・認容が必要とされたものがあります[17]。

　幇助犯も教唆犯も従犯とされ，特に心理的に正犯を支援する場合はその区別は難しいケースもあります。しかし，教唆犯は，未だ犯罪実行を決意していない正犯を唆して，その決意を生じさせる場合であるのに対し，幇助犯は，既にある犯罪の実行を決意している者について，その決意を強化し，又はその実行を容易にする助言を与えるなどする点で異なるとされます[18]。

　本件事例において，幇助犯が問題となるのは，丙の行為についてです。丙は，甲からの指示を受けて既に犯行を決意している乙から相談を受けて，犯行場所であるコンビニエンスストアに乙を車で送ってやり，また犯行後に乙を車に乗せて逃げさせるという行為を担当しており，心理的側面のみならず，物理的・有形的方法によって，乙の強盗等の犯行を容易にしていることは明らかです。

---

16) 東京高判平成2・2・21判タ733・232
17) 最決平成23・12・19刑集65・9・1380
18) 大判大正6・5・25刑録23・519

したがって，少なくとも幇助犯は認められますが，それを超えて共同正犯となるのではないかという点を，次に検討します。

5 正犯と従犯の区別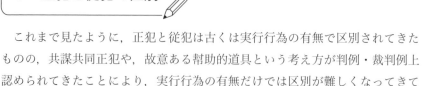

これまで見たように，正犯と従犯は古くは実行行為の有無で区別されてきたものの，共謀共同正犯や，故意ある幇助的道具という考え方が判例・裁判例上認められてきたことにより，実行行為の有無だけでは区別が難しくなってきています。実務上，正犯より従犯の方が責任は軽いと考えられているため，正犯の責任を問われた被疑者・被告人が従犯の主張をすることも多く見られます。

共同正犯と幇助犯の区別について，判例は，「他の共犯者の実行行為を介して自己の犯罪敢行の意思を実現したものと認められる場合」には共同正犯としての責任を免れないとしており[19]，他人の犯罪に加担する意思に過ぎない場合は，幇助犯にとどまるものと考えられます。また，共謀共同正犯と教唆犯の区別についても，同様に考えられ，ただし，共謀共同正犯も教唆犯も物理的因果性は認め難いので，心理的因果性がどこまで強いものか（自己の犯罪を実現したといえる程度に至っていれば，共謀共同正犯に傾くものと解されます。）によって区別することになります。

このような判例の考え方に対して，学説からは，主観面を重視しすぎるものであり，正犯と従犯の区別は，犯罪実現にとって重要な役割を果たしたかどうかという客観的な基準によるべきと批判がされています。しかし，「重要な役割を果たしたかどうか」についても，結局のところ，間接事実を総合して判断するしかなく，むしろどちらの立場からも重要なのは，どのような間接事実を重視すべきかという点にあるでしょう。判例は，判断要素として，①犯行の際の具体的行動（役割），②謀議の経過など意思連絡の状況（やり取りの内容），③他の行為者との関係（人間関係），④犯罪結果に関する利害関係（動機や利得）等の要素を総合的に考慮しているとみられ，結局のところ，これらの要素は，

---

19) 最判昭和23・7・22刑集2・9・995等

重要な役割を果たしたかどうかの評価に当たっても不可欠のメルクマールといえるので，判例と学説に大きな違いはないというべきでしょう。そして，これらの間接事実を総合評価すると，実務上多くのケースでは従犯を超えて共同正犯となっており，それは，犯罪に関わる者の大半は，自己の利益のために犯罪に及んでおり，自分に利益がないのに刑罰のリスクを冒してまで犯罪に関わるような者はそうはいないということによるものと推察されます。

　本件事例において，甲は教唆犯を超えて共謀共同正犯となるのではないか，丙は幇助犯を超えて共同正犯となるのではないかが問題となります。

　まず，甲についてですが，役割，やり取りの内容，人間関係，動機や利得の点に照らして考えると，乙と丙の供述が事実であれば，甲が最初に被害コンビニエンスストアチェーンで実施中のキャンペーン景品であるキャラクターグッズの人気に目を付け，乙に対し犯行を提案しており，役割の重要性が認められます。また，「かき集めてこい。」，「やり方は自分で考えろ。俺は組でご法度だから，一緒には行けない。」などという伝え方は，単なる提案に止まらない指示に至っているといえ，人間関係の面でも，後輩に当たり，かつ，自己の家に居候させていた乙に生活費や食費の支払いを求めていた関係が認められますから，甲が乙より立場上上位であることは明白です。動機や利得の点では，甲には乙に生活費や食費の工面をさせること，更には上納金支払の目的も疑われ，現に犯行による利得の半分を乙から受け取っていたようですから，まさに乙の実行行為は甲が計画し結果を実現させるためのものとも評価できるでしょう。となれば，強盗（店舗により窃盗あるいは強盗致傷）と銃刀法違反の共謀共同正犯と言ってよさそうです（主観面については，「6　共謀の射程論」で述べます。）。

　丙はどうでしょうか。まず，前提として，丙の担当した役割（行為）を，実行行為そのものと評価することもあり得ると思われます。実行行為とは，構成要件的結果発生の現実的危険のある行為とされ，構成要件該当性は客観的に判断すべきとの見地から，安易に拡大して解釈すべきではないともいえます。しかし，共犯の場合，法60条等が他人の行為についても責任を負う場合がある旨の処罰拡張事由を定めていることからすれば，共謀の存在を前提に，実行行為を細かく分担して行うことにより，共犯者間で，中核的な実行行為を行う者

と，周辺的・付随的な実行行為を行う者とに分かれるケースもあり得るというべきでしょう。例えば被告人が外二名と共謀の上強盗をすることを企て，被告人は見張りをして，被害者に対しては手も触れず一言も発しなかったとしても，また強取された金について一銭の分け前にも与らなかったとしても，強盗の共同正犯の責を免れることはできないとした判例[20]も，共謀共同正犯とする理解と，実行共同正犯とする理解の双方があり得ます。いずれにしても，共謀共同正犯の概念を認める以上，共謀共同正犯か実行共同正犯かの区別に理論上それほど大きな重みはなく，むしろ果たした役割・行為の重要性を計画全体に照らして評価すべきといえます。

　本件事例においては，夜間に連続してコンビニエンスストアを対象とした強盗を行う場合，車での送迎は犯行を容易にし，また発覚・逮捕を困難にするという点で，少なくとも中核的な実行行為に密接に関連する極めて重要な行為というべきです。そして，乙と丙の間のやり取りの詳細は，はっきりしない部分もありますが，丙が車で送迎することにより，乙の実行が物理的にも心理的にも促進されたことが認められ，人間関係においても，丙は乙の地元の不良仲間で先輩に当たるということですから，丙は乙と対等か，あるいはそれ以上の立場とも評価し得ます。そして，動機の点では，単なる友情に基づく可能性もありますが，利得においては，乙は甲に半分を渡した残りの更に半分を丙に手間賃として渡したとのことであり，丙が他人の事件に補助的に関わっただけとは言いにくいところです。丙についても，共同正犯と評価することが実務上は十分可能と思われます。

　残る問題は，丙が，「強盗には関わっていない」などと言っており，乙が丙に犯行の詳細をどこまで知らせていたか，判然としない（つまり共謀の成立範囲が強盗（致傷）という重い犯罪にまで至っていたか明らかになっていない）点です。同様の主張は，甲からもなされる可能性があり，次の項目で検討します。

---

20) 最判昭和23・3・11刑集2・3・185

6 共謀の射程論

　共犯者間で，共謀を遂げたことが認められるものの，その内容において食い違いがあった場合にどう考えるべきかという問題が，「共謀の射程」などとして最近議論されています。例えば，正当防衛のための暴行の共謀を遂げた者たちのうち一部が侵害終了後も暴行を続けた場合，暴行を続けなかった者についてどう考えるか，あるいは，昏酔強盗の謀議を遂げ実行に着手したけれども，相手が眠り込まなかったために一部の者が力ずくで暴行脅迫に及ぶ通常の強盗を開始した場合，暴行脅迫を加えていない者についてどう考えるか，などの問題です。

　これらの問題においては，因果性の議論（そもそも客観的に当該犯罪について共犯としての責任を問い得るのか）という問題と，それぞれの主観面における事実認定（誰がどこまでの事実を認識・認容していたのか）の問題とが混在しているように思われます。通常は，後者の問題，つまり共犯者それぞれの主観面の事実認定を行い，その重なり合う範囲が共謀の範囲と考えられます。ただ，相互に認識し合う範囲にはそれとのずれが生じることもなくはありません（やり取りの中で誤解が生じたり，自分一人で勝手にそう思い込んでしまったりすることがあり得ます。）し，罪名等が異なることによって共謀内容が異質なこともあります。このような場合，結果に対してそれぞれが因果性を及ぼしているのかという客観面と，どこまでそれぞれが故意を有していたのかという主観面をしっかりと分け，段階的に検討することが必要と言えます。

　本件事例においては，強盗や強盗致傷という結果発生に対する因果性は，乙はもちろん，甲にも丙にも肯定できます。銃刀法違反の点についても同じです。したがって，客観面においては，甲や丙について，強盗（致傷）や銃刀法違反の共同正犯が認められ得るでしょう。後は主観面，すなわち甲と丙が，それぞれ強盗（致傷）や銃刀法違反の故意を有していたと認定できるかという問題となり，証拠あるいは間接事実次第ということになります。例えば，犯行に用いる凶器として乙が所持していた包丁を甲や丙が見る機会があったのかどうか，乙のどのような発言を聞いたのか，などという点です。もしこれらの事実が立

証できない場合は，甲や丙の故意が，窃盗にとどまり，銃刀法違反にも及ばないと認定される可能性も想定しなければならないでしょう。

7 おわりに

　本件事例についての結論は，既に述べてきたとおりです。実務上，共犯事件における否認類型として，そもそも共謀をしていない，共謀したが実行行為者の認識とは異なる，正犯ではなく従犯にとどまる，など，様々なパターンが考えられます。

　これに対し，捜査機関としては，前回述べたように，まずは謀議が行われたのかどうか，行われたのであればその内容はどのようなものかについて，客観的証拠の有無が気になるところでしょう。しかし，やり取りが残る場合ばかりでもないことや，罪証隠滅工作等により，その立証が容易でないことも多くあります。

　その場合は，それ以外の間接事実を積み上げて考えるしかありません。既に述べてきたところからお気づきの方もいらっしゃると思いますが，謀議の有無についての事実認定の在り方と，主犯か従犯かについての事実認定の在り方は，ほぼ一致します。

　結局のところ，「複数の者によって行われた当該犯罪に関与したか」「当該犯罪について正犯としての責任を問うべきか」という判断は，一連のものですから，当然といえば当然のことです。となれば，捜査機関としては，適切な事実認定を行うため，時系列に沿って，事前における準備状況や，犯行時の具体的な各人の行為状況，犯行後の逃走・罪証隠滅・利得分配状況等に至るまで，地道かつ丁寧な事実と証拠の収集が求められることになります。

　「事案の真相に迫る」ための基本に忠実な捜査の重要性は，共犯事件においても例外ではなく，むしろ捜査官の腕前が問われる格好の場面といえるでしょう。

第 2 編
特別刑法

Part II special criminal law

薬物事犯
～覚醒剤を買ったドライブの帰り道に～

　平成31年2月10日夜，M警察署管内の繁華街をパトカーで警ら中のO巡査部長とP巡査は，反対側車線を走行していた黒色乗用車が急に路肩に寄ってライトを消灯させたが，ナンバープレートが折り曲げられているなどの状況に不審を感じたため，パトカーを転回・停止させた上，職務質問を実施することとした。

　外側から黒色乗用車内を覗き込むと，運転席，助手席及び後部座席に各1名の男が乗車しており，いずれもOらから視線をそらすような様子であったため，運転席側からOが窓を軽くノックして窓を開けるよう求めると，運転席側の男がこれに応じた。同男性は運転免許証の提示の求めにも応じ，甲であることが判明した。無線による犯歴照会の結果，甲には覚せい剤前科2犯があったことや，甲らはいずれも顔色が悪く落ち着かない様子であったことから，Oらは職務質問を継続することとし，車内の確認を求めると，甲らは渋々これに応じた。その間，助手席男性は乙，後部座席男性は丙と判明した。

　甲立会の下，Oが助手席前の小物入れ内にあった車検証を確認すると，同車は甲所有名義であった。続いて，運転席と助手席の間にあるコンソールボックスを甲承諾の下開けたところ，ミネラルウォーターのペットボトルの下に，銀行のATM用封筒があり，甲の面前で内容を確認すると，チャック付きビニール袋2袋が入っており，中に白色結晶状のものが認められた。

　そこで，応援に駆け付けたN警部補ら立会の下，覚醒剤の簡易検査を実施したところ，陽性反応を示したため，ビニール袋の内容物は覚醒剤であると思われた。

甲は，Oに対し，「自分のものです。後の二人は知らないと思います。」と述べ，乙は，Pに対し，「三人で覚醒剤を買いに行き，帰る途中だった。」と述べた。丙は，Nに対し，「何のことか分からない。」と述べた。

　Nは，職務質問の経緯や，甲，乙及び丙の各返答状況を踏まえ，3名を覚醒剤の共同所持事実で現行犯逮捕し，M署において，捜査を継続した。

　その後，甲は乙と同様の供述をするようになり，甲と乙が一人1万円ずつ出し合って丙の知り合いの密売人から覚醒剤を買いに行くことにしたが，丙はまだ手持ちの覚醒剤が相当量残っていたため，今回自分の分としては注文せず，甲，乙と密売人との間に入るだけとし，また，甲と乙のうち現金の持ち合わせがあるのが乙だけだったため，甲は乙に1万円を借り，乙が持っていた2万円を丙が密売人に手渡し，丙は覚醒剤2袋を受け取った後，甲に手渡し，甲がコンソールボックス内に収納したと述べた。その際，乙は慌てていて路上に財布を落としてしまい，その中にもごく少量の覚醒剤入りビニール袋が入っていたはずだと述べた。

　逮捕翌日，甲の自宅を令状発付を得て捜索した結果，甲の部屋の押し入れの上部から少量の覚醒剤が発見された。甲はそれについて，「あるのを忘れていた。量が少なくなり，捨てようと思っていたが，見つかると危ないと思い，いつか見つからないようにしてまとめて捨てようとしたのだと思う。」などと述べた。

　また，逮捕の翌々日，会社員の男WがM署管内の交番に現れ，「一昨日財布を拾いました。中を見たら，何か危なそうなものが入っていると思い，捨てようかと迷ったけれど，それではかえって怪しまれると思い，今日になってしまいました。」と述べた。

　他方，丙は，覚醒剤所持への関与を否定し続けた。M署における任意採尿の結果，覚醒剤成分が検出されたが，それについては，「知らない間に飲み物に覚醒剤を入れられたのではないか。甲や乙が覚醒剤を持ったり使ったりしていたというのなら，甲か乙の仕業だと思う。」などと述べた。

　甲，乙，丙の罪責についてどのように考えたらよいか。ちなみに，Wに

ついてはどうか。

〈目　次〉
1　はじめに
2　「覚せい剤を」
3　「みだりに」
4　「所　　持」
5　譲受罪との関係等
6　「使　　用」
7　営利の目的，没収・追徴，他の薬物等
8　おわりに
▶Step up　麻薬特例法について

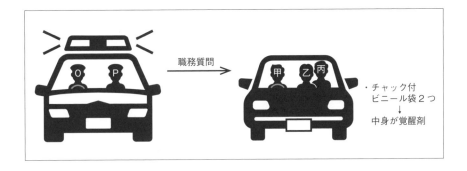

1　はじめに

　本問から数問は，特別刑法と呼ばれる領域を扱います。刑法典以外にも，罰則の定めのある特別法が多数存在しますが，これらの総称です。そのうち今回は，道路交通法違反以外でかなりの割合を占める，薬物法違反を取り上げます。

　薬物事犯の中で多いのは，覚せい剤取締法違反，大麻取締法違反などです。覚醒剤では毎年約1万人が，大麻では数千人が検挙されており，それ自体によ

る依存・中毒・精神病等はもちろん，使用下での殺人・傷害・暴行，取得代金欲しさからの財産犯等，二次的犯罪を招くおそれも高く，大きな社会問題となっています。犯罪組織の資金源にもなり，国際社会の中でも，違法薬物に対する厳正な取組・協調が求められています。捜査官としては，その件数の多さから，取扱機会が多いことはもちろん，職務質問を端緒に発覚することも多いため，薬物捜査に専従する警察官のみならず，全ての捜査官において，基本的理解が求められます。

その中でも実務で取り扱う機会が特に多い類型は，覚醒剤の所持と使用，大麻の所持あたりではないでしょうか。

覚醒剤所持に関し，覚せい剤取締法41条の2第1項は，「覚せい剤を，みだりに，所持し，譲り渡し，又は譲り受けた者（中略）は，10年以下の懲役に処する。」としています。また，14条においても，「覚せい剤製造業者，覚せい剤施用機関の開設者及び管理者（中略）の外は，何人も，覚せい剤を所持してはならない。」としています。以下，その意味するところを検討していきます。

2 「覚せい剤を」

「覚せい剤」については，覚せい剤取締法2条1項に定義規定が置かれています。1号の「フエニルアミノプロパン」は化学名を「1-フエニル-2-アミノプロパン」，通称を「アンフェタミン」といい，「フエニルメチルアミノプロパン」は化学名を「1-フエニル-2-メチルアミノプロパン」，通称を「メタンフェタミン」といいます。いずれもそれ自体は水に溶けにくく，水に溶けやすくした塩類（塩酸塩や硫酸塩）として出回っています。日本に出回っているのは，圧倒的にフエニルメチルアミノプロパン（メタンフェタミン）の塩類であるとされています。

客体が覚醒剤であるかどうかを認定するに当たっては，実務上，専門家による化学的分析に基づく鑑定の結果を記載した鑑定書によっています。通常，覚醒剤の鑑定においては，客体が覚醒剤成分を含有するかどうかという観点から

分析がされており，含有する量や割合の分析・記載は行われていません。警察では，科学捜査研究所が鑑定を行っており，公判段階でもその鑑定書に信用性が認められることがほとんどですが，客体（検体）と鑑定資料とが同一かどうか，鑑定資料に他の検体が混入していないかなどが問題となることはあり，押収した証拠物の取扱いには十分注意する必要があります。また，現場において発見した物が覚醒剤の疑いが強いものかどうか（押収・逮捕の対象となし得るか）の判断をするため，承諾を得た上（あるいは押収のための必要な処分として），試薬キットを用いた予試験が行われています。

覚醒剤事犯は故意犯ですので，客体が覚醒剤であることの認識が必要です（このことは，他の薬物事犯においても基本的に同様です。）。他の故意犯と同様に，未必的又は概括的（択一的）な認識で足りると考えられますが，「対象物に対する認識予見は，単に抽象的になんらかの違法な薬物類を漠然と認識予見していたという程度では足りず，麻薬，覚せい剤，大麻等法規制の対象となっている具体的な違法有害な薬物の認識予見とその中に覚せい剤が含まれていることが必要である」との裁判例もあり[1]，留意が必要です。これに関連し，最高裁は，「覚せい剤かもしれないし，その他の身体に有害で違法な薬物かもしれないとの認識はあったことに帰する」として，「覚せい剤を含む身体に有害で違法な薬物類であるとの認識があった」という事実を認定しています[2]。

故意犯処罰の原則は，法38条1項に「罪を犯す意思がない行為は，罰しない」と規定されているところです。また，法8条は，「この編の規定は，他の法令の罪についても，適用する。ただし，その法令に特別の規定があるときは，この限りでない。」としていますから，故意犯処罰の原則は，特別刑法の刑罰規定にも及ぶこととなり，覚せい剤取締法も例外ではありません。法38条1項の「罪を犯す意思」というのが，故意のことであり，構成要件的故意を認めるには，行為者が自己の犯罪事実，つまり構成要件該当行為（実行行為），結果，因果関係の全てを認識・認容しなければならないとされます（故意は，基本的に特定の構成要件事実の認識を要する，などと説明されます。）。客観的要素としてこれを見たとき，主体，手段・方法（行為態様），行為の客体，行

---

1) 東京高判平成元・7・31判タ716・248
2) 最決平成2・2・9判時1341・157

為状況などに分類できますが，薬物事犯においては，違法薬物もこれらに含まれ，認識・認容の必要がありますが，その程度として，物質名・化学的成分・薬理作用等まで必要なのか，そこまででなくとも，「覚せい剤」そのものであるとの認識は必要なのではないか，などが問題となるわけです。

「覚せい剤を含む身体に有害で違法な薬物類であるとの認識」があればよいとする前記判例に対しては，批判する立場もありますが，薬物事犯の実態に照らし，現実的な判断と理解する立場の方が有力であり，その際の理論的説明としては，概括的故意を認めたものであるとか，通常人・一般人であれば違法性を認識できる程度の事実認識で足りることを示したものである，などとの解釈が示されています。いずれにしても，刑罰は，罰すること自体に主眼があるのではなく，規定することによって個人の意識に働き掛け，犯罪の発生を未然に防止することに主眼がありますから，化学名・物質名などはもちろん必要ではなく，通常人・一般人においてその意味するところが理解できれば十分というべきでしょう。故意の成立を認めるに当たっては「意味の認識」が重要である，などといわれているゆえんです。

ただし，「覚せい剤を含む」という部分は重要です。具体的根拠に基づいて覚醒剤ではないと思っている者に対し，覚醒剤事犯の故意を認めることはできません。また，法定刑の異なる（覚醒剤より法定刑の軽い）別の違法薬物だと思っていた，例えば麻薬であるコカインと誤認して覚醒剤を所持していた場合は，「両罪（筆者注：麻薬所持罪と覚せい剤所持罪）は，その目的物が麻薬か覚せい剤かの差異があり，後者につき前者に比し重い刑が定められているだけで，その余の犯罪構成要件要素は同一であるところ，麻薬と覚せい剤との類似性にかんがみると，この場合，両罪の構成要件は，軽い前者の罪の限度において，実質的に重なり合っているものと解するのが相当である。」として，軽い麻薬所持罪の成立を認めた判例があります[3]。そこで，「覚醒剤ではないと思っていた。」，「別の違法薬物であると思っていた。」などと主張する者に対しては，その根拠を十分に聴取し，その主張が単なる弁解か，具体的根拠に基づくものかのいずれかを明らかにしなければなりません。

3）最決昭和61・6・9刑集40・4・269

覚醒剤（薬物）の認識を否認する事例は実務上多くあります（違法薬物かどうかは客観的に鑑定から明らかとなり，被疑者・被告人の立場からは争いにくいということも理由の一つでしょう。）。その場合は，間接事実（情況証拠）に基づいてこれを判断することになります。具体的には，客体（違法薬物）の色や形状・感触等，所持形態（不自然な隠匿態様や使用道具との一括所持等），関係者・共犯者の説明や言動，被疑者・被告人の言動や態度，密行性の高い取引形態，高額な価額や報酬，職歴・渡航歴，薬物前科の有無，報道・出版に接する機会やネット検索の履歴，使用事実，被疑者・被告人の弁解の不自然さなどが総合的に考慮されています。捜査機関としては，これらの情況証拠の収集にも意を用いる必要があるといえます。

　本件事例において，覚醒剤であるかどうかを予試験で判断したのは相当ですが，起訴され公判に至れば覚醒剤かどうかは通常鑑定書に基づき認定されていますので，引き続き鑑定手続を進める必要があります。押収手続において混同や汚染・散逸にも留意が必要です。

　主観面において，甲と乙は覚醒剤であるとの認識に欠けるところはないようです。丙については，「6　使用」のところで詳しく述べます。

3　「みだりに」

　「みだりに」とは，「違法に」という意味です。住居侵入罪における「故なく」，銃刀法における「正当な理由による場合を除いては」，軽犯罪法における「正当な理由がなくて」などと同様の意味であると解されています。具体的には，「法定の除外事由がなく」かつ「違法性阻却事由がない」ことが必要です。

　覚せい剤取締法14条1項と2項は，覚醒剤を所持しても適法となる場合（法定の除外事由）を規定しています。具体的には，覚醒剤製造業者等が所持する場合，覚醒剤製造業者等の業務上の補助者がその業務のために所持する場合，法令に基づいてする行為につき覚醒剤を所持する場合等です。捜査機関が証拠品として覚醒剤を押収・保管する場合や鑑定者が鑑定のため所持する場合，裁判所職員が証拠物として所持する場合なども，「法令に基いてする行為につき

覚せい剤を所持する場合」に含まれます（違法性阻却事由と解することも可能ですが，それ以前に，構成要件該当性阻却事由と解されます。）。

法定の除外事由の存在は構成要件該当性阻却事由に当たりますから，現在の実務では，その不存在につき積極的な立証はされていませんが，まれに被疑者が医師や覚醒剤製造業者等の場合は，法定の除外事由に該当しないか，あるいはその点に錯誤がなかったか，慎重な検討が必要です。

本件事例において，甲・乙・丙の各行為に法定の除外事由がないこと，違法性阻却事由がないことは問題なさそうです。

4 「所持」

「所持」とは，「人が物を保管する実力支配関係を内容とする行為」をいいます[4]。あるいは，物を「管理しうる状態にある」ことをいいます[5]。似た概念として，「携帯」や「占有」がありますが，いずれも「所持」の一態様であって，「所持」よりも狭い概念です（「携帯」は自宅や居室以外の場所で身に帯びたり自分の身辺近くに置いて現実的にその支配下に置いていることをいい，「占有」は直接自らが物の保管につき事実上の支配関係をもっている場合をいうのが通常です。）。

「物を保管する実力支配関係」というのは，物を管理，支配している状態にあれば足りるということであり，処分できる状態にあることは要しないということを意味します。したがって，所有権，賃借権，質権など法律上の支配関係が認められる場合はもちろん，事実上の支配関係でも足りるということです。そのため，拾ったり盗んだりした違法薬物についても，所持が認められます[6]。なぜ「所持」の概念がこのように広く考えられているかといえば，違法薬物を管理，支配しているだけで当該違法薬物の流通，使用の危険があり，保健衛生上の観点から禁止，処罰の必要が生じるためです。判例は，物を保管する実力

---

4) 最大判昭和30・12・21刑集9・14・2946
5) 最判昭和31・5・25刑集10・5・751，最判昭和33・6・3刑集12・9・1958
6) 最判昭和24・3・5刑集3・3・263

支配関係の存否は，各場合における諸般の事情に従い社会通念によって決定されるとしていますが[7]，要は，「流通，使用等乱用につながる危険が認められるか」という観点から判断すればよいことになります。

そこで，すでに述べたように，「所持」といえるためには客体たる違法薬物についての所有権は必要なく，代金の支払がなされたかどうかも無関係ということになります（もちろん，所有権の存在や代金の支払事実は，所持を認定する上での有力な間接事実にはなります。）。

間接所持，すなわち直接所持をしている他人を通じて間接に物に対する実力支配関係を有することも可能です。知人等に保管，管理を頼む場合などが典型例ですが，中身を知らせずとも相手との関係や契約等によって，その相手を通して保管管理が可能な場合もあります（家族や運送業者等による場合）。そうすると，共同所持，すなわち二人以上の者が物を共同して所持することも可能です。

「所持」を認めるに当たっては，主観面において，自らが所持することについての故意も必要になります。既に「2　覚せい剤を」のところで述べたとおり，構成要件の一部，しかも実行行為という中核部分だからです。そこで，違法薬物が自らの保管・実力支配下にあることを認識・認容していることが必要となり，覚醒剤が自己の管理・支配する領域にあったとしても，例えば知らない間に他人が置いていった場合のように，その覚醒剤が存在することの認識すら欠くような場合は，「所持」の故意を認めることはできないということになります（もちろん，被疑者・被告人が管理・支配する領域から違法薬物が発見されれば，所持の故意を有することの重要な間接事実にはなります。）。

時折問題となるのは，途中から保管していることを忘れてしまったようなケースですが，判例はこのような場合でも所持を肯定します[8]。その場合の理論構成としては，所持の故意を認めるためには所持を続けることの認識が必要であるとした上で，忘れただけではその認識を失ったことにはならないとする考え方と，所持の開始時に故意があれば足りるという考え方とがありますが，

---

7) 最大判昭和30・12・21（注4と同）
8) 最判昭和28・12・15裁判集刑89・267等

いずれによっても，途中で所持していることを忘れても故意は否定されないということになります。

　本件事例において，まず，車内から発見された覚醒剤について，甲・乙・丙の所持を認めることはできるでしょうか。甲については，自己の所有・運転する車内のコンソールボックス内から発見された覚醒剤であり，入手経緯についても，乙と1万円ずつ出し合って丙の知り合いの密売人から購入した帰りということのようですから，所持を認めてよさそうです。甲は乙に1万円を借り，その返済が未だなされていないようですが，そのことは「物を保管する実力支配関係」あるいは「管理し得る状態」を認定する妨げとはならないでしょう。また，乙についても，甲と一緒に購入した帰りということですから，「物を保管する実力支配関係」が認められます。発見場所は甲の所有・運転する車内ですが，乙も同乗していましたから，問題はなさそうです。

　他方，丙については，所持を認める考えと，これを否定する考えがありそうです。肯定説は，甲・乙とともに密売人のところに覚醒剤を買いに行き，代金を密売人に手渡して，代わりに覚醒剤を受け取って甲に渡したという点や，帰る途中の車に甲・乙と同乗しており，保管場所もコンソールボックスという後部座席からも近い場所であった点等を重視し，覚醒剤の流通・使用等の危険があるとして「物を保管する実力支配関係」を肯定するというものです。他方，否定説は，丙は甲・乙と密売人との間に入っただけであり，覚醒剤を甲に手渡した後には当該覚醒剤を「保管する実力支配関係」が消失したという点を重視することになるでしょう。論理的には，否定説は所持と所有を混同しているきらいがあり，肯定説が妥当なように思われますが，仮に否定説に立ったとしても，逮捕・勾留の嫌疑は認められるでしょう。

　次に，甲の自宅から捜索時に発見された覚醒剤については，①逮捕後の捜索において自宅から発見された物についても「所持」していたといえるか，②（甲の主張によれば）持っているのを忘れていたとあるが，その場合でも所持の故意に欠けるところはないか，が問題となり得ます。①逮捕により覚醒剤保管先であった自宅を離れたために，所持が失われたのではないかという点については，逮捕前に自己の所有物を犯罪の発覚を防ぐため一定の場所に隠匿蔵置した

場合には，たとえ警察署に留置されている間といえどもその物件に対し実力支配を持続しているものというべきとの裁判例もあり[9]，たとえ離れた場所にあっても他人を通じて流通・使用の危険があることや，自己において将来利用できる可能性があることから，「物を保管する実力支配関係」を認めてよいでしょう。②所持の故意についても，既に述べたように，忘れていたとしても所持開始時に故意があれば足りる（あるいは所持を継続するに当たって故意が失われたとは評価されない）から，所持の故意に欠けるところはありません。

乙が財布に入れていて落とした覚醒剤については，遺失したことにより乙の所持が失われたのではないかという点と，拾得して翌々日に警察に届けたWについても所持罪が成立するのではないかという点が問題となります。乙の所持については，遺失した時間，場所，態様等が問題となります。例えば宿泊した旅館に忘れて帰ったようなケースでは，部屋係や清掃員を通じて手元に戻る場合も多いでしょうから，物に対する実力支配が直ちに失われたかについては慎重に考える必要があります。他方，人通りの多い場所・時間帯に落としたケースでは，比較的短時間でも実力支配関係が失われたと言わざるを得ないケースもあるでしょう。

本件事例でも，財布に入れて路上に落とし，実際，Wが拾得した後一定期間届出がなされていないことからすれば，乙の所持は落とした後間もなく失われたと見ざるを得ないかもしれません。他方，Wについては，警察に届け出ているので，流通・使用の危険は消失していますが，拾得後速やかに届け出ておらず，届出を逡巡していたような事情もあるようですから，その間にWの手元から流通・使用の危険があったと見れば，Wについても所持となる可能性が否定できません。もっとも，覚醒剤に対する認識（故意）があったのかや最終的に届け出ている以上，自己の行為は捜査機関に協力する行為であるとして違法性阻却事由についての認識（錯誤）があったのではないかなどの点は，別途検討の必要があり，立件の要否についても迷われるところであり，Wから拾得後の状況を詳細に聴取するなどした上で，事案に応じ判断することになると思われます。

9） 大阪高判昭和29・10・25高刑裁特1・9・402

5 譲受罪との関係等

　覚醒剤をみだりに所持した者以外にも，覚醒剤をみだりに譲り渡し，又は譲り受けた者は，10年以下の懲役に処するものとされます（覚せい剤取締法41条の2第1項）。「譲り渡し」とは，相手方に対し，物についての法律上又は事実上の処分権限を付与し，かつ，物の所持を移転することを内容とする行為をいい，「譲り受け」とは，相手方から物についての法律上，事実上の処分権限を付与され，かつ，その所持の移転を受けることを内容とする行為をいいます。

　そうすると，通常引き続いて行われることとなる譲受罪と所持罪（あるいは所持罪と譲渡罪）との罪数関係が問題となり得ます。かつては包括一罪説も有力でしたが，判例は，「覚せい剤を譲受けた場合その瞬間にはじめられた所持そのものは，取引の通念に照らし，譲受に一連する包括的行為と見られ譲受の一罪として処罰するを相当とするであろうけれど，その譲受後時間的空間的関係の推移変動により取引上，その所持が別個独立の行為として観察し得るに至れば，もはやこれを譲受行為に包括せられるものといい得ない」として，別個に所持罪が成立する場合があることを認めています[10]。つまり，併合罪となる場合もあるということであり，譲受けの時間・場所・態様と，所持の時間・場所・態様をそれぞれ具体的に明らかにした上，別個に処罰するのが相当かを判断することになります。

　なお，所持罪は継続犯，つまり法益侵害・危険の事態の継続そのものが構成要件の内容となっているものとされます。そうすると，実力支配は一瞬では足りず，一定の時間継続することによって認められると考えられますので，留意が必要です。

　所持罪同士の関係も問題となり得ます。複数の覚醒剤を同時にあちこちの場所に保管している場合や，一つの覚醒剤を場所を転々とさせながら保管する場合等です。判例は，これらの場合についても，「社会通念によって，それが人と物との間に存する実力支配関係を客観的に表明するに足る個別性を有するか

---

10) 最決昭和31・1・12刑集10・1・43

否かを究め、そこに一個の所持があるか、数個独立の所持があるかを決定しなければならない」とします[11]。時間、場所、態様等により総合的に判断することになりますが、一罪ではなく併合罪ということになると、被疑者（被告人）側に不利ともなりますので、別個の所持であることが立証できるだけの客観証拠が求められるでしょう。

　本件事例においては、覚醒剤を譲り受けた後、帰る途中であったようです。密売人に対する突き上げ捜査は今後重要ですが、とりあえず、譲受の時間、場所、相手がまだ証拠上はっきりしていない状態であるのに対し、共同所持は現行犯逮捕できる程度に明白であったことなどからすれば、所持が譲受に確実に吸収されるとはいえません。この車内における甲らの所持事実と、甲については自宅にあった覚醒剤の所持事実との関係、乙については財布に入れていた覚醒剤の所持事実との関係も問題となります。

　甲の自宅の覚醒剤所持については、逮捕時又は押収時の所持を事実として取り上げるものと思われ、仮に逮捕時の所持としても、場所が異なり、社会的事実として別なので、所持二罪が成立するでしょう。乙についても、財布内の覚醒剤は、落とした時点、あるいは拾得者を通じて手元に戻った時点の所持を事実として取り上げることが考えられ、いずれにしても、場所等が異なるため、所持二罪が成立するでしょう。

6 「使用」

　覚せい剤取締法41条の3は、「第19条（使用の禁止）の規定に違反した者（以下略）」に該当する者は、「10年以下の懲役に処する。」とし、同法19条は、「左の各号に掲げる場合の外は、何人も、覚せい剤を使用してはならない。」として、1号から5号まで、覚せい剤製造業者等が製造等のため使用する場合を法定の除外事由として規定しています。

　そこで、「使用」の意義が問題となりますが、ここでは、覚醒剤をその用法

---

11) 最大判昭和24・5・18刑集3・6・796

に従って用いる一切の行為を指します。ただし、廃棄は含まれませんので、要は薬品として消費する一切の行為、ということになります。対象、方法、動機のいかんを問わないとされており、人体（自己・他人を問いません。）に用いる場合に限らず、動物に用いる場合も含みます（例えば競争能力を高める目的で馬に覚醒剤を注射しても「使用」に当たります[12]。）。方法も問わないので、注射以外にも、飲用、塗布、気化吸引などが広く含まれます。動機についても同様であり、法定の除外事由に該当しない限り、実験や研究目的でも使用ですし、捜査官の目から隠匿するため飲み込んでも使用に当たります（ただし、体内に全く吸収されないような措置が執られていた場合は別に解する余地もあります。）[13]。

　使用に似た概念に「施用」がありますが、こちらは（覚せい剤を）人の身体に対し薬物として用いることをいいますから、使用より狭い概念です。ちなみに、麻薬取締法では、「施用」、「受施用」などが処罰の対象とされています。

　他人に頼まれて注射してやったような場合は、注射した者と、注射された者の双方に使用罪が成立します。

　使用については、訴因の特定や罪数に関する問題が時折生じます。1回の使用につき一罪が成立するとされ、使用の立証には、通常尿に対する鑑定の結果が用いられますので、尿から検出された覚醒剤成分がいつどの使用によるものかをどうやって特定するかという問題です。自白及びその内容が信用できることを裏付ける他の証拠がある場合は問題ありませんが、被疑者（被告人）が否認する場合は、覚醒剤使用後、尿中に覚醒剤成分が残留する期間がおおむね1週間から10日、長くて約2週間程度とされていることから、「〇月下旬頃から△月×日（※採尿日）までの間、●県内又はその周辺において」などと事実記載をすることが通例であり、そのような記載をすることも判例上許容されています[14]。

　実務上、尿から覚醒剤成分が検出されていながら、なお被疑者（被告人）が覚醒剤使用の事実を争うケースもあります。かつては、キムチ等、覚醒剤以外

---

12) 最決昭和55・9・11刑集34・5・255
13) 東京高判昭和53・9・12刑月10・9＝10・1181
14) 最決昭和56・4・25刑集35・3・116

の物を摂取したことで覚醒剤成分が検出されたとの主張が流行した時期もありますが，覚醒剤以外のものを人体に摂取したことで尿鑑定において覚醒剤成分が検出される可能性はないとされており[15]，この手の主張の中で最近も残っているのは，尿が差し替えられたとか，尿に覚醒剤成分を混入された等の主張です。捜査機関としては，採尿手続から鑑定に至るまでの手続の中で，尿の取り違えや異物混入の可能性がないことを写真等の方法で的確に証拠保全しておく必要があります。

　むしろ，自己の尿から覚醒剤成分が検出されたこと自体は争わないけれども，覚醒剤使用の故意・認識を争うケースは一貫して存在します。しかし，裁判例上，被告人の尿から覚醒剤成分が検出されたこと等の事情に，「覚せい剤が厳しく取り締まられている禁制薬物であって，通常の社会生活の過程で体内に摂取されることはあり得ないものであることをも考慮すると，被告人は特段の事情のない限り，原判示の期間内に自己の意思で覚せい剤を摂取したものと推認することができる。」とされています[16]。すなわち，被告人の尿から覚醒剤成分が検出された場合は，覚醒剤使用の事実という客観面だけでなく，覚醒剤使用の故意という主観面についても特段の事情がない限り推認されることとなります。

　では，「特段の事情」とは何でしょうか。一つの類型としては，被告人が強制的に他者から覚醒剤を使用させられたとの弁解が排斥できない場合があります[17]。この場合は，被告人の供述と，それ以外の証拠（供述等）との信用性を総合的に判断することになります。他方，被告人が何かを摂取したけれども，それが覚醒剤であるとの認識はなかったという場合も論理的にはあり得ます。しかし，これは「覚醒剤使用の認識」というよりは（客体である）「覚醒剤の認識」が欠ける，といえるかという問題であり，覚醒剤の故意については，2で述べたとおり，「覚せい剤かもしれないし，その他の身体に有害で違法な薬物かもしれない」との認識があれば「覚せい剤を含む身体に有害で違法な薬物類

---

15) 東京高判昭和59・8・29刑月16・7＝8・541，東京高判昭和59・11・15判時1159・179等
16) 東京高判平成11・12・24高検速報（平成11）116，東京高判平成14・6・12高検速報（平成14）69等
17) 東京高判平成14・7・15判時1822・156等

であるとの認識があった」として故意が肯定されるため，被告人の弁解を前提としても，摂取の経緯や日時・場所・態様，周囲の者の言動や摂取時の身体反応，過去における同種経験の有無や前科等から，なお覚醒剤（使用）の認識に欠けるところはない，とされることも多いでしょう。

　本件事例において，丙の尿から覚醒剤成分が検出されたところ，丙は「知らない間に飲み物に覚醒剤を入れられたのではないか。甲や乙が覚醒剤を持ったり使ったりしていたというのなら，甲か乙の仕業だと思う。」などと主張しています。先に紹介した裁判例の考え方に当てはめれば，客観的に丙の身体に覚醒剤が使用されたことは認めることができ，あとは丙が使用の事実及びそれが覚醒剤であることを認識していたかが問題となりますが，覚醒剤が厳しく取り締まられている禁制薬物であって，通常の社会生活の過程で体内に摂取されることはあり得ないものであることをも考慮すると，丙は特段の事情のない限り，体内に覚醒剤成分が残留する期間，すなわち採尿から遡って約2週間以内に自己の意思で覚醒剤を摂取したものと推認することができることになります。そうすると，あとは「特段の事情」の有無が問題となり，丙の弁解をよく聴き，裏付捜査によってその信用性を判断することになります。**本件事例では，甲や乙に対する聴取も重要ですが，なけなしのお金を出し合って覚醒剤を購入している甲や乙が，高価な覚醒剤を丙の飲み物に入れて丙の知らない間に飲ませる合理的理由が乏しく，現時点で「特段の事情」が認められる可能性は低いように思われます。**

7　営利の目的，没収・追徴，他の薬物等

　覚せい剤所持罪等は，営利の目的がある場合，刑が加重されます（覚せい剤取締法41条の2第2項等）。ここで「営利の目的」とは，犯人が自ら財産上の利益を得，又は第三者に得させることを動機・目的とする場合をいいます[18]。実務上，営利目的が認められるケースが多いのは，所持のほか譲渡，譲受，輸入，製造等です。末端消費者なのか，薬物組織あるいはそれに準ずる者なのかとい

---

18) 最決昭和57・6・28刑集36・5・681

う点は，量刑の面でもかなり大きな違いを生むことから，営利目的の有無を主な争点とする事案も多くあります。営利目的が否認された場合，事実認定に当たっては，薬物の量・価格，小分け事実・小分け道具所持事実，犯行の手口・態様，継続的密売や仕入事実，社会的地位や社会環境・生活状況，弁解の不自然さ・不合理さなどの事実が考慮されています。そのため，最近は，金融機関における取引履歴（入出金状況）や携帯電話の通話履歴，メールやSNSの内容等も重要な立証手段となっています。

なお，他利目的（他人に財産上の利益を得させることを動機・目的とする場合）も営利目的に含まれます[19]。

覚せい剤取締法41条の8第1項は，「第41条から前条までの罪に係る覚せい剤又は覚せい剤原料で，犯人が所有し，又は所持するものは，没収する。」として，輸入，製造，所持，譲渡，譲受等にかかる覚醒剤等についての必要的没収を規定します（なお，輸入にかかる覚醒剤は，関税法上の禁制品輸入罪に該当することも多く，関税法にも必要的没収規定が置かれています。）。法19条の没収規定が任意的（裁量的）であるのに対し，覚せい剤取締法上の没収規定は必要的ですから，没収すべき覚醒剤が存在するにもかかわらず，これを没収しなかった場合には，判決が違法なものとされてしまいます。そのため，捜査初期段階から，特定と領置・保管等の手続を厳格に行うことが求められます。

さらに，薬物犯罪の犯罪行為により得た財産や当該犯罪行為の報酬として得た財産などは，麻薬特例法（国際的な協力の下に規制薬物に係る不正行為を助長する行為等の防止を図るための麻薬及び向精神薬取締法等の特例等に関する法律）2条3項において「薬物犯罪収益」であるとされており，同法11条1項1号によりこれも必要的没収の対象となります。覚醒剤取引があった場合の売買代金等は，これに該当しますから，こちらも早期に特定・保全の手続を執っておく必要があります。また，費消や混和等によって没収できないときは，同法13条1項前段によりその価額を追徴しなければなりませんので，全体財産の把握も重要です（後記の「Step up 麻薬特例法について」を参照）。

---

19) 最決昭和57・6・28（注18と同）

本件事例において，甲・乙・丙いずれの犯罪についても，営利目的を疑わせるような事情は出ていないようです（発見にかかる覚醒剤が多量だったり，小分けされていたら話は別ですが。）。発見にかかる覚醒剤は，いずれも没収の対象となり，車内発見にかかる覚醒剤は，共同所持に係るものとして，双方から没収されます（実務上は，先に終局に至った者の判決の中で没収が言い渡され，その余の者の公判においては，共犯者につき先に没収判決が確定している事実を立証して，必要的没収の遺漏がないようにされています。）。

日本において，覚醒剤以外に近時も出回っている違法薬物としては，麻薬（コカイン，MDMA等），大麻，指定薬物（ラッシュ，危険ドラッグ等）があります。それぞれ，「麻薬及び向精神薬取締法」，「大麻取締法」，「医薬品，医療機器等の品質，有効性及び安全性の確保等に関する法律」により覚せい剤取締法と同様の処罰規定が置かれていますが，当該薬物の毒性・依存性等も考慮しつつ，異なる法定刑が定められています（なお，ヘロインも麻薬に分類されますが，数は多くないようです。）。このうち大麻については，大麻草（カンナビス・サディバ・エル）及びその製品と定義され（大麻草の成熟した茎及びその製品（樹脂を除く。）並びに大麻草の種子及びその製品を除く。），単純使用が処罰対象外となっていることにも留意が必要です（体内の大麻成分が取締対象外の茎や種子由来のものではないか，判別が容易でないことなどがその理由として指摘されています。）。大麻などの「所持」等の意義については，既に述べた覚醒剤の場合と同様に考えられます。

覚醒剤（覚せい剤取締法）

態　　　様	根拠条文	刑　　罰
輸入・輸出・製造	41条	1年以上の懲役（1項）
所持・譲渡・譲受	41条の2	10年以下の懲役（1項）
使用，原料輸入・輸出・製造等	41条の3	10年以下の懲役（1項）
原料所持・譲渡・譲受・使用等	41条の4	7年以下の懲役（1項）

麻薬・向精神薬（麻薬及び向精神薬取締法）

態　様	根拠条文	刑　罰
ヘロイン輸入・輸出・製造	64条	1年以上の懲役（1項）
ヘロイン譲渡・譲受・所持・施用等	64条の2，64条の3	10年以下の懲役（1項）
ヘロイン以外輸入・輸出・製造等	65条	1年以上10年以下の懲役（1項）
ヘロイン以外譲渡・譲受・所持・施用等	66条，66条の2	7年以下の懲役（1項）
向精神薬輸入・輸出・製造等	66条の3	5年以下の懲役（1項）
向精神薬譲渡・譲渡目的所持	66条の4	3年以下の懲役（1項）

大麻（大麻取締法）

態　様	根拠条文	刑　罰
栽培・輸入・輸出	24条	7年以下の懲役（1項）
所持・譲渡・譲受	24条の2	5年以下の懲役（1項）

指定薬物（医薬品，医療機器等の品質，有効性及び安全性の確保等に関する法律）

態　様	根拠条文	刑　罰
製造・輸入・所持等	83条の9，84条26号	3年以下の懲役・300万円以下の罰金（84条26号）

その他，あへん，けしがら等（あへん法）。以前は，シンナー・トルエン等（毒物及び劇物取締法）。

　麻薬や大麻については，覚醒剤同様，必要的没収があります（麻薬及び向精神薬取締法69条の3第1項本文，大麻取締法24条の5第1項本文。これに対し，指定薬物の没収は，法19条の任意的没収によります。）。

8　おわりに

　駆け足で事例を検討してきましたが，甲については車内発見にかかる覚醒剤と自宅発見にかかる覚醒剤の所持二罪が，乙についても車内発見にかかる覚醒剤と財布内に隠していた覚醒剤の所持二罪が，丙については少なくとも使用罪

が認められるでしょう。

　薬物事件は，違法薬物であることの立証は鑑定によって客観的になされることがほとんどであり，被疑者（被告人）側から争いにくくなっています。それゆえ，それ以外の部分，つまり手段の違法性や，鑑定資料の同一性，違法薬物の認識，実行行為の認識等について熾烈に争われることも多いです。構成要件とその意義をしっかりと理解した上，細かな手続面（当然刑事訴訟法の各規定の正確な理解が不可欠です。）と，それぞれが適正であることの証拠化等にも配慮が求められます。

麻薬特例法について

　「麻薬特例法」は，薬物の不正取引に対し国際的に取り組む必要から，「麻薬及び向精神薬の不正取引の防止に関する国際連合条約」（いわゆる麻薬新条約）の国内担保法として，平成4年7月から施行されています。

　違法薬物の取締りに関しては，薬物四法（麻薬及び向精神薬取締法・大麻取締法・あへん法・覚せい剤取締法）が適用されることが多いのですが，国際的な薬物組織を取り締まり，壊滅させるためには，①薬物事犯者を適切に処罰することはもちろん，②前提として適切に検挙することと，③組織の目的である不法収益（薬物収益）を適切に剥奪することが必要不可欠であり，麻薬特例法には，これらの見地から各規定が置かれています。

　前提として，「規制薬物」とは，麻薬及び向精神薬取締法に規定する麻薬及び向精神薬，大麻取締法に規定する大麻，あへん法に規定するあへん及びけしがら，覚せい剤取締法に規定する覚醒剤をいうものとされており（2条1項。したがって，覚醒剤原料，麻薬・向精神薬原料は含まれません。），「薬物犯罪」とは，業として行う不法輸入等の罪（5条），規制薬物としての物品の輸入等の罪（8条），あおり又は唆しの罪の他，薬物四法が規定している規制薬物等の輸入・輸出・製造・栽培・製剤・小分け・譲渡・譲受・周旋・交付・所持等の罪（未遂・予備を含む），資金提供罪等をいうものとされています（2条2項）。

(1) 適切な処罰の見地

　5条は，業として行う不法輸入等の罪について，処罰を加重しています。
　具体的には，例えば麻薬・向精神薬については輸入・輸出・製造・小分け・譲渡・譲受（向精神薬を除く）・交付・麻薬原料植物の栽培，大麻につ

いては栽培・輸入・輸出・譲受・譲渡，覚醒剤については輸入・輸出・製造・譲渡・譲受の各罪に当たる行為をすることを「業とした者」に対して，無期又は5年以上の懲役及び1000万円以下の罰金に処することとしており，各法におけるそれぞれの罰則よりも加重されています。

9条は，薬物犯罪（麻薬特例法8条・9条を除く）等を実行すること又は規制薬物を濫用することを公然，あおり，又は唆した者につき，3年以下の懲役又は50万円以下の罰金に処するとしています。

10条は，国外犯を処罰する規定です。

(2) 適切な検挙の見地

3条・4条は，コントロールド・デリバリーを実施しやすくするための規定です。これは，取締機関が規制薬物等の禁制品を発見しても，その場で直ちに検挙・押収することなく，十分な監視の下にその運搬を継続させ，関連被疑者に到達させてその者らを検挙する捜査手法をいい，中身の薬物等を抜き取って行う場合をクリーン・コントロールド・デリバリー，そのままにして行う場合をライブ・コントロールド・デリバリーと呼んでいます。

これとも関連し，8条は，薬物犯罪（規制薬物の輸入又は輸出に係るものに限る。）を犯す意思をもって，規制薬物として交付を受け，又は取得した薬物その他の物品を輸入し，又は輸出した者に対し，3年以下の懲役又は50万円以下の罰金を科し，同様に譲り渡し，譲り受け又は所持した者に対し，2年以下の懲役又は30万円以下の罰金を科すとしています。これにより，いわゆる「物なし」事案，すなわち客体が鑑定により違法薬物であることが立証可能な事案でなくとも検挙することが可能となり，クリーン・コントロールド・デリバリーの事案や，過去における同種取引事案等において広く活用されています。

21条以下は，後に述べる没収・追徴の執行・保全についての国際共助手続を規定しています。

(3) **不法収益を適切に剝奪する見地**

「薬物犯罪収益」とは、薬物犯罪の犯罪行為により得た財産若しくは当該犯罪行為の報酬として得た財産又は2条2項7号（薬物四法の資金等提供・運搬の罪）に係る資金をいいます（2条3項）。

「薬物犯罪収益に由来する財産」とは、薬物犯罪収益の果実として得た財産、薬物犯罪収益の対価として得た財産、これらの財産の対価として得た財産その他薬物犯罪収益の保有又は処分に基づき得た財産をいいます（2条4項）。

そして、「薬物犯罪収益等」とは、薬物犯罪収益、薬物犯罪収益に由来する財産又はこれらの財産とこれらの財産以外の財産とが混和した財産をいいます（2条5項）。

6条は、マネー・ローンダリング、すなわち薬物犯罪収益等の取得若しくは処分につき事実を仮装し、又は薬物犯罪収益等を隠匿した者、薬物犯罪収益の発生の原因につき事実を仮装した者に対し、5年以下の懲役若しくは300万円以下の罰金に処し、又はこれを併科するとしています。未遂・予備についても処罰の対象としています。

7条は、薬物犯罪収益等を、それと知って収受した者に対し、3年以下の懲役又は100万円以下の罰金に処するとしています。

11条から13条は、薬物犯罪収益等の没収・追徴について定めています。特に、薬物犯罪収益等は必要的没収とされることから（11条1項）、例えば、覚醒剤の有償譲渡事案においては、対価として支払われた譲渡代金は、営利目的・利得性の有無を問わず、薬物犯罪収益に該当し、必要的没収・追徴の対象となります[1]ので、留意が必要です。また、19条・20条は、没収・追徴のための保全手続について定めています。14条には、薬物犯罪収益の推定規定も置かれています。

---

1) 東京高判平成5・5・26高刑集46・2・147

(4) **おわりに**

　以上見てきたように，麻薬特例法には，国内外の薬物組織を適切に取り締まるための有用な規定が多数存在します。実務上，一番留意すべきは薬物犯罪収益等の必要的没収・追徴に関する11条から13条でしょうが，そのほか，反復継続された事案については，積極的に５条を適用し（過去の同種取引事例では８条２項の規制薬物としての物品譲渡等規定も適用可能です。），厳重な処罰を求めるとともに，組織の不法利得を適切に剝奪する意識が必要です。また，不法輸入事案においては，コントロールド・デリバリーについての規定を活用するとともに，８条１項の規制薬物としての物品輸入規定も活用できるでしょう。これらの点から，薬物事犯においては，麻薬特例法に対する理解も必要不可欠と思われます。

危険物等携帯事犯
～亀の子事案～

　平成31年3月4日午後2時頃，M警察署のO巡査部長とP巡査は，管内を徒歩でパトロール中，住宅地の路上に白色乗用車が停止しているのに気付いたが，住民か訪問客の車両と思い，そのまま通り過ぎた。同日午後2時40分頃，再びその場所付近を通りかかったところ，同車はまだ同じ場所に停車しており，駐車禁止の場所だったこともあり，注意しようと近付くと，運転席に男の人影が見えた。ナンバープレート記載の番号を無線で照会したところ，車種と番号が合致しないとの回答であり，ナンバープレートが付け替えられるなどしたことが疑われた。

　そこで，運転席の男に対し職務質問を実施しようと考え，Oが運転席側の窓を軽くノックして，「すみません。」と声を掛けたが，男は気付かない振りをして，一切反応しなかった。Oは，三回同じことを繰り返した後ドアノブに手を掛けたが，ドアは内側からロックされていた。男性は，寝ている振りをして反応せず，窓もドアもロックした状態で立てこもった。

　Oらは，説得しつつM署に応援を求め，同日午後3時前頃になって，N警部補らが同所に到着した。Nらは，説得を継続する一方で令状請求を検討することとしたが，被疑事実をどのようにすべきか迷っていたところ，警察官が増えたことに気付いた男は，エンジンをかけて車両を急に後退させようとしたため，Oの身体に車両が衝突しそうになった。そこで，Oが「公務執行妨害になるぞ。起きているなら，エンジンを切って質問に答えなさい。」と警告したところ，男は，エンジンを切り，ドアを開けて車両から降りた。

　男は，質問に対し，甲であると名乗り，車両については，知り合いから借りたものだと述べた。Pの「危ないものなどを持っていないか確認させ

てほしい。」との求めに対しても頷いたため，Pがジャンパーの上から触って確認をしたところ，両ポケット内に硬い感触があった。Pが「出してください。」と伝えると，甲は左右のポケット内から折り畳み式ナイフ（刃体の長さ約8センチメートル，開刃した刃体をさやに固定する装置を有するもの）1本及び催涙スプレー（缶入りで，CNガスなどと書かれているもの）1本を自ら取り出し，Pに手渡した。また，甲は車内の確認にも応じ，運転席側ドアポケットと助手席側ドアポケットからマイナスドライバー各1本（いずれも先端部が平らでその幅約0.6センチメートル，長さ約20センチメートル）と，後部トランク内からバール（作用する部分の幅約3センチメートル，長さ約30センチメートル）1本が発見された。

ナイフと催涙スプレーの所持理由について，甲は「持っていてまずい物だとは思わなかった。護身のため持っていた。仲間と喧嘩をして，絶対にそいつから襲われると思っていた。」と述べ，ドライバーとバールについては，「車はその仲間から借りたので，そいつのものだと思う。工事のため使うのではないか。」などと述べた。車の持ち主で襲ってくると思う相手というのは，乙という人物であり，乙は交際相手のところにいるのではないかと供述した。

Oらは，甲を現行犯逮捕するとともに，甲の供述を裏付けるため，Nが乙の交際相手の住んでいるというマンションに行くと，ちょうどマンション敷地内の玄関ホールで，交際相手方玄関から出てきて間もないと思われる乙と鉢合わせした。Nが，「乙さんではありませんか。甲さんを知っていますか。」と聞くと，乙は，「すみません。これから甲のところに仕返しに行こうと思っていました。」と言いながら，左手に提げていた紙袋の中から，買ったままの状態（パッケージに入れられ，台紙にホチキスで固定されている）の果物ナイフ（刃体の長さ約7センチメートルで，先端が尖っているもの）を取り出し提出した。

そこで，Nは乙も現行犯逮捕したが，乙は，弁護人選任後，「持っていた時間が短いし，まだマンションの敷地内だったし，未開封の状態だった。」などとして，携帯には当たらないと主張するようになった。

第20問　危険物等携帯事犯　315

甲，乙の罪責についてどのように考えたらよいか。

〈目　次〉

1　はじめに
2　「業務その他正当な理由による場合」
3　「刃体の長さが6センチメートルをこえる刃物」
4　「携　　帯」
5　特殊開錠用具所持禁止法の「指定侵入工具」
6　軽犯罪法の「人の生命を害し，又は人の身体に重大な害を加えるのに使用されるような道具」
7　銃刀法24条の2について
8　おわりに

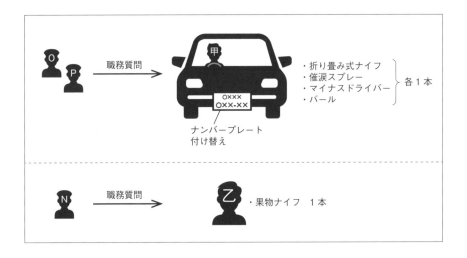

1　はじめに

　本問は，銃砲刀剣類所持等取締法（以下「銃刀法」），特殊開錠用具の所持の禁止等に関する法律（通称ピッキング防止法，以下「特殊開錠用具所持禁止法」），

軽犯罪法を扱います。

　これらの法律は、一定の場合に刃物や工具の携帯を取締りの対象としており、殺傷事犯や暴力事犯、強盗・窃盗・性犯罪等に附随したり、これらの予兆事案として発生したりし、警ら活動を行う警察官が職務質問等の場面で日常的に接することも多いため、基本的な理解が不可欠といえます。

　銃刀法においては、銃砲や刀剣類が主たる取締りの対象とされています。これらは、人に対して使用されれば直ちに生命に関わる危険なものですので、原則として所持すること自体が禁止されています。同様に、特殊開錠用具所持禁止法は、侵入犯罪に結びつく危険性が高いピッキング用具や破壊用シリンダー回し等の特殊開錠用具について、所持すること自体を原則禁止しています。

　しかし、実際に発生件数が多いのは、銃砲・刀剣類や特殊開錠用具の所持事案より、日常的に用いられることもある刃物や工具を街中で携帯していたような事案です。このような場合、犯罪に用いられる危険がある反面、対象がより日常的な道具であるため、携帯理由や「携帯」に当たるかどうか、あるいは認識の有無等につき争われることも多く、注意が必要です。

　銃刀法31条の18第3号は、「第22条の規定に違反した者」につき2年以下の懲役又は30万円以下の罰金に処するとし、同法22条は、「何人も、業務その他正当な理由による場合を除いては、内閣府令で定めるところにより計った刃体の長さが6センチメートルをこえる刃物を携帯してはならない。ただし、内閣府令で定めるところにより計った刃体の長さが8センチメートル以下のはさみ若しくは折りたたみ式のナイフ又はこれらの刃物以外の刃物で、政令で定める種類又は形状のものについては、この限りでない。」としていますので、「業務その他正当な理由による場合」、「刃体の長さが6センチメートルをこえる刃物」、「携帯」の各文言の意味について見ていくこととします。

2 「業務その他正当な理由による場合」

　「業務」とは、職業その他社会生活上の地位に基づいて継続して行う事務又

は事業をいいます[1]（法233・234条，第11問5(5)参照）。例えば，大工が建築現場に大工道具を持っていくような場合が該当します。

「その他正当な理由による場合」とは，業務の場合と同様に，業務でなくとも社会通念上刃物を携帯することが正当と認められる場合をいいます。例えば，料理のため刃物を購入して自宅に持ち帰る場合や，修理・修繕のために使用する場所まで運んでいる場合，登山者が登山のため登山ナイフを持っているような場合などが考えられます。

これに対し，目的もないのに刃物を持ってうろつくような場合や，護身用に刃物を持ち歩くような場合は，「業務その他正当な理由による場合」には該当しないとされています。判例では，被告人がかねて激しい反目状態にあった男性とのけんか抗争等に備える目的で刃物を携帯していたという事案において，実際にその男性から車を意図的に衝突されて自車を転覆させられ，ゴルフクラブを所持したその男性と怒鳴り合うなどの状況があっても，被告人の行為は不法な刃物の携帯に当たり，正当防衛等として違法性が阻却される余地はないとしています[2]。

また，特殊開錠用具所持禁止法4条も，「何人も，業務その他正当な理由による場合を除いては，指定侵入工具を隠して携帯してはならない。」としており，ここでいう「業務その他正当な理由による場合」というのは，銃刀法と同様に考えれば，職業その他社会生活上の地位に基づいて継続して行う事務又は事業，あるいは社会生活上指定工具を携帯することが正当と認められる場合であると解されます。ホームレスが携帯目的を明確に説明できていない事案において，正当な理由による場合に該当しないとした裁判例[3]などがあります。

やや判断が難しいのは，軽犯罪法です。軽犯罪法1条2号は，「正当な理由がなくて刃物，鉄棒その他人の生命を害し，又は人の身体に重大な害を加えるのに使用されるような器具を隠して携帯していた者」につき拘留又は科料に処するとしており，「正当な理由がなくて」という文言を用いていることから，

---

[1] 大判大正10・10・24刑録27・643
[2] 最決平成17・11・8刑集59・9・1449
[3] 福岡高判平成18・3・10高検速報（平成18）290

銃刀法及び特殊開錠用具所持禁止法と同様に解することもできそうです。しかし，判例上，「本号にいう『正当な理由』があるというのは，本号所定の器具を隠匿携帯することが，職務上又は日常生活上の必要性から，社会通念上，相当と認められる場合をいい，これに該当するか否かは，当該器具の用途や形状・性能，隠匿携帯した者の職業や日常生活との関係，隠匿携帯の日時・場所，態様及び周囲の状況等の客観的要素と，隠匿携帯の動機，目的，認識等の主観的要素とを総合的に勘案して判断すべきものと解される」として，経理の仕事を担当する会社員が有価証券や現金を持ち運ぶ際の護身用として入手した催涙スプレーを，深夜サイクリングの際に隠匿携帯していたという事案につき，「正当な理由」によるものであったとして無罪としたものがあります[4]ので，留意が必要です。軽犯罪法に関しては，銃刀法・特殊開錠用具所持禁止法と文言がやや異なること，法定刑が拘留・科料のみであり，住居不定の場合等を除き逮捕や勾留が許されない（刑訴法199条1項但書，217条，60条3項）軽微な犯罪とされることなどが判断に影響した可能性があると思われます。

　本件事例において，甲は，ナイフと催涙スプレーを持っていた理由について，護身のためなどと述べ，ドライバーとバールについては，借りた車に入っていただけで，工事用だと思う，などと述べています。その信用性については，今後の捜査で明らかにしなければなりませんが，護身用であった場合，判例に照らし，「業務その他正当な理由による場合」には該当しないでしょう。甲は，喧嘩相手から絶対に襲われると述べ，実際，乙が甲のところに仕返しに向かっていたような事情もあるようですが，これも判例からは正当な理由とはなり得ず，また，正当防衛による違法性阻却も未だ認め難いということになります。

　ドライバーとバールの方は，「工事用だと思う」などと述べる程度で，積極的な携帯理由を述べておらず，これも「正当な理由」とは未だなり得ないものと思われますが，そもそも携帯の客体につき故意（認識）があったのかについては，慎重な検討が必要です。乙から十分聴取するなどして，甲の供述の真否，甲のドライバー等の存在に対する認識の有無を適切に判断しなければなりません。

　乙については，果物ナイフについて，仕返しに行くつもりであったと述べ，

4）最判平成21・3・26刑集63・3・265

自ら取り出し提出もしていますので,「業務その他正当な理由による場合」に当たらないとの認定をしてよいと思われます。

3 「刃体の長さが6センチメートルをこえる刃物」

「刃物」とは,その用法において人を殺傷する性能を有する片刃又は両刃の道具で,銃刀法2条2項の刀剣類に該当するもの以外のものをいいます[5]。「刀剣類」については,同条同項が刃渡り15センチメートル以上の刀,剣,やり及びなぎなた等を規定しており,社会通念上,これらに該当する形態と実質とをそなえる刃物をいいます[6]。そして,刀剣類の実質は,鋼質性の素材をもって製作された刃物又はある程度の加工により刃物となり得るものであることを要するとされています[7]。「刃物」は,形態の点では刀剣類に該当しないものですが,人を殺傷する危険があることが規制の根拠ですから,刀剣類と同様,実質においては,鋼質性のものであることを要するとされています[8]。ただし,刃物は刀剣類と異なり,所持ではなく携帯が禁止されていますので,何らかの修理や加工を加えなければ刃物として使用できないものは,刃物には含まれません。

「刃体の長さが6センチメートルをこえる」の「刃体の長さ」については,内閣府令でその測り方が定められており,銃刀法施行規則101条1項は,「法第22条の内閣府令で定める刃体の長さの測定の方法は,刃物の切先(切先がない刃物又は切先が明らかでない刃物にあっては,刃体の先端。以下この条において同じ。)と柄部における切先に最も近い点とを結ぶ直線の長さを計ることとする。」とし,2項以下では,切出しやはさみ,その他特殊な刃物についての測り方を規定しています。よく誤解があるのは,「刃渡り」(刃の部分の長さ)や「刃物の全長」(柄部を含めた長さ)を測ってしまうケースであり,実際,計測ミスにより逮捕手続が違法となった事例も発生していますので,留意が必要です。

---

5) 東京高判昭和54・7・10高刑集32・2・162
6) 最判昭和31・4・10刑集10・4・520
7) 最判昭和36・3・7刑集15・3・493
8) 神戸家決昭和61・7・25家裁月報39・6・100

規制対象は,「刃体の長さが6センチメートルをこえる」刃物ですが,銃刀法22条但書では,「内閣府令で定めるところにより計った刃体の長さが8センチメートル以下のはさみ若しくは折りたたみ式のナイフ又はこれらの刃物以外の刃物で,政令で定める種類又は形状のものについては,この限りでない。」としていますので,同法施行令37条も参照する必要があります。

　それによれば,規制対象から除外されるものとして,はさみでは,「刃体の長さ8センチメートル以下」で「刃体の先端部が著しく鋭く,かつ,刃が鋭利なはさみ以外のはさみ」が,折りたたみ式ナイフでは,「刃体の長さ8センチメートル以下」で「刃体の幅1.5センチメートルをこえないもの」で「刃体の厚み0.25センチメートルをこえないもの」で「開刃した刃体を固定させる装置を有していないもの」が,くだものナイフでは,「刃体の長さ8センチメートル以下」で「刃体の厚み0.15センチメートルを超えないもの」で「刃体の先端部が丸みを帯びているもの」,切出しでは「刃体の長さ7センチメートル以下」で「刃体の幅2センチメートルをこえないもの」で「刃体の厚み0.20センチメートルをこえないもの」がそれぞれ該当します。逆にいえば,これらの要件を一つでも欠けば,規制対象になります。

　本件事例において,甲の持っていた折りたたみ式ナイフについては,刃体の長さ約8センチメートルで開刃した刃体をさやに固定する装置を有するもの,とあります。

　刃体の長さが6センチメートルを超えており,銃刀法22条但書に当たるかについても,「刃体の長さ8センチメートル以下」ではありますが,「刃体を固定させる装置を有していないもの」ではありませんので,22条で規制対象となる「刃物」としてよさそうです(なお,鋼質性かどうかについて確認は必要です。)。

　乙の持っていた果物ナイフについては,刃体の長さ約7センチメートルで,先端が尖っているもの,とあります。
　同様に,刃体の長さが6センチメートルを超えており,22条但書についても,「刃体の長さ8センチメートル以下」ではありますが,「刃体の先端部が丸みを帯びているもの」には当たりませんから,22条の「刃物」に該当するでしょう。

4 「携帯」

「携帯」とは，所持の一態様であり，日常生活を営む自宅ないし居室以外の場所において，物をいつでも使用できる状態で自己の身辺に置き，これを継続することをいいます[9]。例を挙げれば，直接手に持っていたり，着衣ポケットに入れるなどして身に帯びたり，鞄などに入れて持ったりすることなどです。判例上，自己の運転する車のダッシュボード内に入れておくことも「携帯」に該当し得ます[10]。必ずしも把持や身に着けることまでは要しないということになります。ただ，既に何度も述べているように，日常的に使用される道具である刃物は，刀剣類と違って，所持自体は禁止されておらず，所持の一部である携帯のみが規制されていますから，「携帯」に当たるかどうかについては，場所，態様，時間の各点に留意が必要です。

まず，場所の点については，身辺すなわち身体の近くに置く必要がありますが，日常生活を営む自宅ないし居室，又はそれに準じる場所においては，「携帯」には当たらないものと解されます[11]。自己の経営する広告業事務所において他人を脅迫するため登山ナイフを手にしたという事例について，その場所が被告人が営む広告業の事務所として平素使用していた居室に当たると解した上で，「携帯」に該当するということができないとした裁判例があります[12]。これに対し，場所が別居後間もない交際相手のマンション内であった事案においては，判例上，「携帯」であると認められています（なお，この判例は，「把持がある程度の時間継続したことは明らかであるから」という言い方をしており，以下に述べる時間の点も併せて考慮しているようです。）[13]。

次に，態様については，「いつでも使用できる状態で」自己の身辺に置くことが必要です。実際に手にして運搬していた事例においても，箱に入れてふたをし，パンフレットで巻き，紐で十文字に紐かけするなど小包として荷造りし

---

9) 東京高判昭和31・7・18高刑集9・7・769
10) 最決平成17・11・8（注2と同じ）
11) 最判昭和31・12・28裁判集刑116・581
12) 広島呉支判昭和54・5・2刑資226・356
13) 最決昭和58・3・25刑集37・2・201

た上で、郵便局まで運搬中であった事例では、直ちに使用し得る状態ではなく、「携帯」に当たらないとされます[14]。他方、運転する自動車のダッシュボード内に入れておいた事案では、手元にあったかどうか若干の疑義も生じ得ますが、「携帯」に当たるとされます[15]。

また、時間の点においても、瞬間的に手にしただけでは未だ「携帯」には当たらないと解され、裁判例では、けんかの際にラーメン店に飛び込みその場にあった包丁を手にして6メートルほど移動したが直ちに他人に取り上げられた場合に「携帯」には当たらないとしたものなどがあります[16]。他方、同じくけんかに際し、付近の屋台から出刃包丁を掴み外に出ようとしたところ、経営者に取り上げられたため、2、3分、2、3メートルの距離で包丁を手にしたに過ぎない場合でも「携帯」に当たるとした事例もあります[17]。

これらの境界をどのように解するかについては、難しいところですが、結局のところ、本罪の趣旨は刃物により人の殺傷が生じる危険を防止しようという点にありますので、刃物が直ちに使用される危険がどの程度あったかにより判断するしかないでしょう。

所持＝人が物を保管する実力支配関係を内容とする行為（物を管理し得る状態にあること）

携帯＝直ちに使用できるような状態で自己の支配下に置くこと
・場所＝日常生活を営む自宅・居室以外の場所、身辺
・態様＝いつでも使用できる状態
・時間＝一定時間の継続が必要

特殊開錠用具所持禁止法においても、指定侵入工具を「隠して携帯」することが処罰の対象となっています。軽犯罪法も、刃物、鉄棒等の器具を「隠して

---

14) 大阪高判昭和49・12・3高刑集27・7・711
15) 最決平成17・11・8（注2と同じ）
16) 福岡高判昭和41・4・23下刑集8・4・607
17) 広島高判昭和43・1・26判夕221・229

携帯」していた者を処罰の対象としています。ここで「隠して携帯」の意味が問題となりますが、「隠して」とは、他人が通常の方法で観察した場合は、これを覚知し得ないような状態に置くこと、普通では人の目に触れにくいようにすることをいいます。例えば、服のポケット内、上着の内側に入れたり、鞄や袋の中に入れたりする状態が考えられます。銃刀法と、特殊開錠用具所持禁止法・軽犯罪法とで規定ぶりが異なるのは、特殊開錠用具所持禁止法・軽犯罪法における携帯罪の規制対象物が、日常生活に広く用いられるものでもあることから、侵入犯罪や殺傷犯罪を企図する者がその目的を達するためには公然と携帯することが考えにくいことも考慮し、より危険な態様と考えられる「隠して」携帯する行為に限定して規制することにしたものです。

　特殊開錠用具所持禁止法上の「携帯」に該当するかどうかについては、被告人が指定侵入工具を自己が宿泊するホテルの駐車場に駐車中の自動車内に隠匿保管していたという事案について、被告人が当該自動車に乗車していなくても「携帯」に当たる、とした裁判例がありますが[18]、所持と携帯とを混同しているようにも思われます（「直ちに使用できるような状態で自己の支配下に置く行為」といえるかにやや疑問が残ります。）。ホテルの構造、被告人のいた場所や自動車の使用状況等も踏まえた事例判断と思われ、一般化するには危険もあるでしょう。

　本件事例において、甲については、ジャンパーのポケット内に折りたたみ式ナイフと催涙スプレーを入れており、乗車していた自動車内の運転席側ドアポケットにマイナスドライバー3本、後部トランク内にバール1本を入れていたとあります。**直ちに使用できるような状態で自己の支配下に置く行為**、という「携帯」の定義に照らせば、**着衣ポケット内と運転席側ドアポケット内に入れていた行為が「携帯」に当たることは明白です**。他方、後部トランク内に入れていた行為について、直ちに使用できるような状態といえるかは一応問題となり得ますが、運転者からすれば、トランク内の物についても取り出して使用することは容易といえますから、「携帯」としてよいように思われます。ただし、既に述べたとおり、借りた車に偶然入っていただけで、その存在の認識すらなかっ

---

18) 東京高判平成16・12・15研修689・105、東京高判平成17・6・16高検速報（平成17）123

た，という場合は，「携帯」の故意に欠けるという判断がされる可能性もありますので，客観証拠に照らし，主観面の認定も慎重にしておく必要があります。

他方，乙については，左手に持っていた手提げ袋に果物ナイフを入れて持ち運んでいた状態でしたから，自己の支配下に置いていたことは明白です。問題は，弁護人選任後に主張が出た「持っていた時間が短い」，「まだマンションの敷地内であった」，「そもそも未開封のはずだ」という点から，直ちに使用することができるような状態といえるか，日常生活を営むための自宅または居室以外の場所といえるか，という点です。後者の点は，マンションの敷地内とはいえ，そのエントランスは，不特定多数の人が出入りすることが想定される場所ですので，銃刀法による規制の趣旨に照らせば，自宅・居室内と同一に解すべき理由は乏しいでしょう。問題は前者の点であり，玄関から出て間もないことと，未開封状態であったことが問題となりますが，自宅内で使用するために購入して持ち帰ったケースとは異なり，仕返し目的で持ち出したことも念頭に置きつつ，台紙に留められた状態からホチキスを外すことで直ちに使用できるものと思われますから，そのような状態であったとしても，なお使用による危険は認められ，「携帯」としてよいように思われます。

5 特殊開錠用具所持禁止法の「指定侵入工具」

「指定侵入工具」については，特殊開錠用具所持禁止法2条3号により，「ドライバー，バールその他の工具（特殊開錠用具に該当するものを除く。）であって，建物錠を破壊するため又は建物の出入口若しくは窓の戸を破るために用いられるもののうち，建物への侵入の用に供されるおそれが大きいものとして政令で定めるものをいう。」とされます。これを受けて，特殊開錠用具の所持の禁止等に関する法律施行令2条では，①ドライバー（先端部が平らで，その幅が0.5センチメートル以上であり，長さ（専用の柄を取り付けることができるものにあっては，柄を取り付けたときの長さ）が15センチメートル以上），②バール（作用する部分のいずれかの幅が2センチメートル以上であり，長さが24センチメートル以上），③ドリル（直径1センチメートル以上の刃が附属するもの）の3種類を規定

しています。ドライバーは、要するに一定の大きさを超えるマイナスドライバーのことであり、バールには、いわゆる「かじや」、「くぎ抜き」も含まれます。

本件事例においては、甲車内から発見されたマイナスドライバー3本とバール1本とが問題となり、ドライバーについては、いずれも先端部が平らでその幅約0.6センチメートル、長さ約20センチメートルとありますから、指定侵入工具に該当します。また、バールについても、作用する部分の幅約3センチメートル、長さ約30センチメートルとありますので、指定侵入工具になります。

6 軽犯罪法の「人の生命を害し、又は人の身体に重大な害を加えるのに使用されるような道具」

軽犯罪法1条2号は、「正当な理由がなくて刃物、鉄棒その他人の生命を害し、又は人の身体に重大な害を加えるのに使用されるような器具を隠して携帯していた者」とし、3号は、「正当な理由がなくて合かぎ、のみ、ガラス切りその他他人の邸宅又は建物に侵入するのに使用されるような器具を隠して携帯していた者」と規定しています。

2号の「刃物」は性質上の凶器、「鉄棒」は用法上の凶器の例示であると解されます。いずれも生命・身体に対し重大な害を加えるのに足りる程度の形状を有する器具であることを要します。銃刀法には該当しない刃物や、木刀、バット、こん棒などが考えられます（銃刀法22条が成立する場合は、本条本号の適用はありません。）。判例上、催涙スプレーも2号の「器具」に該当し得ます[19]。

3号も同様に、合かぎ、のみ、ガラス切りは他人の邸宅・建物に侵入するのに使用されるような器具の例示であって、ペンチ、ドライバー、やすり、なわばしご等も「器具」に該当し得ます。

現実に使用する意思を有していたかどうかは問いませんが、その有無は「正当な理由」の判断に当たっては考慮されるでしょう。

---

19) 最判平成21・3・26（注4と同じ）

本件事例においては，甲の持っていた折りたたみ式ナイフと，乙の持っていた果物ナイフは銃刀法上の刃物に該当しますので，軽犯罪法は問題となりません。また，甲の持っていたマイナスドライバーとバールも，特殊開錠用具所持禁止法上の指定侵入工具に該当するので，同様です。問題は，残る催涙スプレーになりますが，判例に照らし，軽犯罪法1条2号の人の生命を害し，又は人の身体に重大な害を加えるのに使用されるような器具としてよいものと思われます。

7 銃刀法24条の2について

銃刀法24条の2第1項は，「警察官は，銃砲刀剣類等を携帯し，又は運搬していると疑うに足りる相当な理由のある者が，異常な挙動その他周囲の事情から合理的に判断して他人の生命又は身体に危害を及ぼすおそれがあると認められる場合においては，銃砲刀剣類等であると疑われる物を提示させ，又はそれが隠されていると疑われる物を開示させて調べることができる。」とし，第2項は，「警察官は，銃砲刀剣類等を携帯し，又は運搬している者が，異常な挙動その他周囲の事情から合理的に判断して他人の生命又は身体に危害を及ぼすおそれがあると認められる場合において，その危害を防止するため必要があるときは，これを提出させて一時保管することができる。」としています。

「銃砲刀剣類等」については，5条の2第2項3号に定義規定が置かれており，銃砲，刀剣類，21条の3第1項に規定する準空気銃又は22条に規定する刃物をいいます。これら危険なものを用いて行う危害の発生を未然に防止するため，警察官の調査権と一時保管権限を定めたものです。ただし，留意しなければならないのは，これらの規定により，強制手段，すなわち個人の意思を制圧し，身体，住居，財産等に制約を加えることが許容されているものではないということです。したがって，あくまでも任意手段の範囲内，つまり強制にわたらず，かつ，適正手続の範囲内で，具体的には，必要性と相当性が必要となります。

24条の2第4項が，「第一項及び第二項に規定する警察官の権限は，銃砲刀

剣類等による危害を予防するため必要な最小の限度において用いるべきであつて，いやしくもその乱用にわたるようなことがあつてはならない。」としているのは，このような見地から，つまり24条の2自体，注意的・確認的な規定に過ぎないものとして理解する必要があります。

　本件事例において，駐車禁止と，ナンバープレート記載の番号につき車種と合致せず，プレートが付け替えられるなどしたことが疑われたことから，Oらが警職法上の職務質問を実施しようとしたことは合理性があります。それに対し，甲は気付かない振りをして，一切反応せず，ドアを内側からロックするなどの対応をしていますが，これに対する警察官の対応は，極めて難しいものがあります（いわゆる亀の子事案）。

　走行している自動車への検問については，一斉検問，警戒検問，緊急配備が考えられ，停止中の自動車に対しては，通常の職務質問となりますが，それぞれ許容される根拠や範囲が異なりますから，どれを何のために行なうのか，根拠は何かを明確にする必要があります。このうち職務質問については，何らかの犯罪を犯し，又は犯そうとしていると疑うに足りる相当な理由が要件となり，一定の有形力行使として，エンジンキーの回転・取り上げや，ホテル客室ドアへの足入れが許容された判例もあり[20]，裁判例では，パトカーで進路をふさいだり，車止めをしたりする措置を適法としたものもあります[21]が，あくまでもそれは比例原則，つまり必要性（・緊急性）とのバランスでの話となり，必要性も乏しいのに常にこのような手段が許容されるというわけではないことに注意が必要です。

　いわゆる亀の子事案における必要性の判断に当たっては，まずは，外見から，何がおかしいのかを明確にしなければならないでしょう。具体的には，事前情報の有無，運転態様（蛇行や信号無視，高速度等），停止態様（長時間・駐車禁止場所，空ぶかしや車内不審物等），ナンバープレートの異常や整備不良，違法改造等が考えられます。嫌疑が既に存在するとすれば，それがどのようなものか

---

20) 最決昭和53・9・22刑集32・6・1774，最決平成6・9・16刑集48・6・420，最決平成15・5・26刑集57・5・620
21) 東京高判平成8・9・3判タ935・267，東京高判平成8・6・28判時1582・138

（道交法（飲酒・薬物）違反，薬物法規違反，窃盗等）も重要です。そして，具体的対応としては，「呼びかけ→説得→外部からの挙動監視→令状請求検討」といった流れになるでしょう。令状請求に当たっては，被疑事実が問題となり，例えば道交法違反，薬物事犯，危険物事犯等が考えられます。

いずれにしても，任意処分段階であるので，あくまでも強制手段は許されず，一つの考え方として，車両番号や車種等を本部指令室に連絡し，盗難車両やその他犯罪に関与している疑いのある車両であれば，事後追跡を実施することなども選択肢となるでしょう。

また，本件事例のように，急発進等に対しては，公務執行妨害等による検挙もあり得るところです。

これらを踏まえつつ，職務質問拒否の状況・合理的理由（休憩，体調不良，急いでいるなど）も勘案し，その場で職務質問を継続しなかった場合，対社会にどの程度の具体的危険が生じるかを総合的に判断して，当該手段が相当なものとして許容される必要性が決まるものと思われます。車両番号や外見等を保全しておき，その他の情報と総合して，その後高まった嫌疑に応じた任意捜査に着手することもあり得るでしょう。

本件事例では，甲がエンジンをかけて車両を急に後退させようとしたため，Oの身体に車両が衝突しそうになり，Oが，「公務執行妨害になるぞ。起きているなら，エンジンを切って質問に答えなさい。」と警告したのは適切な対応であり，その後甲に任意で職務質問に応じさせているのも妥当であったと評価できます。

なお，「危ないものを持っていないか確認させて欲しい。」との求めに対し，甲がポケット内の物や車内の物の確認に応じていますが，未だ甲が銃砲刀剣類等を持っていると疑われる状況は乏しかったと思われることから，銃刀法24条の2の調査というよりは，職務質問上の所持品検査であったと考える方がしっくりくるように思われます。

8 おわりに

　駆け足で事例を検討してきましたが，甲については折りたたみ式ナイフにつき銃刀法22条違反（刃物携帯）と，催涙スプレーにつき軽犯罪法1条2号違反（器具携帯）とが成立し，罪数については，併合罪又は観念的競合になると思われます（この点は，「自然的観察のもとで，行為者の動態が社会的見解上1個のものとの評価を受ける」[22]かどうかによります。）。さらに，車内から発見されたドライバー，バールにつき特殊開錠用具所持禁止法4条違反（指定侵入工具携帯）に該当する可能性もあります。他方，乙には果物ナイフにつき銃刀法22条違反（刃物携帯）が成立するとしてよいのではないでしょうか。

　それぞれの法定刑について見ると，銃刀法違反の刃物携帯罪は2年以下の懲役又は30万円以下の罰金（31条の18第3号）であり，特殊開錠用具所持禁止法違反の指定侵入工具携帯罪は1年以下の懲役又は50万円以下の罰金（16条），更に軽犯罪法1条違反は拘留又は科料（1条）に止まります。そのため，身体拘束は慎重にする必要があるでしょう。その一方で，社会に重大な危険が及ぶおそれのある事案については，積極的な取締りが求められます。そのため，職務質問等の手法にも十分習熟しておく必要があります。

　さらに，本問では取り上げることができませんでしたが，銃刀法は，拳銃や刀剣類の所持を取り締まることを大きな目的としており，また，自首の成否についても後日争いとなることがありますので，これらの規定についても，目を通しておく必要があるでしょう。

---

22) 最大判昭和49・5・29刑集28・4・114

環境事犯
～空き地に突如現れた段ボールの山の正体は？～

　平成31年3月30日，M警察署のN警部補は，管内住民からの「自宅近所の空き地に，先週まではなかった不審な段ボールが山積みの状態で野ざらしになっている。」との通報を受け，現場に赴いた。現場は約40メートル四方，約500坪の空き地で，建物等はなく，地面は土がむき出しの状態であった。面している公道から通報者とともに目視すると，その中央付近に，通報どおり，多数の段ボール箱が縦横幅各10メートル，高さ2メートルほど積まれており，数日前の雨のため崩れかけた状態であった。各段ボールの表面には，「〇〇チップス」などとスナック菓子のものと思われる文字や図柄が印刷されていた。通報者は，「最初はすぐにどこかへ運ばれていくのだろうと思っていましたが，数日経ってもそのまま雨ざらしになっており，このままではいずれカラスや野良犬が集まったり，悪臭が生じたりするのではないかと心配になり，通報させてもらいました。」などと述べた。

　Nは，現場土地の登記を調べたところ，当該土地は数か月前に所有権移転登記がなされており，新たな所有者は倉庫業等を営む株式会社Aであった。また，段ボール箱に書かれていた文字や図柄に基づき「〇〇チップス」についてインターネット等で調べてみたところ，当該スナック菓子は，食品製造業を営み，近くに生産工場を持つB株式会社が製造・販売しているところ，数週間前に異物の混入騒ぎで製品の出荷停止と回収の措置がとられている模様であった。

　そこで，Nは，A社の代表者甲を呼んで事情を聞いたところ，甲は，以下のとおり述べた。
「私を含め数名の社員で倉庫業を営んでいます。主な取引先はB社さんで，出荷前製品の保管や在庫調整等のための保管の委託を受けています。

半年ほど前，Ｂ社製品の売上が好調であったので，今後Ｂ社のための保管料も増えると思い，問題の土地を購入しました。いずれプレハブの倉庫を建てるつもりでした。ところが，数週間前に例の異物混入騒ぎがあり，Ｂ社の事業管理部長の乙さんから呼び出されて，『おたくに保管中のものを含め，製造済みの製品と，出荷済みで回収した商品を今後大量に廃棄しなければならない。通常の廃棄量とはわけが違うので，何か打つ手を考えないと。』と言われたのです。

　私は，乙さんが本当に困っている様子であったため，『何かお手伝いしましょうか。』と言ったところ，乙さんは，『それじゃあ，おたくに保管中の分と，今後回収してくる分との廃棄をお願いしていいですか。』と言われたのです。そこで私は，回収・廃棄業者を使って廃棄する前提での廃棄費用の見積書を作成して乙さんに渡し，乙さんの承諾を得ましたが，その後，廃棄費用が惜しくなり，回収業者には依頼せず，いずれ小分けして自分たちで処分するか，埋めてしまうかすればよいと思い，問題の土地にとりあえず保管しておいたのです。」

　なお，Ａ社及び甲は，産業廃棄物収集・運搬・処分業者としての許可を有していなかった。

　甲及びＡ社，乙及びＢ社の罪責について，どのように考えればよいか。

〈目　次〉
1　はじめに
2　「廃　棄　物」
3　「捨　て　た」
4　「収集」,「運搬」,「処分」
5　「他人に委託」
6　両　罰　規　定
7　お　わ　り　に

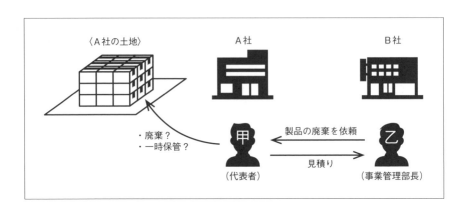

1　はじめに

　本問は，環境事犯の大半を占める廃棄物の処理及び清掃に関する法律（以下「廃棄物処理法」といいます。）違反を扱います。廃棄物処理法違反は，近年，特別法犯の中で，道路交通法違反，覚せい剤取締法違反，軽犯罪法違反に次いで検察庁新規受理人員の多い犯罪ですから，主要な罰則規定については，その内容を正しく理解しておくことが重要です。

　廃棄物処理法の目的は，廃棄物の排出抑制，適正な分別・保管・収集・運搬・再生・処分等の処理，生活環境を清潔にすることにより，生活環境の保全・公衆衛生の向上を図るというものです（同法1条）。そのために，廃棄物

の処理責任を明確にするとともに、処理方法などが規制されており、違反した者に対する罰則も25条以下で様々な類型のものが定められています。

その中でも多いのは、不法投棄事犯でしょう。同法16条は、「何人も、みだりに廃棄物を捨ててはならない。」とし、25条1項14号は、「第16条の規定に違反して、廃棄物を捨てた者」について、5年以下の懲役若しくは1000万円以下の罰金に処し、又はこれを併科するとしています。

また、無許可営業等事案もあります。同法7条1項・6項は、一般廃棄物の収集・運搬・処分を業として行おうとする者は原則として当該業を行おうとする区域を管轄する市町村長の許可を受けなければならないとし、14条1項・6項では、産業廃棄物について、14条の4第1項・第6項では、特別管理産業廃棄物について、(許可を受ける相手が当該業を行おうとする区域を管轄する都道府県知事になりますが)それぞれ同様の規定を置いています。その上で、25条1項1号は、「第7条第1項若しくは第6項、第14条第1項若しくは第6項又は第14条の4第1項若しくは第6項の規定に違反して、一般廃棄物又は産業廃棄物の収集若しくは運搬又は処分を業として行った者」について、同様に5年以下の懲役若しくは1000万円以下の罰金に処し、又はこれを併科するとしています。

さらに、委託基準違反事案も見られます。同法6条の2第6項は一般廃棄物について、12条5項は産業廃棄物について、12条の2第5項は特別管理産業廃棄物について、それぞれ事業者が廃棄物の運搬・処分(すなわち処理)を他人に委託する場合には、あらかじめ許可等を受けた収集運搬業者・処分業者等に委託しなければならないとし、25条1項6号は「第6条の2第6項、第12条第5項又は第12条の2第5項の規定に違反して、一般廃棄物又は産業廃棄物の処理を他人に委託した者」について、同じく5年以下の懲役若しくは1000万円以下の罰金に処し、又はこれを併科するとしています。

また、廃棄物処理法32条は、両罰規定も置いています。

以上を踏まえ、今回は、不法投棄事案の「廃棄物」、「捨てた」の意義と、無許可営業等事案の「収集」、「運搬」、「処分」(「処理」)、委託基準違反事案の「他人に委託」の各意義を中心に検討していくこととします。

2 「廃棄物」

「廃棄物」につき，廃棄物処理法の定義規定では，「ごみ，粗大ごみ，燃え殻，汚泥，ふん尿，廃油，廃酸，廃アルカリ，動物の死体その他の汚物又は不要物であって，固形状又は液状のもの（放射性物質及びこれによって汚染された物を除く。）」とされています（2条1項）。

気体が除かれているのは，別途大気汚染防止法が規定されているためであり，放射性物質等が除かれているのも，大気汚染防止法・水質汚濁防止法や原子力基本法，環境基本法による規制が別途存在するためです。

また，廃棄物処理法において，廃棄物は「一般廃棄物」と「産業廃棄物」に分けられています（産業廃棄物のうち，爆発性，毒性，感染性その他の人の健康又は生活環境に係る被害を生ずるおそれのあるものは，「特別管理産業廃棄物」として更に厳格に規制されています。）。「産業廃棄物」は，事業活動に伴って生じた廃棄物のうち，燃え殻，汚泥，廃油，廃酸，廃アルカリ，廃プラその他政令で定めるもの（現在20種類あります）をいい（2条4項，施行令2条），「一般廃棄物」は，産業廃棄物以外の廃棄物をいいます（廃棄物処理法2条2項）。家庭から出るごみは一般廃棄物ですが，事業者が出すごみは，産業廃棄物と，一般廃棄物の両方があることになります。

そして，一般廃棄物については，原則として市町村がその処理の義務を負い（6条，6条の2），産業廃棄物については，事業者がこれを自らの責任において処理しなければならないことになっています（11条1項）。

なお，事業者の出す一般廃棄物については，3条1項に「事業者は，その事業活動に伴つて生じた廃棄物を自らの責任において適正に処理しなければならない。」とされていることから，やはり事業者が第一義的な責任を負うことになります（もちろん，市町村が取り決めにより引き受ける場合もあります。）。

このように，廃棄物処理法は，一般廃棄物と産業廃棄物とでその処理責任主体を市町村と事業者とに分け，前提となる「廃棄物」の定義も明確にしていま

す。しかし，実務では，「また使うつもりで置いただけだ。」などとの主張がなされて「廃棄物」かどうかが争われるケースがかなり多いです。「廃棄物」に該当しなければ，不法投棄罪等各種違反行為の構成要件該当性を欠くからであり，背景には，現代社会において，一見再利用可能と思われるものが早期に廃棄されることも多く見られるという事情もあります。

この点，判例は，廃棄物について定めた施行令の「不要物」の意義につき，「自ら利用し又は他人に有償で譲渡することができないために事業者にとって不要になった物をいい，これに該当するか否かは，その物の性状，排出の状況，通常の取扱い形態，取引価値の有無及び事業者の意思等を総合的に勘案して決するのが相当」としています[1]。つまり，事案に応じて個別に判断する必要があり，捜査機関としては，「その物の性状」，「排出の状況」，「通常の取扱形態」，「取引価値の有無」，「事業者の意思」などの事実関係を可能な限り明らかにすることが求められるということになります。

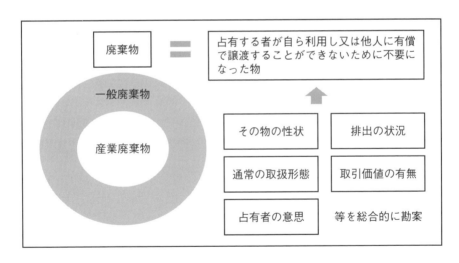

そのため，あくまでも個別の事実関係次第ということになりますが，判例・裁判例上，廃棄物に該当し得るとされたものとしては，おから[2]，廃タイヤ[3]，

---

1) 最決平成11・3・10刑集53・3・339
2) 最決平成11・3・10（注1と同）
3) 東京高判昭和55・7・17高刑集33・3・265

RDF（廃棄物固形燃料）[4]，汚泥[5]，岩石[6]，廃墓石[7]，コンクリート塊[8]等があります。他方，廃棄物かどうかの争点に対し消極の判断がされたものとして，家屋等の除去に伴い不要となった木材（いわゆる廃木材）[9]，ガラスくず・がれき類を破砕し，土砂と混合して再生処理した混合再生砂[10]等があり，産業廃棄物該当性が否定されたものとして，インターロッキングブロックの不良品[11]等があります。また，一般廃棄物たる汚泥と，産業廃棄物たる汚泥の混合物を一般廃棄物として処理したという事案において，混合物全量につき，みだりに廃棄物を捨てる行為に該当するとしたものもあります[12]。

本件事例において，多数の段ボール箱が縦横幅各10メートル，高さ2メートルほど積まれており，数日前の雨のため崩れかけた状態で，各段ボールの表面には，「○○チップス」などとスナック菓子のものと思われる文字や図柄が印刷されていた，という事情があるようです。雨ざらしの状態で積まれていることや，異物混入騒ぎで出荷停止・回収措置になったという経緯からすれば，もはや食品としての価値は失われており，自ら利用することも他人に有償で譲渡することも困難でしょう。現時点で具体的主張は出ていませんが，肥料等として再利用することも，包装されたままの状態では難しそうです。この種の問題が生じた際，業者が通常採る取扱いの慣行等も明らかにする必要がありますが，「それを占有する者が自ら利用し又は他人に有償で譲渡することができないために不要になった物」として廃棄物（そのうち事業者が事業活動に伴って生じさせた動植物性残さと廃プラスチック類と紙くずの混合物であるから，産業廃棄物）に当たると考えてよいでしょう。

---

4) 仙台高判平成14・1・22裁判所ウェブサイト
5) 大阪高判平成15・12・22高刑集56・4・7
6) 広島高判平成19・5・15高検速報（平成19）433（ただし産業廃棄物の「鉱さい」該当性は否定）
7) 広島高岡山支判平成28・6・1裁判所ウェブサイト，法教437・42
8) 広島高判平成30・3・22裁判所ウェブサイト
9) 最決昭和60・2・22刑集39・1・23
10) 東京高判平成12・8・24判例地方自治230・58
11) 名古屋高金沢支判平成13・3・13高検速報（平成13）175
12) 最決平成18・2・28刑集60・2・269

3 「捨てた」

不法投棄事犯（廃棄物処理法25条1項14号違反）における「（みだりに）捨てた」とは，不要物としてその管理を放棄することをいいます[13]。「みだりに」は，「正当な理由なく」「故なく」と同じ意味であり，要は違法に，ということです。

もともと廃棄物自体，通常は当然捨てられるべきものですから，構成要件に該当する実行行為としての「（みだりに）捨てた」に当たるかどうかは，事案に応じて判断しなければなりません。

そのような見地から難しいケースとしては，自分の所有・管理する土地であった場合や，単に放置したような場合などでしょう。自分の所有・管理する土地であるからといって何をしてもよいわけではなく，財産権上の問題はなかったとしても，生活環境の保全という見地から問題が生じ得ますから，このような場合でも「捨てた」に該当し得ます[14]。また，単に放置するような場合でも，同様に生活環境の保全という見地から問題が生じる場合があります。判例・裁判例上も，工場敷地内に設けられた穴に埋め立てることを前提にそのわきに野積みする行為（「仮置きなどとは認められず，不要物としてその管理を放棄したものというほかはない」と判示[15]），放置行為（「廃棄物を移置することや廃棄物から場所的に離れる必要はな[い]」と判示したもの[16]），発破をかけて山を崩して砕石し，多量の岩石等をがけの上から滑落させたもの[17]）などがいずれも「（みだりに）捨てた」行為として認められています。他方，「埋立」も「捨てた」に該当する場合があると考えてよいと思われますが，空き缶をプレスして固めた物を埋めたり，空き瓶を砕いたガラス片を煉瓦の下に敷いた行為につき「みだりに捨て」る行為には該当しないとしたものもあるので[18]，留意が必要です（処分・再利用として社会通念上許容される範囲内と評価したものと思われます。）。

---

13) 最決平成18・2・20刑集60・2・182
14) 広島高判平成元・7・11高検速報（平成元）231参照
15) 最決平成18・2・20（注13と同）
16) 広島高判平成30・3・22（注8と同）
17) 広島高判平成19・5・15（注6と同）
18) 福島地会津若松支判平成16・2・2判時1860・157

また，廃棄物処分場にこっそりと投棄するような事案についても，生活環境への悪影響はないようにも思われますが，廃棄物処分場も自由に処分ができる場所ではなく，対象となる廃棄物の種類や量に応じて生活環境への影響も考慮しつつ処分がなされる場所ですから，予定された方法以外の方法で投棄するような事案はやはり「捨てた」に該当し得るというべきでしょう。

　共犯事案においては，実行行為者以外の者の認識が問題となります。実行行為者については，不法投棄の故意が認められやすいと思いますが，廃棄物の処理を委託するなど実行行為を分担していない者については，「共犯者が不法投棄に及ぶとは思わなかった。」との弁解が容易に予想されるところです。この点につき，判例は，共犯者や実際に処理に当たる者らが，不法投棄することを確定的に認識していたわけではないものの，それでもやむを得ないと考えて共犯者に処理を委託した場合において，共犯者らにより行われた不法投棄について未必の故意による共謀共同正犯の罪責を負うとしています[19]。第18問（共犯2）で紹介したいわゆる「スワット事件判決」を契機に，共謀共同正犯の成立には確定的故意を要し，未必の故意では足りないとの主張も出たところ，判例はこれを否定したという点で，重要なものといえます（なお，本判例は，一般廃棄物についても委託基準違反罪が成立するよう法改正がなされる前の一般廃棄物の処理委託事案に関するものであり，現在では，委託基準違反事案として処理される可能性もあります。）。

　本件事例においては，甲が自らの経営するＡ社所有にかかる土地上に，廃棄予定のスナック菓子入り段ボール箱を「とりあえず保管」していたという行為が問題となります。不要物としてその管理を放棄したといえるかどうかを考えることとなり，その際，場所がＡ社所有にかかる土地上であることや，行為態様としてあまり積極的な行為を伴っていないことが問題となり得ますが，生活環境の保全という見地から判断する必要があります。現実に数日間，雨ざらしの状態で段ボールの山が崩れかけており，カラスや野良犬，悪臭の問題などを心配した近隣住民から通報がなされていることや，前記各裁判例等に照らせば，「不要物としてその管理を放棄した」すなわち「捨てた」と見ることも可

---

19) 最決平成19・11・14刑集61・8・757

能なように思われます。他方，甲は「とりあえず保管」していたと主張しているようですから，一時保管や仮置きと見る余地は本当にないのか，当該廃棄物が放置された具体的日数・時間，放置の具体的状況，監視者の有無や，その後の処理計画の具体性等について，裏付け捜査を遂げる必要も認められます。

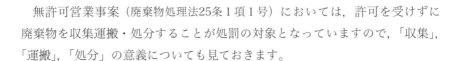

4 「収集」，「運搬」，「処分」

　無許可営業事案（廃棄物処理法25条1項1号）においては，許可を受けずに廃棄物を収集運搬・処分することが処罰の対象となっていますので，「収集」，「運搬」，「処分」の意義についても見ておきます。

　「収集」とは，廃棄物を集めることをいいます。
　「運搬」も，やはり文字通り廃棄物を運ぶことです。
　「処分」には，最終処分と，そのための中間処分の両方が含まれます。具体的形態としては，埋立，投棄，焼却等の一切が含まれます（中間処分には，焼却，脱水，破砕，圧縮等が，最終処分には埋立，海洋投入等があります。）。「捨てた」と相当程度重なりますが，「処分」には当然適法なものが含まれますし，逆に「処分」に至らなくても生活環境への悪影響に鑑み「捨てた」と評価される場合はあり得るでしょう。

　これら「収集」，「運搬」，「処分」を合わせて「処理」といいます。処理基準として，政令3条に規定があり，例えば一般廃棄物では，飛散，流出の防止，運搬車等の悪臭漏出防止，処理施設の設置につき生活環境の保全上支障を生ずるおそれのないようにすること，埋立につき囲いの設置や水質汚染の防止等が定められています。

　また，無許可営業事案につき規定した廃棄物処理法7条1項・6項，14条1項・6項，14条の4第1項・第6項，25条1項には「業として」という文言がありますが，これは，他の場合同様，反復，継続の意思をもってこれらの行為を行うことをいいます。営利性や対価の収受は要件ではありません。不特定又は多数の者を対象として当該業務を行うこと，との要件を含むとする説も

ありますが,実務上は不要と解されます。

　なお,無許可営業事案には法定の除外事由があり,7条1項・6項,14条1項・6項,14条の4第1項・第6項の各規定には,ただし書として許可を要しない場合があることにも留意が必要です（同法施行規則2条,2条の3,9条,10条の3,10条の11,10条の15も参照）。例えば,廃棄物処理法14条1項ただし書は,「ただし,事業者（自らその産業廃棄物を運搬する場合に限る。），専ら再生利用の目的となる産業廃棄物のみの収集又は運搬を業として行う者その他環境省令で定める者については,この限りでない。」としています。ここでいう「専ら再生利用の目的となる産業廃棄物」とは,その物の性質及び技術水準等に照らし,再生利用されるのが通常である産業廃棄物をいいます[20]。

　各罪の関係については,例えば不法投棄事案と,無許可営業等事案とは,両方成立し得るでしょう（事案により併合罪又は観念的競合になると思われます。）。

　本件事例においては,A社及び甲が,産業廃棄物収集・運搬・処分業者としての許可を有していないにもかかわらず,「収集」,「運搬」,「処分」を「業として」行ったかが問題となります。A社は倉庫業者として一般的な方法で食品の保管をしていたようですが,本件廃棄物に関しては,最近取得した問題の土地上に「とりあえず保管」しておいたとしています。したがって,少なくとも「収集」「運搬」の事実は認められるでしょう。また,A社及び甲にとって,今回の件が初めてのようではありますが,今後回収してくる分の廃棄まで引き受けていること,費用を見積もりその書面を乙に渡していることなどからすれば,反復,継続の意思を認めてよさそうです。

5　「他人に委託」

　委託基準違反事案（廃棄物処理法25条1項6号違反）においては,事業者が廃棄物の処理を許可等がなく受託できない者に委託することが禁止されています。そこで,「他人に委託」の意義が問題となります。

---

[20] 最決昭和56・1・27刑集35・1・1

「他人に委託」とは，他人に処理を依頼することであり，自らがその従業員等に処理させる場合は含まれません。委託の方式として，準委任，請負等いずれの契約方式によっても構いません。そうすると，依頼することだけで犯罪が成立するのか，それとも契約の成立が必要か，更には契約に従い現実の処理が行われて初めて処罰されるのかが問題となり得ます。この点，現実に処理が行われたことまでは必要ありませんが，処理の対象となる廃棄物が存在しない段階における契約成立のみでは未だ処罰の対象とはならない，との見解が有力です。なぜなら，事業者が廃棄物の処理を委託する場合，委託の基準が定められ，処理を委託される処理業者が当該廃棄物の処理区分に応じた許可を得ていること（委託する廃棄物がその許可品目の中に含まれていること）が必要であり，かつ，委託契約は書面により行い，当該委託契約書には，処分を委託しようとする廃棄物の種類，数量等の必要的記載条項が定められている（施行令6条の2，施行規則8条の4等）からです。

再委託のケースも問題となり得ます。例えば，事業者が，許可を受けた産業廃棄物収集運搬業者に対して，許可を受けた産業廃棄物処分業者のところまで運搬して処分を依頼するように指示し，現実にも正規の処分業者によって産業廃棄物の処分が行われたような場合，生活環境の保全という見地からは問題がないようにも思われます。しかし，判例は，「規定に違反して，産業廃棄物の処理を他人に委託した」とは，「所定の者に自ら委託する場合以外の，当該処理を目的とするすべての委託行為を含むと解するのが相当であるから，その他人自らが処分を行うように委託する場合のみならず，更に他の者に処分を行うように再委託することを委託する場合も含み，再委託先についての指示いかんを問わないというべきである。」としています[21]。廃棄物処理法は，廃棄物の処理について各種規制をもうけ，それらを担保として生活環境の保全を図ろうとしていることから，形式的にそれら規制に違反するだけで処罰の対象とされ，違反行為の認識があれば故意に欠けることもないという趣旨と解されます。

本件事例においては，B社の乙について，産業廃棄物収集・運搬・処分業者としての許可を有していないA社及び甲に対し，「それじゃあ，おたくに保管

---

21) 最決平成18・1・16刑集60・1・1

中の分と，今後回収してくる分との廃棄をお願いしていいですか。」などと告げ，廃棄費用について合意するなどした行為が問題となりますが，「他人に委託した」とは，所定の者に自ら委託する場合以外の，当該処理を目的とするすべての委託行為を含むと解する判例の立場からすれば，これに当たるとしてよいでしょう。なお，本件事例では，現に運搬・放置までされていますから，成立時期についても特に問題はなさそうです。

6 両罰規定

廃棄物処理法32条は，法人の代表者又は法人若しくは人の代理人，使用人その他の従業者が，その法人又は人の業務に関し，25条1項1号以下の各号に掲げる規定の違反行為をしたときは，行為者を罰するほか，その法人・人に対して罰金刑を科するという，いわゆる両罰規定を置いています。

両罰規定の法的性質については，事業主として行為者らの選任，監督その他違反行為を防止するために必要な注意を尽くさなかった過失の存在を推定した規定であり，したがって事業主において注意を尽くしたことの証明がなされない限り，事業主もまた刑責を免れ得ない，とするのが判例[22]の立場です。

本件事例において，甲はA社の倉庫業に関連し本件各犯行に及んでいるところ，代表者という立場から，A社の過失は明白です。また，乙はB社の事業管理部長として，甲に廃棄物の処理を委託していますが，B社の製品回収騒動に端を発して本件に至っていることから，B社も刑責を免れる可能性は低そうです。

7 おわりに

本件事案について，結論は既にそれぞれのところで言及したとおりであり，

---

22) 最判昭和32・11・27刑集11・12・3113，最判昭和40・3・26刑集19・2・83等

甲については不法投棄罪，無許可営業罪が成立する可能性があり，乙については委託基準違反罪が成立する可能性があります。乙の不法投棄罪の共謀共同正犯の成否については，乙の認識次第というところになるでしょう。また，A社とB社もそれぞれ両罰規定に基づき，罰金刑となる可能性があります。

廃棄物処理法には，このほか，事業範囲の無許可変更の罪や名義貸しの罪など，様々な類型が存在しますが，いずれも，法の趣旨に照らし，生活環境保全等の見地から各種行為の危険性を考えつつ，法が環境破壊の未然防止のため事前の各種規制をもうけているという共通の理解に立ち解釈することが可能です。すなわち，実質と形式の両面から各規定を解することになります。

最後に，この種事案については，原状回復も重要です。違反者に適切な処罰を科すことはもちろんですが，生活環境を脅かされた人たちにとってそれ以上に重要なのが原状回復ともいえるからです。もし原状回復がなされれば，それは被疑者・被告人にとって有利に斟酌される可能性のある事情といえますが，刑事責任の追及とともに，原状回復に向けた努力を払うよう働きかけるのもまた手続に関わる者たちにとって重要な責務といえるでしょう。

外事事犯
～マッサージいかがですか？～

　平成31年4月10日夕方，M警察署のN警部補は，管内住民から，「最近，自宅近くのビルの前で，派手な格好をした女性数名が通行人に声をかけたり，深夜まで立ち話をしたり，タバコを吸ったりしている。会話の様子から，どうも日本語ではないようだ。騒音やタバコの吸い殻の路上投棄で迷惑なので，警察の方で何とかしてほしい。」との通報を受けたため，O巡査部長とともに現場に赴いた。

　現場は商業地であるが，住宅が混在する地域で，その中に建つ雑居ビル前の狭い路地で，若い女2名がタバコを吸いながら外国語で立ち話をしていた。N及びOは，制服を着用していなかったところ，そのうちの1名から片言の日本語で「マッサージどうですか。」と声をかけられた。Nが「どこでやってるの。」と聞くと，二人は，目の前のビルを指さしながら「このビルの2階。」と答えた。NとOが警察手帳を示し，「警察です。パスポートは持っていますか。」と聞くと，二人とも無言であった。そこで，二人に対しM警察署まで同行を求めると，二人とも素直にこれに応じた。

　M警察署において，NとOは，それぞれ一人ずつ聴取を分担した。
　Nが聴取を担当した女は，旅券も在留カードも持っておらず，X国出身の甲（21歳）と名乗った。そこで，直ちに通訳人を手配した後，通訳人を介して権利を告知するなどした上引き続き聴取したところ，甲は，「正規の旅券で短期滞在の在留資格で日本に入国した後，その期間が経過してしまい，生活費にも困っていたところ，マッサージ店の経営者である丙から声をかけられ，無理やり働かされていた。旅券は丙に取り上げられてしまい，現在は難民認定審査中である。」などと述べた。

　Oが聴取を担当した女は，財布の中から在留カードを取り出してOに示

しながら、Y国出身の乙（22歳）と名乗り、留学の在留資格を有していると述べた。日本語学校に通っていると説明し、実際、日本語は比較的流暢であったので、そのまま権利を告げた上事情を聴いたところ、乙は、「日本語学校の事務課長である丁の紹介で、あなたに声をかけた現場ビル2階のマッサージ店Rでアルバイトをしていました。資格外活動の許可はもらっています。最近、日本語学校には行っていません。」などと述べた。

Nは、甲について、Nが甲から聞き取った国籍・氏名・生年月日・性別に基づき出入国在留管理庁に出入国記録等の照会を行った。他方、乙については、在留カード記載の国籍・氏名・生年月日・性別及び在留カード番号に基づき同照会を行った。

また、マッサージ店Rについて、地番やビル名から飲食店や風俗店としての届出や登録の有無を確認したが、公安委員会や保健所への届出等は一切されていなかった。

そこで、N、Oは、丙についても捜査の対象とし、マッサージ店Rのある現場ビル2階について、捜索差押許可状の請求準備にとりかかることとした。また、乙の通っていた日本語学校の事務課長丁からも事情を聴く必要があると考えた。

甲、乙、丙及び丁の各罪責について、どのように考えたらよいか。

346　第2編　特別刑法

〈目　次〉
1　はじめに
2　外国人の在留資格・在留管理
3　旅券等不携帯罪
4　不法残留罪
5　資格外活動罪
6　不法就労助長罪
7　退去強制
8　おわりに

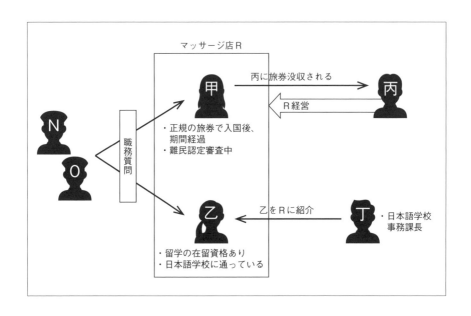

1　はじめに

　捜査機関は，外国人による犯罪や，それに関係する犯罪を取り扱うことがあります。外国人による犯罪には，窃盗や暴行のような刑法犯も多くありますが，特別法犯の中では，やはり出入国管理及び難民認定法（以下「入管法」という。）違反が最も多いです。同法には複数の罰則規定のほか，犯罪に関与した外国人

に関し，その在留資格がどうなるか，身柄をどのように扱うか等，重要な手続に関する規定もあり，入管法の基本的理解は，全ての司法・警察関係者にとって必要不可欠なものといえます。

本問は，事例に基づき，入管法違反で検挙・処罰の対象となることが比較的多い，旅券等不携帯罪，不法残留罪，資格外活動罪及び不法就労助長罪を中心に，その構成要件等を検討していくこととします。

2　外国人の在留資格・在留管理

まず，各罪の検討に入る前に，前提となる我が国の在留管理制度の概要について触れておきます。

入管法は，在留資格制度を採用しています（2条の2第1項）。すなわち，外国人が我が国で在留中に行うことができる活動や，在留することができる身分・地位を類型化したものを「在留資格」として定め，これを基本として外国人の在留管理を行っているのです。在留資格は別表に定めがあり（同第2項），事例にある「短期滞在」，「留学」なども，典型的な在留資格の一つであり，いずれも就労は認められていません。これに対し，各在留資格に定められた範囲で就労が可能なものとしては，外交，公用，教授，芸術，経営・管理，法律・会計業務，医療，研究，教育等があります。平成30年の法改正では，特定技能1号・2号という在留資格[1]も新設されました。また，活動の内容が個々に決定されるものとして「特定活動」というものもあります。

そして，「在留期間」は，それぞれの在留資格に対応して法務省令で定められており（同第3項），在留資格と併せて決定がなされます。

その結果，日本に入国し在留することが認められた外国人には，いずれか一つの在留資格とそれに応じた在留期間が付与されますから，その外国人は，定

---

[1] 不足する人材の確保を図るべき産業上の分野に属する相当程度の知識又は経験を必要とする技能を要する業務に従事する外国人向けの在留資格（1号），同分野に属する熟練した技能を要する業務に従事する外国人向けの在留資格（2号）

められた在留期間内の在留が保障され，取得した在留資格の範囲内で一定の活動ができることになるわけです。

逆にいえば，その外国人が在留資格に該当する活動を変更しようとする場合は，在留資格の変更許可を受けなければなりませんし，在留資格に該当する活動を行いつつ，一定の就労活動や事業活動を行おうとする場合には，資格外活動の許可を受けなければなりません（資格外活動の罰則については，後述します。）。

外国人が在留資格を取得できるのは，上陸許可の場面が一般的ですが，在留資格の取得の許可，在留資格の変更の許可，退去強制手続の結果，法務大臣の在留特別許可を受ける場合もあります（これらの許可を受ける際，在留資格が決定され付与されます。）。

在留資格と在留期間は，所持する旅券に付される上陸許可の証印や，中長期在留者となる者については，上陸許可の際に交付される在留カードに記載されます。

3 旅券等不携帯罪

入管法76条1項1号は，「第23条第1項の規定に違反した者」には10万円以下の罰金に処するとし，23条1項は，「本邦に在留する外国人は，常に旅券（次の各号に掲げる者にあつては，当該各号に定める文書）を携帯していなければならない。ただし，次項の規定により在留カードを携帯する場合は，この限りでない。」としています。つまり，本邦に在留する外国人は原則として旅券，中長期在留者は在留カード等の携帯が義務付けられており，これに違反すると処罰されるというものです。

「本邦」は我が国本来の領土，すなわち法理上我が国の統治権の及ぶ地域をいいます。かつては2条1号に定義規定が置かれていましたが，これは復帰前の沖縄等，我が国固有の領土でありながら他国の施政権下に置かれ，我が国の統治権の及ばない地域が存在したためであり，現在は我が国本来の領土と法理上我が国の統治権の及ぶ地域は合致するものと考えられていますので，2条1

号は削除されています。

「在留」については，「**2　外国人の在留資格・在留管理**」で説明したとおりです。

「外国人」は，2条2号に「日本の国籍を有しない者をいう。」と定義されています。「国籍」については，憲法10条で「日本国民たる要件は，法律でこれを定める。」とされ，これを受けて，国籍法が，父親か母親が日本国民なら子も日本国民とする旨のいわゆる父母両系血統主義を採用しています（例外として，日本で生まれ，父母が共に不明のとき又は無国籍のとき，日本国籍を取得する要因となるとされます。）。

「旅券」は，2条5号に「イ　日本国政府，日本国政府の承認した外国政府又は権限のある国際機関の発行した旅券又は難民旅行証明書その他当該旅券に代わる証明書（日本国領事官等の発行した渡航証明書を含む。）」あるいは「ロ　政令で定める地域の権限のある機関の発行したイに掲げる文書に相当する文書」と定義されています。これに該当しない証明書・文書は旅券として認められませんが，23条1項但書にあるように，中長期在留者については「在留カード」を携帯すれば旅券を携帯する必要はないことになります。「中長期在留者」の定義は19条の3にあり（3月以下の在留期間が決定された者や短期滞在・外交等の在留資格が決定された者以外の者など。特別永住者も該当しません。)，「在留カード」の記載事項は19条の4に定められています。

従前，外国人登録法に基づき，市区町村の発行する外国人登録証明書の携帯が義務付けられていましたが，平成24年に同法が廃止され，法務省の発行する在留カードと特別永住者証明書に切り替わりました。23条2項では，「中長期在留者は，法務大臣が交付し，又は市町村の長が返還する在留カードを受領し，常にこれを携帯していなければならない。」として，中長期在留者に対し，在留カードの受領義務と携帯義務を定めています。これに違反して在留カードを受領しなかった者には1年以下の懲役又は20万円以下の罰金（75条の2第1号）が，携帯しなかった者には20万円以下の罰金が科されています（75条の3）。

「携帯」については，**第20問**（危険物等携帯事犯）で触れたとおりです。すなわち，所持の一態様であって，日常生活を営む自宅ないし居室以外の場所に

おいて、いつでも使用（ここでは提示）できる状態で自己の身辺に置き、これを継続することをいいます。

　旅券不携帯罪の罰則は、前述のとおり、罰金10万円（在留カード不携帯罪については、20万円）です。懲役刑や禁錮刑は定められていません。したがって、個々の事案に応じ常識的かつ柔軟な対応が必要でしょう。

　なお、旅券等の提示拒否罪というのもあります。本邦に在留する外国人には旅券等の携帯義務が、中長期在留者には在留カードの携帯義務があることは前述のとおりであり、これらの者は、入国審査官、入国警備官、警察官、海上保安官等が旅券や在留カードの提示を求めたときは、これを提示しなければなりません（23条3項）。これに違反して旅券等の提示を拒んだ者に対しては、76条2号の、在留カードの提示を拒んだ者に対しては、75条の2第2号の各罰則があります。

　本件事例において、甲・乙の供述を前提とすれば、甲については旅券不携帯罪が、乙については在留カード提示拒否罪が問題となり得ます。ただ、甲は、旅券を丙に取り上げられたと述べており、旅券不携帯罪の構成要件は満たしそうですが、その経緯において斟酌すべきものがありそうです（なお、後に述べるように、甲は不法残留者のようですが、不法残留者も旅券不携帯罪の主体たり得ます。）。また、乙については、警察署に任意同行後直ちに在留カードを示していることから、それ以前のやり取りにおいて、提示を求めたのに対してこれを拒んだという事実が存在するのか、あるいはそのことが証拠化されているかにつき、慎重に検討する必要があるでしょう。

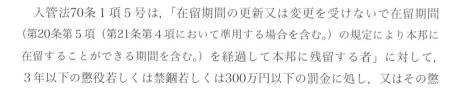

4　不法残留罪

　入管法70条1項5号は、「在留期間の更新又は変更を受けないで在留期間（第20条第5項（第21条第4項において準用する場合を含む。）の規定により本邦に在留することができる期間を含む。）を経過して本邦に残留する者」に対して、3年以下の懲役若しくは禁錮若しくは300万円以下の罰金に処し、又はその懲

役若しくは禁錮及び罰金を併科するとしています。

入国は適法に行われたとしても，所定の在留期間を超えてなお本邦に残留する外国人の行為は，本邦に入国した者に対する我が国の公正な管理という法益を侵害するため，処罰の対象としているものです[2]。

「在留期間」については，「2　外国人の在留資格・在留管理」で述べたとおりであり，2条の2第3項に規定されています。在留資格をもって在留する者が本邦に在留することができる期間をいい，具体的には，施行規則3条，同別表第2に定められています。

「在留期間の更新」については，21条に規定があり，現に有する在留資格を変更することなく，在留期間の更新を受ける場合をいいます（1項）。在留期間の更新を受けようとする外国人は，法務省令で定める手続により，法務大臣に対し在留期間の更新を申請しなければなりません（2項）。

「変更」は，在留資格の変更に伴う在留期間の変更を指します（20条1項）。在留期間の更新と同様，法務大臣に対する在留資格変更の申請により変更を受けることができるようになっています（同条2項）。

「在留期間を経過して本邦に残留する」とは，在留期間が満了する日の翌日の開始時以降も本邦に滞在することをいい，故意に残留することはもちろん，過失により在留期間を経過した場合も該当します。

なお，「在留期間」には20条5項（21条4項において準用する場合を含む）の規定により本邦に在留する期間を含むとされていますが，これは在留期間の更新又は在留資格の変更を申請した場合に，申請に対する処分が在留期間経過前になされなかった場合には，在留期間満了後も，処分がなされる日又は在留期間満了の日から2月が経過する日のいずれか早い日までの間は引き続き本邦に在留することができるとされていますから（20条5項，21条4項），これらの場合に不法残留とならないことを定めたものです。ただし，難民の認定申請に伴う仮滞在の許可が得られないまま在留期間の更新・変更を受けることなく本邦

2）大阪高判平成2・5・30判時1368・157等

に残留した行為につき，難民認定申請中であるからといって，不法残留等については違法性が阻却されることはありません[3]。

判例上，不法残留を理由に退去強制令書の発付を受けた者が，自費出国の許可を得て，その後同許可の際指定された出国予定時までの間，身柄を仮放免されて本邦に滞在していた行為についても，不法残留罪は成立するとされます[4]。また，在留期間更新の申請に当たり虚偽の申出をしたほか，審査のため入国管理局が求めた出頭要請等にも誠実に対応していなかった外国人が，申請後在留期間を経過したという事案において，同申請を不許可とする決定の通知が発出された頃以降も本邦に残留したという行為について，同通知の到達の有無や同申請が不許可となったことについての同人の認識の有無を問わず，不法残留罪が成立するとの判例もあります[5]。

不法残留罪に似て非なるものに，不法在留罪があります。70条2項は，「前項第1号又は第2号に掲げる者が，本邦に上陸した後引き続き不法に在留するときも，同項と同様とする。」とし，不法在留罪の主体として，1号，すなわち3条の規定に違反して本邦に入った者（不法入国者）又は2号，すなわち上陸の許可等を受けないで本邦に上陸した者（不法上陸者）としています。そして，「掲げる」という文言から，不法入国罪，不法上陸罪が公訴時効にかかっていても，不法在留罪の主体たり得ると考えられます（継続犯）。不法入国・不法上陸と不法在留行為が1個の意思の下に行われた場合は，包括一罪となります。

本件事例においては，甲につき，その供述を前提とする限り，不法残留罪が問題となり得ます。他方，乙については，留学の在留資格をもって滞在しているようですので，不法残留罪や不法在留罪は問題とならないでしょう。いずれにしても，在留期間，在留資格は出入国在留管理庁において把握している事項ですので，正式な照会の回答をもって判断しなければなりません。

なお，裁判例では，不法在留に関する事案についてですが，出入国記録照会

---

3) 東京高判平成20・3・21東時59・1＝12・19
4) 最決平成15・12・3刑集57・11・1075
5) 最決平成17・4・21刑集59・3・376

書の被告人氏名に誤記があり，原審で取り調べられた同照会に対する回答書謄本が被告人に関するものではなく，かつ，他の証拠は被告人の自白のみであったことから，刑訴法319条2項の自白法則が適用され，原判決が訴訟手続の法令違反により破棄された事案もあります[6]ので，注意が必要です。

5 資格外活動罪

　入管法70条1項4号は，「第19条第1項の規定に違反して収入を伴う事業を運営する活動又は報酬を受ける活動を専ら行つていると明らかに認められる者」に対して，3年以下の懲役若しくは禁錮若しくは300万円以下の罰金に処し，又はその懲役若しくは禁錮及び罰金を併科するとしています。19条1項は，「別表第1の上欄の在留資格をもつて在留する者は，次項の許可を受けて行う場合を除き，次の各号に掲げる区分に応じ当該各号に掲げる活動を行つてはならない。」とし，別表第2の上欄の在留資格をもつて在留する者には活動の制限がなく，他方，別表第1の上欄の在留資格をもって在留する者については，19条2項，すなわち法務大臣による資格外活動の許可を得ている場合以外，「収入を伴う事業を運営する活動又は報酬を受ける活動」を行ってはならないことを明らかにしています。資格外活動許可は，いわゆるアルバイトの許可であり，本来の資格に基づく活動を妨げないようにするため上限や条件が設けられていることにも留意する必要があります。

　なお，20条の「在留資格の変更」は，本邦に在留する外国人が，法務大臣の許可を受けて，その者が現に有する在留資格から，新しい在留の目的に対応する在留資格への変更を受けることですが，資格外活動許可は，在留目的そのものに変更はないという違いがあります。

6）東京高判平成19・11・5高検速報（平成20＝21）3

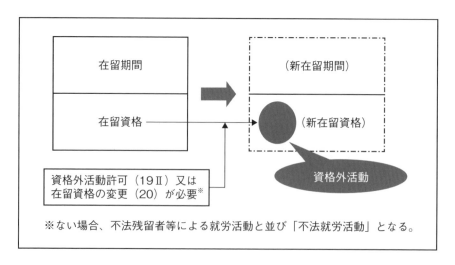

　「事業」とは，一定の目的の下での同種行為の反復継続的な活動であり，事業主体は個人・法人を問わず，営利目的の有無も問いません。ただし，「収入を伴う」ことは要件となります。「報酬」とは，一定の役務の給付の対価として与えられる反対給付であり，ここでは「活動」が役務の給付に当たることになります。また，入管法の趣旨からすれば，「活動」は本邦における活動に限られます（対価を支給する主体が本邦にあることや，支給が本邦内で行われることまでは必要ありません。）。また，業として行うものではない講演に対する謝金，日常生活に伴う臨時の報酬その他の法務省令で定めるものも「報酬」から除外されています。

　「専ら行っていると明らかに認められる」とは，資格外活動を行っている場合であって，その違法な資格外活動を主たる在留活動として行っていると明らかに（つまり証拠により明白に）認められる場合をいいます。当該外国人の活動が，その有する在留資格に属する者の行うべき活動から，他の在留資格に属する者の行うべき活動に変更されたと認められるかどうかについて，当該活動の継続性，有償性，生計等の依存度，本来有する在留資格に基づく活動の有無・程度などに基づき総合的に判断することになります。

　なお，許可を受けないで資格外活動を行っている場合はもちろん，資格外活動の許可を受けていても，その範囲を超えて行っている場合も含まれます。

「専ら行つていると明らかに認められる」場合でない場合は，73条（1年以下の懲役若しくは禁錮若しくは200万円以下の罰金に処し，又はその懲役若しくは禁錮及び罰金を併科する。）による処罰の対象となります。

本件事例においては，甲は，短期滞在から不法滞在に至っています。もし短期滞在中からマッサージ店勤務の活動を行っていた場合は，他の要件を満たせば，在留資格外活動となるでしょう（その場合，4号（資格外活動）と5号（不法残留）とは同じ70条1項違反ですが，併合罪となります[7]）。しかし，その後，不法残留となった後に活動を開始したのであれば，在留資格自体がもはや失われていますので，資格外活動という概念は当てはまらず，不可罰となります。

乙は，留学の在留資格ですが，在留資格の変更は受けていないようです（旅券や在留カード，照会回答を確認する必要があります。）。そのため，資格外活動許可を得ているか，得ているとすればその範囲内かが問題となります（「風俗営業」に当たる業務も許可されませんので，活動内容を具体的に明らかにすることは重要です。）。

6　不法就労助長罪

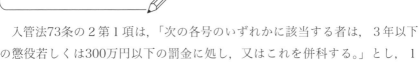

入管法73条の2第1項は，「次の各号のいずれかに該当する者は，3年以下の懲役若しくは300万円以下の罰金に処し，又はこれを併科する。」とし，1号は「事業活動に関し，外国人に不法就労活動をさせた者」，2号は「外国人に不法就労活動をさせるためにこれを自己の支配下に置いた者」，3号は「業として，外国人に不法就労活動をさせる行為又は前号の行為に関しあつせんした者」としています。

「不法就労活動」については，同条2項に3つの類型が定められています。

1号は「当該外国人の活動が当該外国人の在留資格に応じた活動に属しない収入を伴う事業を運営する活動又は報酬を受ける活動であること」，つまり在留資格に基づき許される範囲を超えて働くようなケースです。

7）大阪高判平成2・5・30（注2と同）

2号は「当該外国人が当該外国人の活動を行うに当たり第19条第2項の許可を受けていないこと」，つまり法務大臣から資格外活動許可を受けずに働くようなケースです。

3号は「当該外国人が第70条第1項第1号，第2号，第3号から第3号の3まで，第5号，第7号から第7号の3まで又は第8号の2から第8号の4までに掲げる者であること」，つまり不法残留者や被退去強制者が働くようなケースです（要は資格外活動罪の主体とはなり得ない在留資格を有しない者による場合を含むということです。）。

73条の2第1項1号の「事業活動に関し」とは，行為者が自ら運営し又は従業者として従事している事業の目的遂行のために必要な活動に関して，という意味です。当該事業行為そのものはもちろん，当該事業遂行のための準備行為や，保守管理などの付随的行為を含みます。

「不法就労活動をさせた」とは，外国人との間で対人関係上優位な立場にあることを利用して，その外国人に対し不法就労活動を行うべく指示等の働き掛けをすることをいいます[8]。判例上，同一の事業活動に関し複数の外国人に不法就労活動をさせた場合，入管法73条の2第1項1号の罪は当該外国人ごとに成立し，それらの罪は併合罪の関係にあるとされます[9]。

2号の「外国人に不法就労活動をさせるために」とは，自己において外国人に不法就労活動をさせる目的で，あるいは他人が外国人に不法就労活動をさせることを知りながら，という意味です。

「自己の支配下に置いた」とは，指示・従属の関係により，外国人の意思や行動を左右できる状態に置き，自己の影響下から離脱させることを困難にさせることをいいます。暴行・脅迫により監禁して働かせるような物理的支配による場合はもちろんですが，外国人に渡航資金や生活資金を前貸しして，返済が終わるまでは自己の指示に従わざるを得ないような状況を作り出したような場合や，日本語の理解が困難で自活能力の低い外国人に住む場所を提供して種々

---

8) 東京高判平成5・9・22高刑集46・3・263
9) 最決平成9・3・18刑集51・3・343

生活の面倒を見る場合のように、外国人に心理的ないし経済的な影響を及ぼし、その意思を左右しうる状態に置き、自己の影響下から離脱することを困難にさせた場合も含まれます[10]。

3号の「業として」とは、反復継続し、又は反復継続して行う意思をもって、という意味です。事業性までは不要ですし、営利目的や現に対価を得たことも必要ありません。したがって、反復継続の意思があれば、1回の行為でも業となり得ます。

「あっせん」とは、周旋と同じ意味であり、当事者間の依頼又は承諾の下に当該当事者間に立ち、交渉が円滑に行われるよう仲介することをいいます。最終的に契約が成立しなくとも、交渉成立の可能性が生じるまで仲介すれば、あっせんは既遂となります。報酬を得たかどうかも問いません。

本件事例において、丙については、73条の2第1項1号及び2号違反が問題となります。甲の供述を前提とした場合、甲は不法残留状態となり、生活費にも困っていたところ、マッサージ店の経営者である丙から声をかけられ、無理やり働かされ、旅券も丙に取り上げられてしまったとのことです。そうすると、丙は自らが経営するマッサージ店の従業員として不法残留状態にある甲を働かせていたとして、「事業活動に関し、外国人に不法就労活動をさせた者」に該当する可能性がありますし、生活費の面倒を見たり、旅券を取り上げたりして自己が優位な立場にある甲を自己の店で引き続き働かせるため、指示・従属の関係により、外国人の意思や行動を左右できる状態に置き、自己の影響下から離脱させることを困難にさせたとして、「外国人に不法就労活動をさせるためにこれを自己の支配下に置いた者」にも該当する可能性があります（1号と2号の両方に該当する場合は、（包括）一罪の関係に立つと思われます。）。

また、丁については、3号違反が問題となります。乙の供述を前提とした場合、丁は日本語学校の事務課長という立場で、同校の留学生である乙を丙の経営するマッサージ店Rに紹介したというのですから、「あっせん」の事実は認められそうです。ただし、反復継続の事実又は意思があったか、すなわち「業

---

10) 最決昭和56・4・8刑集35・3・63、東京高判平成5・11・11高刑集46・3・294

として」と言えるかについては，更に証拠を踏まえて判断する必要がありそうです。

7 退去強制

　退去強制事由については，入管法24条に規定があります。例えば，在留期間の更新又は変更を受けないで在留期間を経過して本邦に残留する者（4号ロ），入管法19条1項の規定に違反して収入を伴う事業を運営する活動又は報酬を受ける活動を専ら行っていると明らかに認められる者（4号イ）などです。

　退去強制までの大まかな流れとしては，退去強制事由に該当する容疑がある外国人に対して，入国警備官による違反調査が行われ（27条），退去強制事由に該当すると疑うに足りる相当の理由があるときは収容・身柄の引渡しがなされ（39条1項・44条），入国審査官による違反審査などの違反審判手続を経て（45条以下），退去強制事由に該当し，当該外国人がこれに服するなどした場合は，退去強制令書が発付されます。

　ただし，出国命令制度（24条の3，55条の2から55条の6）が平成16年から運用されています。この制度によれば，退去強制事由に該当する場合でも，不法残留者であり，さらに，自ら出頭したこと，他の退去強制事由に該当しないことなどの要件を満たす場合は，身柄を収容されないまま簡易な手続により出国できます。

　退去強制手続は，刑事手続すなわち刑事訴訟，刑の執行等の処遇に関する法令の規定による手続とは別の行政手続です。不法入国，不法上陸，不法残留等の入管法70条の規定する違反行為は，入管法24条の退去強制事由に当たるとともに，罰則にも該当します。入管法では，これらの行為をした者に対し，退去強制手続が刑事手続と独立して進行することを前提としつつも，退去強制令書の執行については，原則として，刑事手続が終了した後に行なうものとし（63条），また，司法警察員が入管法70条所定の違反行為をした被疑者を逮捕等した場合には，検察官に送致することの例外として，一定の要件の下，被疑

者を入国警備官に引き渡すことを認めています（65条）。さらに，検察官がこれらの被疑者を不起訴処分にする場合や，矯正施設の長が刑期の満了等により受刑者を釈放する場合などは，刑事手続から退去強制手続への円滑な移行のため，収容令書等の呈示をまって，その身柄を入国警備官に引き渡すことになっています（64条）。

したがって，捜査機関としては，刑事手続がどのようになるか，事案の内容や証拠の収集状況等に照らし，様々な可能性を念頭に置きつつ，釈放あるいは入国警備官に引き渡す時期・段階につき，相互に連携・連絡を図る必要があります。

8 おわりに

結局，本件事案について，甲には旅券不携帯罪，不法残留罪等が成立する可能性があり，乙には資格外活動罪が成立する可能性があります。また，丙には不法就労助長罪が成立する可能性があり，併せてここでは詳しくは触れませんが強制労働罪（労働基準法117条，5条違反），無許可営業罪（風俗営業等の規制及び業務の適正化等に関する法律49条1号，3条1項違反）が成立する可能性があります。同様に，丁には不法就労助長罪のほか，有害業務紹介罪（職業安定法63条2号違反）も成立する可能性があります。

今回取り上げた入管法違反の各事案のうち，外国人を主体とするものは，いずれも被疑者の在留資格・在留期間がどのようなものかが不可欠の要素となるものであり，出入国在留管理庁において管理する外国人各人のデータ（照会結果）が立証の出発点となります。したがって，外国人被疑者の人定事項を正確に把握することは捜査の第一歩であるところ，退去強制歴や本邦における前科前歴を隠したいなどの理由から，人定事項に関して虚偽の供述をしたり，偽造の旅券・在留カード等を所持したりするケースも多くあります。旅券や在留カードが正規のものなのか，本人の供述する人定事項に不審点はないか，照会の回答結果と本人との同一性に齟齬はないかなどにつき，慎重にチェックすることが必要です。

その上で，各犯罪に関し，残留・在留期間や犯行に至った動機・経緯や背景事情，就労等による収入の規模，本邦における生活実態，特に入管法以外の犯罪に及んでいないか等の点も具体的に解明し，事案の真相を明らかにすることが重要です。外国人被疑者からの聴取に当たっては，通訳を介した権利告知や正確な通訳の下でのやり取りを心がける必要があります（本件事例で，Ｏは日本語で乙とやり取りをしているようであり，乙の日本語能力からして，当初の対応としては許容されるものと思われますが，その後通訳を介して再度権利告知をすべきかどうかについては，慎重に検討する必要があるでしょう。）。また，相手の国籍により領事館通報の告知内容等も異なります。

　さらに，一定の類型については，前述した入管法65条を用いて直接入国警備官に引き渡す運用がされている場合もありますし，不起訴や執行猶予になった場合も退去強制手続に移行する場合がほとんどと思われますから，警察・検察・裁判所・入管庁の各機関の連携・連絡が必要不可欠です。

　他方，外国人の弱い立場を利用して違法に利益を上げようとするような事業者等に対しては，厳正な対処が必要です。場合によっては，外国人被疑者が同時に人身取引や強制労働の被害者である可能性もありますので，そのような観点からの適正な対応が求められるでしょう。

あとがき

　本書は，警察学論集に連載させていただいた「警察幹部のための刑事法擬律判断」に若干の加筆をした上，単行本化したものです。

　連載当初は，10回も続けられれば十分かと思っていましたが，読者の方々から予想以上のご好評をいただき，2年以上にわたり連載を継続することができました。そのおかげで，刑法各論はもちろん，刑法総論のうち実務で不可欠の部分（過失や共犯論）や，特別刑法の重要部分についても言及することができ，本書も，刑法に関し基礎学習や実務に必要な最低部分はカバーした汎用性の高いものになったのではないか，と自負しています。

　警察学論集に連載するということで，読者については，もちろん警察幹部の方々を想定していましたが，筆者は法曹を目指す司法修習生や法科大学院生を数年にわたり指導していた経験から，そういった方々や，大学で初めて刑法を学ぶ方々も念頭に置いて執筆していました。刑法は，その歴史が長いことから，判例や学説の蓄積も多く，全部を覚えることはとても不可能ですし，覚えなければならないと思うと気が重くなるだけです。かく言う筆者も，学生の時分は刑法が苦手科目の一つでした。しかし，重要なのは法律をいかに適正に運用する（あてはめる）か，という点にあり，したがって，ヒント（出発点）は必ず法律の条文にあります。本書では，法律の条文に書かれている文言の一つひとつについて，それがどのような意味を持ち，どのような解釈を判例が示してきたのかに力点を置いています。併せて，実務上生起し得る具体的な問題についてその解決の方向性を示す「あてはめ」の部分にも力点を置きました。読者の皆様も，まずは刑法の条文を確認しながら本書を読むことから始めていただければと思います。

同様に，本書に引用する文献も，読み易さの観点から，判例と必要最小限のものにとどめました。筆者においては，毎回の執筆に当たり，山口厚「刑法総論（第2版）・各論（第2版）」（有斐閣，2007・2010），井田良「入門刑法学総論・各論」（有斐閣，2013），髙橋則夫「刑法総論（第2版）・各論（第2版）」（成文堂，2013・2014），佐伯仁志「刑法総論の考え方・楽しみ方」（有斐閣，2013），前田雅英ほか編「条解刑法（第3版）」（弘文堂，2013），安冨潔「特別刑法入門」（慶應義塾大学出版会，2015）（編著者名敬称略）などを参考にさせていただきました。読者の皆様におかれても，より深い解釈を知りたくなった場合は，これらの文献にアプローチすることをぜひお勧めします。

上記連載及び本書の出版に当たっては，立花書房出版部の馬場野武課長をはじめ，中埜誠也氏，山本昌利氏に大変お世話になりました。また，土山淳二刑事教養部主任教授（当時）をはじめとする警察大学校の皆様には，毎回査読会議において貴重なご意見をいただきました。厚く御礼申し上げます。

最後になりましたが，読者の皆様において，本書を読む前より刑法の学習に対するハードルが多少なりとも下がったと感じていただけるのであれば，筆者としてこの上ない喜びです。

令和元年6月

粟田知穂

判 例 索 引

〈最高裁判所（大審院を含む）〉

大判明治36・4・7刑録9・487 …………… 51	大判大正5・12・13刑録22・1822 ………… 157
大判明治36・5・21刑録9・874 …………… 8	大判大正6・4・13刑録23・312 ………… 175
大判明治37・4・28刑録10・910 …………… 8	大判大正6・5・25刑録23・519 ………… 281
大判明治43・5・27刑録16・947 …………… 51	大判大正6・9・10刑録23・999 ………… 174
大判明治43・9・30刑録16・1572 ……189, 210	大判大正6・10・15刑録23・1113 ………… 66
大判明治43・11・15刑録16・1937 ………… 155	大判大正6・10・23刑録23・1120 ………… 226
大判明治43・12・19刑録16・2239 ………… 222	大判大正6・12・24刑録23・1621 ………… 32
大判明治44・4・24刑録17・655 ………… 179	大判大正7・3・1刑録24・116 …………… 157
大判明治44・9・5刑録17・1520 ………… 153	大判大正7・3・15刑録24・219 ………… 178
大判明治44・12・25刑録17・2317 ………… 163	大判大正7・7・17刑録24・939 ………… 33
大判明治45・4・22刑録18・496 ………… 55	大判大正8・2・13刑録25・132 …………… 9
大判明治45・5・30刑録18・790 ………… 188	大判大正8・4・2刑録25・375 ………… 203
大判明治45・6・20刑録18・896 ………… 108	大判大正8・6・20刑録25・786 ………… 273
大判大正元・10・8刑録18・1231 ………… 66	大判大正8・7・9刑録25・864 …………… 51
大判大正元・11・19刑録18・1393 ………… 51	大判大正8・12・13刑録25・1367 ………… 93
大判大正2・12・23刑録19・1502 ………… 58	大判大正9・2・26刑録26・82 ………… 163
大判大正2・12・24刑録19・1517 ………… 175	大判大正10・10・24刑録27・643 ……165, 317
大判大正3・4・10刑録20・498 ………… 78	大判大正11・2・25刑集1・79 ………… 259
大判大正3・6・17刑録20・1245 ………… 73	大判大正11・3・8刑集1・124 ………… 68
大判大正3・6・20刑録20・1300 ………… 177	大判大正11・11・22刑集1・681 ………… 51
大判大正3・9・22刑録20・1620 ………… 78	大判大正11・12・15刑集1・763 ………… 39
大判大正3・10・2刑録20・1789 ………… 173	大判大正11・12・22刑集1・821 ………… 40
大判大正3・10・16刑録20・1867 ………… 80	大判大正12・7・3刑集2・624 ………… 10
大判大正3・12・1刑録20・2303 ………… 154	大判大正12・7・14刑集2・650 ………… 44
大判大正3・12・3刑録20・2322 ………… 163	大判大正12・11・20刑集2・816 ………… 39
大判大正4・2・9刑録21・81 …………… 163	大判大正12・11・24刑集2・847 ………… 51
大判大正4・2・16刑録21・107 ………… 273	大判大正12・12・3刑集2・915 ………… 128
大判大正4・3・5刑録21・254 ………… 42	大判大正12・12・8刑集2・934 ………… 42
大判大正4・4・9刑録21・457 ………… 65	大判大正13・5・31刑集3・459 ………… 177
大判大正4・5・21刑録21・663 …………… 11	大判大正13・6・19刑集3・502 ………… 128
大判大正4・5・24刑録21・661 …………… 25	大判大正13・10・22刑集3・749 ………… 139
大判大正4・7・10刑録21・1011 ………… 220	大判大正14・12・14刑集4・761 ………… 157
大判大正4・8・24刑録21・1244 ………… 213	大判大正15・3・24刑集5・117 ………… 158
大判大正5・6・16刑録22・1012 ………… 51	大判大正15・7・5刑集5・303 …… 161, 162
大判大正5・9・28刑録22・1467 ………… 40	大判大正15・10・5法律学説判例評論全集16
大判大正5・12・11刑録22・1856 ………… 188	刑法112 …………………………………… 55

大判大正15・12・23刑集5・584 ……… 258	最判昭和22・11・5刑集1・1 ………… 262
大判昭和2・9・20刑集6・361 ……… 51	最判昭和23・3・11刑集2・3・185 …… 284
大判昭和3・7・14刑集7・490 ……… 163	最判昭和23・6・5刑集2・7・641 …… 69
大判昭和3・10・9刑集7・683 ……… 189	最判昭和23・6・12刑集2・7・676 …… 25
大判昭和3・10・29刑集7・709 ……… 230	最判昭和23・6・22刑集2・7・711 …… 261
大判昭和3・12・13刑集7・766 ……… 157	最大判昭和23・6・30刑集2・7・777 … 230
大判昭和4・3・7刑集8・107 ……… 33	最判昭和23・7・22刑集2・9・995 …… 282
大判昭和4・6・13刑集8・338 ……… 175	最判昭和23・10・23刑集2・11・1386… 222
大判昭和4・12・4刑集8・609 ……… 222	最判昭和23・11・2刑集2・12・1443 … 178
大判昭和5・5・17刑集9・303 ……… 60	最判昭和23・11・30裁判集刑5・525 … 258
大判昭和5・5・26刑集9・342 ……… 58	最判昭和23・12・14刑集2・13・1751… 258
大判昭和5・7・10刑集9・497 ……… 51	最判昭和23・12・16刑集2・13・1816… 259
大判昭和5・9・18刑集9・668 ……… 213	最判昭和23・12・24刑集2・14・1883… 21
大判昭和6・6・19刑集10・287 ……… 156	最判昭和24・1・11刑集3・1・1 …… 53
大判昭和7・2・29刑集11・141 ……… 124	最判昭和24・2・8刑集3・2・75
大判昭和7・3・18刑集11・190 ……… 51	…………………………… 20, 50, 53, 60
大判昭和7・3・24刑集11・296 ……… 204	最判昭和24・2・8刑集3・2・83 …… 53
大判昭和7・5・23刑集11・665 ……… 191	最判昭和24・2・15刑集3・2・164 …… 22
大判昭和7・10・10刑集11・1519 …… 163	最判昭和24・3・5刑集3・3・263 …… 296
大判昭和7・10・11刑集11・1452 …… 259	最判昭和24・3・8刑集3・3・276 …… 70
大判昭和7・12・10刑集11・1817 …… 211	最判昭和24・3・17刑集3・3・311 …… 246
大判昭和8・2・22刑集12・154 ……… 161	最判昭和24・3・24刑集3・3・376 …… 25
大判昭和8・3・16刑集12・275 ……… 86	最判昭和24・5・10刑集3・6・711 …… 139
大判昭和8・4・15刑集12・427 ……… 109	最大判昭和24・5・18刑集3・6・796 … 301
大判昭和8・11・20刑集12・2048 …… 155	最判昭和24・5・28刑集3・6・873 …… 25
大判昭和8・12・4刑集12・2196 …… 85	最大判昭和24・6・29刑集3・7・1135 … 71
大判昭和9・5・11刑集13・598 ……… 157	最判昭和24・7・12刑集3・8・1237 …… 262
大判昭和9・7・19刑集13・983 ……… 86	最判昭和24・8・9刑集3・9・1440 …… 213
大判昭和9・11・26刑集13・1598 …… 273	最判昭和24・8・18刑集3・9・1465 …… 113
大判昭和9・11・26刑集13・1608 …… 223	最判昭和24・10・1刑集3・10・1629… 280
大判昭和9・12・10刑集13・1699 …… 43	最判昭和24・12・20刑集3・12・2036… 124
大判昭和9・12・22刑集13・1789 …… 211	最判昭和25・2・28刑集4・2・268 …… 202
大判昭和10・5・1刑集14・454 ……… 129	最判昭和25・4・11刑集4・4・528 …… 53
大判昭和10・9・23刑集14・938 ……… 54	最判昭和25・6・6刑集4・6・928 …… 10
大判昭和10・9・28刑集14・997 … 211, 212	最判昭和25・7・6刑集4・7・1178 …… 277
大判昭和10・10・23刑集14・1052 …… 223	最判昭和25・10・20刑集4・10・2115… 202
大判昭和11・5・28刑集15・715 ……… 276	最判昭和25・11・9刑集4・11・2239… 110
大判昭和11・5・30刑集15・705 ……… 125	最判昭和25・12・5刑集4・12・2475… 40
大判昭和11・6・18刑集15・805 ……… 51	最判昭和25・12・14刑集4・12・2548… 177
大判昭和11・10・9刑集15・1281 …… 223	最判昭和26・3・27刑集5・4・686 …… 25
大判昭和12・2・27刑集16・241 ……… 40	最判昭和26・4・12裁判集刑43・691 … 51
大判昭和12・11・9刑集16・1545 …… 211	最判昭和26・5・25刑集5・6・1186 … 68
大判昭和13・2・28刑集17・141 ……… 158	最判昭和26・6・7刑集5・7・1236 …… 249
大判昭和13・10・4新聞4333・17 …… 42	最判昭和26・7・13刑集5・8・1437
大判昭和13・11・18刑集17・839 …… 265	…………………………………… 11, 24, 59

判例索引　365

最判昭和26・9・28刑集5・10・1987……259	最決昭和32・1・24刑集11・1・270………7
最判昭和26・9・28刑集5・10・2127……55	最判昭和32・1・29刑集11・1・325
最判昭和26・12・6刑集5・13・2485……272	…………………………………210, 211
最判昭和26・12・14刑集5・13・2518…31, 40	最判昭和32・2・21刑集11・2・877……163
最判昭和27・3・28刑集6・3・546……204	最判昭和32・2・26刑集11・2・906……100
最判昭和27・6・6刑集6・6・795………108	最決昭和32・4・11刑集11・4・1360……249
最判昭和27・7・22刑集6・7・927……224	最判昭和32・6・21刑集11・6・1700……175
最判昭和27・7・25刑集6・7・941……154	最決昭和32・9・5刑集11・9・2143………9
最判昭和27・9・19刑集6・8・1083……65	最決昭和32・10・18刑集11・10・2675…258
最判昭和28・1・23刑集7・1・30………248	最決昭和32・11・8刑集11・12・3061…7, 21
最判昭和28・1・30刑集7・1・128……163	最決昭和32・11・27刑集11・12・3113…342
最判昭和28・2・20刑集7・2・426……197	最決昭和32・12・5刑集11・13・3157…226
最判昭和28・3・13刑集7・3・529……144	最決昭和33・3・6刑集12・3・452………51
最決昭和28・4・25刑集7・4・881……220	最決昭和33・3・19刑集12・4・636
最大判昭和28・6・17刑集7・6・1289…124	…………………………………124, 126
最判昭和28・10・2刑集7・10・1879……213	最判昭和33・4・18刑集12・6・1090……249
最判昭和28・10・2刑集7・10・1883…206	最大判昭和33・5・28刑集12・8・1718
最決昭和28・10・19刑集7・10・1945……212	………………………………259, 260, 276
最判昭和28・10・27刑集7・10・1971……218	最判昭和33・6・3刑集12・9・1958……296
最判昭和28・12・15裁判集刑89・267…297	最判昭和33・6・6裁判集刑126・171……139
最判昭和28・12・25刑集7・13・2721……71	最判昭和33・9・19刑集12・13・3047……71
最判昭和28・12・25裁判集刑90・487…188	最判昭和33・9・30刑集12・13・3151……208
最判昭和29・4・6刑集8・4・407………51	最判昭和33・9・30刑集12・13・3180……222
最判昭和29・8・20刑集8・8・1256	最判昭和33・11・21刑集12・15・3519…101
…………………………………228, 230	最決昭和34・2・9刑集13・1・76………70
最判昭和29・8・20刑集8・8・1277……110	最決昭和34・2・13刑集13・2・101……86
最判昭和29・11・5刑集8・11・1675……81	最判昭和34・5・7刑集13・5・641等
最判昭和30・3・17刑集9・3・477……225	…………………………………157, 159
最判昭和30・4・8刑集9・4・827………31	最決昭和34・7・3刑集13・7・1088……124
最決昭和30・7・7刑集9・9・1856……38	最決昭和34・8・27刑集13・10・2769……208
最判昭和30・10・14刑集9・11・2173…58, 59	最判昭和34・8・28刑集13・10・2906………6
最決昭和30・12・3刑集9・13・2596……203	最判昭和35・3・1刑集14・3・209……203
最大判昭和30・12・21刑集9・14・2946	最判昭和35・11・18刑集14・13・1713…165
…………………………………296, 297	最判昭和36・1・13刑集15・1・113……222
最判昭和30・12・26刑集9・14・3053…66, 68	最判昭和36・3・7刑集15・3・493……319
最決昭和31・1・12刑集10・1・43………300	最判昭和36・8・17刑集15・7・1293……212
最判昭和31・4・10刑集10・4・520……319	最決昭和36・10・10刑集15・9・1580……69
最決昭和31・5・25刑集10・5・751……296	最判昭和36・10・13刑集15・9・1586…156
最決昭和31・7・12刑集10・7・1058	最判昭和37・1・23刑集16・1・11………208
…………………………………219, 226	最判昭和37・2・13刑集16・2・68………84
最判昭和31・8・30判時90・26……………33	最判昭和37・5・29刑集16・5・528……219
最決昭和31・11・20刑集10・11・1542…154	最決昭和37・11・21刑集16・11・1570…131
最判昭和31・12・7刑集10・12・1592……79	最大判昭和37・11・28刑集16・11・1593
最判昭和31・12・28裁判集刑116・581……321	……………………………………………230
最判昭和32・1・22刑集11・1・31………113	最決昭和38・4・18刑集17・3・248……124

最判昭和38・7・9刑集17・6・579 …… 24
最決昭和38・7・9刑集17・6・608 …… 79
最判昭和38・12・24刑集17・12・2485 …… 210
最判昭和39・1・28刑集18・1・31 ……… 110
最判昭和40・3・26刑集19・2・83 ……… 342
最決昭和40・9・16刑集19・6・679 …… 211
最判昭和41・3・24刑集20・3・129 …… 208
最判昭和41・4・8刑集20・4・207 ……… 7
最決昭和41・4・14判時449・64 ……… 205
最判昭和41・6・14刑集20・5・449 …… 245
最決昭和41・9・14裁判集刑160・733 …… 25
最大判昭和41・11・30刑集20・9・1076
……………………………………………… 165
最決昭和42・4・27刑集21・3・470 …… 125
最大判昭和42・5・24刑集21・4・505 … 204
最決昭和42・5・25刑集21・4・584 …… 236
最決昭和42・10・13刑集21・8・1097… 245
最決昭和42・10・24刑集21・8・1116 … 97
最決昭和42・12・21判時506・59 ……… 127
最決昭和43・1・18刑集22・1・7 ……… 157
最大判昭和43・9・25刑集22・9・871 … 231
最決昭和43・10・15刑集22・10・901 … 229
最決昭和43・12・11刑集22・13・1469 … 55
最大判昭和44・6・18刑集23・7・950 … 187
最大判昭和44・6・25刑集23・7・975 … 159
最決昭和44・12・4刑集23・12・1573 … 115
最判昭和45・1・29刑集24・1・1 ……… 145
最判昭和45・3・26刑集24・3・55 …… 31
最判昭和45・7・28刑集24・7・585 …… 144
最決昭和45・9・4刑集24・10・1319 … 192
最大判昭和45・10・21民集24・11・1560
……………………………………………… 69
最判昭和45・12・22刑集24・13・1812 … 206
最判昭和45・12・22刑集24・13・1882 … 20
最判昭和46・11・16刑集25・8・996
………………………………………… 113, 114
最決昭和47・3・2刑集26・2・67 ……… 78
最大判昭和49・5・29刑集28・4・114 … 329
最判昭和50・4・24判時774・119………… 222
最決昭和50・6・19裁判集刑196・653 …… 142
最決昭和50・11・28刑集29・10・983 …… 114
最判昭和51・4・30刑集30・3・453 …… 190
最判昭和51・5・6刑集30・4・591
………………………………………… 191, 193
最決昭和52・4・25刑集31・3・169 …… 197

最判昭和52・7・14刑集31・4・713 …… 210
最判昭和52・7・21刑集31・4・747 …… 113
最決昭和53・3・22刑集32・2・381 …… 98
最判昭和53・6・29刑集32・4・816
………………………………………… 165, 204, 207
最決昭和53・9・22刑集32・6・1774 …… 327
最判昭和54・1・10刑集33・1・1 ……… 207
最判昭和54・4・13刑集33・3・179 …… 261
最判昭和55・4・18刑集34・3・149 …… 238
最判昭和55・9・11刑集34・5・255 …… 302
最判昭和55・10・30刑集34・5・357 …… 11
最判昭和55・11・13刑集34・6・396 …… 118
最決昭和55・12・22刑集34・7・747 …… 230
最決昭和56・1・27刑集35・1・1 ……… 340
最決昭和56・4・8刑集35・3・57 ……… 194
最決昭和56・4・8刑集35・3・63 ……… 357
最決昭和56・4・16刑集35・3・84 …… 158
最決昭和56・4・25刑集35・3・116 …… 302
最判昭和57・6・24刑集36・5・646 …… 210
最判昭和57・6・28刑集36・5・681
………………………………………… 304, 305
最決昭和57・7・16刑集36・6・695 …… 278
最決昭和58・3・25刑集37・2・170 …… 220
最決昭和58・3・25刑集37・2・201 …… 321
最決昭和58・5・24刑集37・4・437 …82, 84
最決昭和58・9・21刑集37・7・1070 …… 273
最決昭和58・9・27刑集37・7・1078
………………………………………… 130, 133
最判昭和58・11・1刑集37・9・1341 …… 161
最決昭和58・12・13刑集37・10・1581 … 278
最判昭和59・2・17刑集38・3・336
………………………………………… 191, 192
最決昭和59・3・23刑集38・5・2030 …… 164
最決昭和59・4・27刑集38・6・2584 …… 163
最判昭和59・5・8刑集38・7・2621
………………………………………… 165, 204
最決昭和59・5・30刑集38・7・2682 …… 219
最判昭和60・2・22刑集39・1・23 …… 336
最判昭和60・3・28刑集39・2・75 …… 180
最決昭和60・4・3刑集39・3・131 …… 83
最決昭和60・9・12刑集39・6・275 …… 114
最決昭和60・10・21刑集39・6・362 …… 249
最決昭和61・6・9刑集40・4・269 …… 294
最決昭和61・6・27刑集40・4・369 …… 228
最決昭和62・3・12刑集41・2・140 …… 165

最決昭和62・3・24刑集41・2・173 …… 132	最決平成15・3・18刑集57・3・356 …… 79
最決昭和63・2・29刑集42・2・314 …… 94	最決平成15・3・18刑集57・3・371 …… 129
最決昭和63・7・18刑集42・6・861 …… 222	最決平成15・4・14刑集57・4・445 …… 179
最決昭和63・11・21刑集42・9・1251 …… 81	最決平成15・5・1刑集57・5・507 …… 276
最決平成元・3・10刑集43・3・188 …… 207	最決平成15・5・26刑集57・5・620 …… 327
最決平成元・3・14刑集43・3・262 …… 238	最決平成15・7・16刑集57・7・950 …… 97
最決平成元・5・1刑集43・5・405 …… 213	最決平成15・12・3刑集57・11・1075 …… 352
最決平成元・6・26刑集43・6・567 …… 263	最決平成16・1・20刑集58・1・1 …… 94
最決平成元・7・7刑集43・7・607 …… 6	最決平成16・2・17刑集58・2・169 …… 97
最決平成元・7・7判時1326・157 …… 177	最決平成16・8・25刑集58・6・515 …… 7
最決平成元・7・14刑集43・7・641 …… 176	最決平成16・11・8刑集58・8・905 …… 231
最決平成元・12・15刑集43・13・879 …… 96	最決平16・11・30刑集58・8・1005 …… 12
最決平成2・2・9判時1341・157 …… 293	最判平成16・12・10刑集58・9・1047 …… 24
最決平成2・11・16刑集44・8・744 …… 239	最決平成17・3・11刑集59・2・1 …… 219
最決平成2・11・20刑集44・8・837 …… 97	最決平成17・3・29刑集59・2・54 …… 108
最決平成2・11・29刑集44・8・871 …… 239	最決平成17・4・21刑集59・3・376 …… 352
最判平成3・11・14刑集45・8・221 …… 239	最判平成17・7・4刑集59・6・403
最決平成4・6・5刑集46・4・245 …… 274	………………………………………… 95, 261
最決平成4・11・27刑集46・8・623 …… 164	最決平成17・11・8刑集59・9・1449
最決平成5・10・5刑集47・8・7 …191, 192	………………………………… 317, 321, 322
最決平成5・11・25刑集47・9・242 …… 239	最決平成17・11・15刑集59・9・1558 …… 246
最判平成6・2・8民集48・2・149 …… 158	最決平成17・11・25刑集59・9・1819 …… 166
最決平成6・7・19刑集48・5・190 …… 13	最決平成17・12・6刑集59・10・1901 …… 129
最決平成6・9・16刑集48・6・420 …… 327	最決平成18・1・16刑集60・1・1 …… 341
最決平成6・11・29刑集48・7・453 …… 189	最決平成18・2・20刑集60・2・182 …… 337
最大判平成7・2・22刑集49・2・1 …… 220	最決平成18・2・28刑集60・2・269 …… 336
最決平成8・2・6刑集50・2・129 …… 84	最決平成18・3・27刑集60・3・382 …… 127
最決平成9・3・18刑集51・3・343 …… 356	最決平成19・3・20刑集61・2・66 …… 177
最決平成9・10・21刑集51・9・755 …… 175	最決平成19・3・26刑集61・2・131 …… 246
最決平成9・10・30刑集51・9・816 …… 276	最決平成19・7・2刑集61・5・379
最決平成10・11・25刑集52・8・570 …… 81	……………………………………… 14, 163
最決平成11・3・10刑集53・3・339 …… 335	最決平成19・7・17刑集61・5・521 …… 34
最決平成11・12・20刑集53・9・1495 …… 192	最決平成19・11・14刑集61・8・757 …… 338
最決平成12・2・17刑集54・2・38 …… 165	最決平成20・5・20刑集62・6・1786 …… 114
最決平成12・12・20刑集54・9・1095 …… 238	最決平成20・6・25刑集62・6・1859 …… 115
最判平成13・7・19刑集55・5・371 …34, 44	最判平成21・3・16刑集63・3・81
最決平成13・10・25刑集55・6・519 …… 274	………………………………………… 222, 228
最決平成13・11・5刑集55・6・546 …… 71	最判平成21・3・26刑集63・3・265
最決平成14・2・14刑集56・2・86 …… 24	………………………………………… 318, 325
最決平成14・10・21刑集56・8・670 …… 9	最決平成21・6・30刑集63・5・475 …… 264
最決平成14・10・22刑集56・8・690 …… 219	最決平成21・11・9刑集63・9・1117 …… 83
最決平成15・1・14刑集57・1・1 …… 229	最決平成22・3・15刑集64・2・1 …… 159
最判平成15・1・24判時1806・157 …… 242	最決平成22・7・29刑集64・5・829 …… 34
最決平成15・2・18刑集57・2・161 …… 88	最決平成22・10・26刑集64・7・1019 …… 97
最判平成15・3・11刑集57・3・293 …… 164	最判平成23・7・25裁判集刑304・139 …… 140

最決平成23・12・19刑集65・9・1380 …… 281
最決平成24・1・30刑集66・1・36
　……………………………………… 108, 243
最決平成24・2・8刑集66・4・200 …… 97
最決平成24・7・24刑集66・8・709 …… 108
最決平成24・11・6刑集66・11・1281 …… 266
最決平成25・2・20刑集67・2・1 ……… 144

最判平成26・3・28刑集68・3・582 …… 36
最判平成26・3・28刑集68・3・646 …… 36
最判平成26・3・28裁判集刑313・329 …… 36
最判平成29・4・26刑集71・4・275 …… 113
最大判平成29・11・29刑集71・9・467 …… 145
最決平成29・12・11刑集71・10・535 …… 41

〈高等裁判所〉

東京高判昭和25・6・19高刑集3・2・227
　………………………………………………… 66
名古屋高判昭和25・7・17高裁判特11・88
　………………………………………………… 55
東京高判昭和25・9・14高刑集3・3・407
　……………………………………………… 263
大阪高判昭和29・10・25高刑裁特1・9・
　402 ………………………………………… 299
東京高判昭和30・6・27東時6・7・211
　……………………………………………… 159
名古屋高判昭和30・12・13判時69・26 …… 42
東京高判昭和31・7・18高刑集9・7・769
　……………………………………………… 321
大阪高判昭和32・7・22高刑集10・6・521
　……………………………………………… 204
東京高判昭和33・7・7高刑裁特5・8・313
　…………………………………………… 38, 43
東京高判昭和34・4・30高刑集12・5・486
　……………………………………………… 204
名古屋高金沢支判昭和36・5・2下刑集3・
　5＝6・399 ………………………………… 142
東京高判昭和37・7・20判時319・21 …… 128
東京高判昭和39・1・21高刑集17・1・82
　………………………………………………… 73
東京高判昭和40・3・29高刑集18・2・126
　……………………………………………… 212
福岡高判昭和41・4・23下刑集8・4・607
　……………………………………………… 322
広島高判昭和43・1・26判夕221・229 …… 322
大阪高判昭和49・12・3高刑集27・7・711
　……………………………………………… 322
札幌高判昭和51・3・18高刑集29・1・78
　……………………………………………… 239

大阪高判昭和51・5・25刑月8・4＝5・
　253 ………………………………………… 239
広島高判昭和51・9・21刑月8・9＝10・
　380 ………………………………………… 124
大阪高判昭和53・7・28高刑集31・2・118
　………………………………………… 131, 133
東京高判昭和53・9・12刑月10・9＝10・
　1181 ………………………………………… 302
東京高判昭和54・7・10高刑集32・2・162
　……………………………………………… 319
東京高判昭和55・7・17高刑集33・3・265
　……………………………………………… 335
東京高判昭和55・10・7刑月12・10・1101
　……………………………………………… 127
東京高判昭和57・8・10刑月14・7＝8・
　603 ………………………………………… 249
福岡高判昭和57・9・6高刑集35・2・85
　……………………………………………… 239
東京高判昭和58・6・20東時34・4＝6・
　30 …………………………………………… 176
札幌高判昭和58・9・13刑集15・9・468
　……………………………………………… 250
東京高判昭和59・7・18高刑集37・2・360
　……………………………………………… 159
東京高判昭和59・8・29刑月16・7＝8・
　541 ………………………………………… 303
東京高判昭和59・11・15判時1159・179 … 303
広島高判平成元・7・11高検速報（平成元）
　231 ………………………………………… 337
東京高判平成元・7・31判夕716・248 …… 293
東京高判平成2・2・21判夕733・232 …… 281
大阪高判平成2・5・30判時1368・157
　………………………………………… 351, 355

東京高判平成5・5・26高刑集46・2・147
………………………………………………… 311
東京高判平成5・9・22高刑集46・3・263
………………………………………………… 356
東京高判平成5・11・11高刑集46・3・294
………………………………………………… 357
札幌高判平成7・6・29判時1551・142 … 22
東京高判平成8・6・28判時1582・138 … 327
東京高判平成8・9・3判タ935・267 …… 327
大阪高判平成10・7・16判時1647・156 … 101
東京高判平成11・9・13東時50・1＝12・
　86 ……………………………………………… 130
東京高判平成11・12・24高検速報（平成11）
　116 …………………………………………… 303
東京高判平成12・8・24判例地方自治230・
　58 ……………………………………………… 336
名古屋高金沢支判平成13・3・13高検速報
　（平成13）175 ……………………………… 336
東京高判平成13・9・18東時52・1＝12・
　54 ……………………………………………… 142
仙台高判平成14・1・22裁判所ウェブサイト
　………………………………………………… 336
東京高判平成14・2・14東時53・1＝12・
　10 ……………………………………………… 131
東京高判平成14・6・12高検速報（平成14）
　69 ……………………………………………… 303
東京高判平成14・7・15判時1822・156 … 303
名古屋高判平成14・8・29判時1831・158
………………………………………………… 264

大阪高判平成15・12・22高刑集56・4・7
………………………………………………… 336
東京高判平成16・12・15研修689・105 …… 323
東京高判平成17・6・16高検速報（平成17）
　123 …………………………………………… 323
福岡高判平成18・3・10高検速報（平成18）
　290 …………………………………………… 317
広島高判平成19・5・15高検速報（平成19）
　433 …………………………………… 336, 337
東京高判平成19・11・5高検速報（平成20＝
　21）3 ………………………………………… 353
東京高判平成20・3・19判タ1274・342 … 22
東京高判平成20・3・21東時59・1＝12・
　19 ……………………………………………… 352
東京高判平成21・11・16東時60・1＝12・
　185 ……………………………………………… 56
東京高判平成24・1・18高刑集65・2・1
………………………………………………… 167
広島高岡山支判平成28・6・1裁判所ウェブ
　サイト，法教437・42 ……………………… 336
名古屋高判平成28・9・21LEX/DB25544184
………………………………………………… 41
名古屋高判平成28・11・9LEX/DB25544658
………………………………………………… 41
福岡高判平成28・12・20LEX/DB25545320
………………………………………………… 41
広島高判平成30・3・22裁判所ウェブサイト
……………………………………… 336, 337

〈地方裁判所〉

東京地判昭和32・7・13判時119・1 …… 157
京都地判昭和45・10・12刑月2・10・1104
………………………………………………… 123
徳島地判昭和48・11・28判時721・7 …… 239
東京地判昭和49・11・5判時785・116 …… 159
横浜地川崎支判昭和51・11・25判時842・
　127 …………………………………………… 277
広島呉支判昭和54・5・2刑資226・356 … 321
東京地判昭和58・6・10判時1084・37 …… 159
横浜地判昭和58・7・20判時1108・138 … 173
福岡地判昭和59・8・30判時1152・182 … 277

神戸家決昭和61・7・25家裁月報39・6・
　100 …………………………………………… 319
東京地八王子支判平成3・8・28判タ768・
　249 ……………………………………………… 40
横浜地判平成5・8・4判タ831・244 …… 157
千葉地判平成7・6・2判時1535・144 … 212
秋田地判平成9・9・2判時1635・158 … 208
東京地判平成13・3・28判時1763・17 …… 245
福島地会津若松支判平成16・2・2判時1860・
　157 …………………………………………… 337

〈著者略歴〉

粟田　知穂（あわた　ともほ）

1995年	東京大学法学部卒業
1997年	検事任官
2011～2013年	司法研修所教官
2013～2016年	慶應義塾大学法務研究科（法科大学院）教授
2011～2015年	司法試験考査委員（刑法、刑事訴訟法）
2017年	法務省法務総合研究所研究部総括研究官

【主要著書】「エクササイズ刑事訴訟法」（有斐閣、2016年）

★本書の無断複製（コピー）は，著作権法上での例外を除き，禁じられています。また，代行業者等に依頼してスキャンやデジタルデータ化を行うことは，たとえ個人や家庭内の利用を目的とする場合であっても，著作権法違反となります。

事案処理に向けた実体法の解釈
条文あてはめ刑法

令和元年8月10日　第1刷発行

著　者　粟　田　知　穂
発行者　橘　　　茂　雄
発行所　立　花　書　房
東京都千代田区神田小川町3-28-2
電話　03-3291-1561（代表）
FAX　03-3233-2871
http://tachibanashobo.co.jp

©2019　Tomoho Awata　　　印刷・製本　倉敷印刷
乱丁・落丁の際は本社でお取替いたします。
ISBN978-4-8037-4345-6 C3032

現場警察官に求められる瞬時の判断力が身に付く！

立花書房 好評書

適法・違法捜査ハンドブック

捜査現場において、執行務の適法性判断に迷う警察官に送る最良の一冊。

現行犯逮捕における実力行使、任意捜査の限界、令状による捜査の限界 など、現場で生じる疑問について、適法事例・違法事例を踏まえて、分かりやすく解説。

サイバー犯罪関連の問題にも詳しく言及！

「リモートアクセスに係る差押えをするには？」
「電磁的記録を差し押さえるには？」
「差し押さえたパソコンやスマホの解析は？」などの留意点に言及し、現場捜査能力の向上に資する！

刑訴法、警職法、通信傍受法など、幅広く適正な執行務のポイントを把握！

刑訴法上の任意・強制捜査に加え、警職法上の行為（職務質問／所持品検査／保護／避難等の措置／犯罪の予防及び制止／立入／武器の使用）に関する問題を網羅！　通信傍受法の改正にも対応。

判例索引付き

✗ **違法** 立入行為が違法となる場合

1 具体的事例　警察官甲は、X政党の躍進を祝って、講演やリクリエーションが催される集会が開かれるとの情報に接した。甲は、この集会にどのような参加者が来るのか把握したいと考え、X党員、X党員支持者及びその家族を対象に発売されていた...

立入行為が適法とされる場合　**適法** ○

1 具体的事例　警察官乙は、某国と密接な関係にある団体Yが主催する演劇公演に際し、同公演の阻止や妨害を呼びかける活動を行っている対立団体Zの関...

【監修】弁護士、元大阪高等検察庁検事長　**伊丹　俊彦**

【著者】
東京高等検察庁検事　**倉持　俊宏**
日本司法支援センター本部総務部長・検事　**細川　充**
法務省大臣官房司法法制部参事官・検事　**山口　貴亮**
内閣官房副長官秘書官・検事　**山口修一郎**
東京地方検察庁検事　**栗木　傑**
法務省法務総合研究所総務企画部付　**渡邊真知子**
神戸地方検察庁尼崎支部検事　**三尾有加子**

A5判・並製・432頁（送料：300円）
定価（本体2400円＋税）

立花書房